suhrkamp taschenbuch 4181

Ob Peter Turrini vor fünfzigtausend Menschen auf dem Wiener Heldenplatz spricht und gegen den Rechtsruck in der Gesellschaft wettert, ob er eingehend auf Leserzuschriften antwortet oder Ministern und anderen Amtsträgern polemische Briefe schreibt – immer spricht aus ihm der leidenschaftlich engagierte Autor. Das zeigen die Reden, Essays, Briefe und Kurzdramen aus über dreißig Jahren, die in diesem Band versammelt sind.

Der große österreichische Dramatiker Peter Turrini ist hier vor allem in seinen Prosatexten zu entdecken – angriffslustig, kraftvoll, mit Mitgefühl und Witz.

Peter Turrini, geboren 1944 in St. Margarethen in Kärnten, lebt in Retz. Zuletzt erschien im suhrkamp taschenbuch der Band *Mein Nestroy. Historische Dramen* (st 3966).

I.
Ich bin ein Gefangener
meiner Biographie

Meine Geburt

Meine Mutter sagte mir, meine Geburt hätte im Morgengrauen des 26. 9. 1944 stattgefunden, Punkt sechs Uhr früh. Im Register des Krankenhauses ist meine Geburtszeit mit zehn Uhr vormittags angegeben. Den damaligen Primarius des Spitals, den ich zu diesem Widerspruch befragen wollte, konnte ich nicht auffinden. Es wurde mir gesagt, daß er nach einem Entnazifizierungsverfahren seinen Namen geändert hätte. Ich selbst bilde mir ein, daß meine Geburt um Mitternacht stattgefunden hat. Eine Tante aus Judenburg behauptete, meine Mutter hätte ihr meine Geburt schriftlich mitgeteilt, und da sei von ein Uhr mittags als Geburtszeit die Rede gewesen. Der Brief ist allerdings verlorengegangen. Mein Vater wiederum sagte, er sei an diesem Tage mit dem Zug von Klagenfurt nach Wolfsberg gefahren, der Zug sei unterwegs von amerikanischen Tieffliegern angegriffen worden, weshalb er, mein Vater, erst um zirka fünf Uhr nachmittags im Krankenhaus eintraf. Zu diesem Zeitpunkt sei ich höchstens zwei Stunden alt gewesen, wäre also frühestens um drei Uhr nachmittags auf die Welt gekommen. Aus all diesen Dingen entnehme ich, daß sich nicht einmal der Anfang meines Lebens verifizieren läßt.

(Brief, 1988)

Biographie des Lesens

Es gibt die schöne Geschichte vom Buben auf dem Lande, dem ein Lehrer oder ein Pfarrer ein Buch gibt und dem sich die Welt der Phantasie eröffnet. Der Bub liest und liest, wird gescheiter und gescheiter, und eines Tages wird er, der arme Bub vom Lande, Lehrer oder Professor oder Pfarrer. Die Geschichte ist als Biographie denkbar, auch meine gleicht ihr ungefähr, und doch ist sie eine Illusion: sie verschweigt, weil sie von der glücklichmachenden Moral des Aufsteigens ausgeht, den Preis, den dieser Aufstieg kostet. Sie unterschlägt die andere Geschichte, die unter der schönen liegt, die Geschichte der Entfremdung von seiner Umgebung, den Verlust sozialer Wirklichkeit, die Einsamkeit des Aufsteigenden, des Lesenden.

Die ersten Geschichten, die ich aufgenommen habe, waren erzählt. Meine Mutter erzählte uns Buben vor dem Einschlafen Geschichten, denen eines gemeinsam war. In ihnen herrschte Gerechtigkeit, wurde Aggressivität bestraft und Gutsein belohnt. Gute Taten, auch wenn sie im Verborgenen blühten, bekamen ihren gerechten Lohn, und schlechte Taten, selbst der geheimste Diebstahl, wurden früher oder später entdeckt. Meine Mutter hatte die Fähigkeit, die Dramaturgie der Geschichten zu kürzen oder zu strecken, je nachdem, ob wir müde waren oder munter. Die Moral der Geschichte, Strafe oder Lob, stellte sich früher oder später ein, sie kam unausbleiblich. Die Gerechtigkeit hatte etwas Selbstverständliches und gleichzeitig Überirdisches. Sie traf ein wie ein Naturgesetz, die Menschen mochten sich verhalten, wie sie wollten, es kam der Moment des Gerichts und des Einschlafens.

Außerhalb dieser Geschichten, im Leben des fünfjährigen Buben vom Lande, sah alles anders aus. Mein Vater war ein italienischer Kunsttischler, den es in den dreißiger Jahren nach Kärnten verschlagen hatte. Seine Sprache, dieses Gemisch von Kärntnerisch und Italienisch, seine ganze Art, paßte nicht in die bäuerliche Umgebung. Man akzeptierte ihn, weil er das Fremde an sich, das »Katzelmacherhafte«, durch eifriges Nachahmen der ortsüblichen Tugenden, Schuften und Häuselbauen, zu verwischen trachtete. Er galt als fleißiger Italiener, eine Ausnahme, die man sich gefallen ließ; bis an den Stammtisch der eingesessenen Bauern im Gasthaus schaffte er es allerdings nie. Die Kinder

der Bauern waren meine Spielkameraden. Frech, aggressiv, verschlagen die Kinder der Kleinbauern und Hilfsarbeiter, protzig und selbstbewußt die Kinder der Großbauern. Ich erinnere mich, wie der Sohn eines Großbauern die anderen Kinder mit einem Stück Speck erpreßte und kaufte, er kopierte den Besitzerstolz und die Unbarmherzigkeit seines Elternhauses. Die Kinder trieben sadistische Spiele mit Tieren, was keinen Erwachsenen kümmerte, aber wenn sie einmal zu spät aufs Feld kamen, bekamen sie Schläge mit der Gummiwurst, einem abgerissenen Keilriemen aus Hartgummi.

In dieser Kinderwelt war nichts von der beruhigenden Gerechtigkeit zu spüren, die in den Geschichten meiner Mutter vorkam. Gutsein wurde als Schwäche und Dummheit ausgelegt, man war ein Mutterkind, wenn man weinte, Bösartigkeit und Härte waren das einzige, was zählte. Als mir ein stärkerer Bub meinen ersten Ball wegnahm und ich ihn mit der Bemerkung, es sei doch der meine, wiederhaben wollte, lachte er mich aus und sagte, ich solle mir den Ball doch holen, wenn ich mich traue. Wenn ich weinend vom Spielplatz nach Hause kam, wenn die große Verzweiflung über mich kam, versuchte mich meine Mutter zu trösten. Sie sagte mir, daß ich etwas Besseres sei, und schob mir ein Schmalzbrot in den Mund, und manchmal ging sie zu den Bauern und beschwerte sich bei ihnen über deren Kinder. Das war das Schlimmste, was sie tun konnte, denn plötzlich stand ich vor den anderen Kindern als Verräter da, als Ausplauderer, als »Schiagler«, und sie bestraften mich dafür, indem sie mich aus ihrem Kreis ausschlossen.

Ein Versuch, »böse« zu sein – ich stahl aus dem Geräteschuppen des ortsansässigen Fußballvereines einen Lederball –, brachte mich den Kindern wieder näher und gleichzeitig in große Schwierigkeiten gegenüber meiner Mutter. Sie wußte nichts von der Sache, und das Schlimme war, daß ich sie betrogen hatte, daß ich nicht mehr »gut« war, daß ich mich aus der Moral ihrer Geschichten davongeschlichen hatte, daß ich etwas getan hatte, was mir längst die furchtbarsten Strafen hätte einbringen müssen. Die Sehnsucht, meiner Mutter die Wahrheit zu sagen, bestraft zu werden, wuchs immer mehr. Je länger ich damit wartete, desto unwahrer wurden ihre Geschichten, ich mußte es ihr sagen, ich mußte die Geschichten retten. Die Geschichten durften nicht lügen, denn es wäre ja auch sie gewesen, die gelogen hätte.

Mein Versuch, die Zuneigung meiner Spielkameraden durch das Erzählen von Geschichten zu erlangen, schlug fehl. Die Geschichte vom mutigen Knaben, der eine Katze aus dem brennenden Haus rettete, hatte wenig Sinn in einer Welt, in der es darum ging, einer Katze einen benzindurchtränkten Fetzen an den Schwanz zu binden und ihn anzuzünden. Mut gab es, aber man konnte nicht von ihm erzählen, man mußte ihn beweisen. Der Heuwagen stand vor der Tenne, ich stand oben am Giebel, die Kinder schauten erwartungsvoll zu mir hinauf. Die Geschichten meiner Mutter hatten mich verlassen, ich mußte springen.

In der Volksschule änderte sich die Situation. Der Umgang mit der Sprache, die Bildung, bekam einen Wert, weil sie vom Lehrer gefordert wurde. Ich half meinen Mitschülern, variierte das Aufsatzthema »Mein schönstes Ferienerlebnis« immer wieder, sagte ein, wenn ein Mitschüler auf die Frage des Lehrers keine Antwort wußte. Ich tat dies mit der Bösartigkeit des Vorzugsschülers, der so laut einsagt, daß der Lehrer wohl merkt, wer hier der eigentlich Wissende ist. Es war eine hilflose Rache, die mir wenig einbrachte. Die Klassenkollegen brauchten mich, aber sie verachteten mich, den Besserwisser. Hätte ich mein Wissen für mich behalten, hätte ich nicht immer aufgezeigt, so hätte ich die Zuneigung des Lehrers verloren, an der mir doch so viel lag. Ich liebte den Augenblick, wenn er sich, nachdem er vier oder fünf Schüler das gleiche gefragt und von keinem eine Antwort bekommen hatte, lächelnd zu mir wandte, der ich schon die ganze Zeit aufgezeigt hatte. Ich platzte mit der Antwort heraus und spürte gleichzeitig, wie mich meine Mitschüler dafür haßten.

Das erste Buch, das ich in die Hand bekam, hieß »Wir lernen lesen«, Erstlesebuch für Schulanfänger. Es begann mit Buchstaben, die langsam zu Sätzen wurden, und hatte auf jeder Seite ein Bild. Diese Bilder waren wunderschön: die Kinder spielten unter einem Apfelbaum, der Bauer schritt über das Feld und säte, die Mutter stellte gebratene Äpfel mit Zucker auf den Tisch, die Großmutter saß beim Herd und strickte. Ging es in den Geschichten meiner Mutter um Gerechtigkeit, so fand ich in diesem Buch Heimat, wie ich sie mir erträumte, Ordnung, Geborgenheit.

Mein Freund und Kollege Gernot Wolfgruber zeigte mir vor kurzem ein Schulbuch aus der Nazizeit. »Wir lernen lesen«, Deutscher Schulbuchverlag, Wien 1943. Es war das gleiche Buch, das wir in der Schule hatten, die gleichen Bilder, die gleichen Texte, dieselben Autoren (Kolar und Pöschl), mit einem einzigen Unterschied: in der Naziausgabe hatten die Kinder auf den Bildern HJ- und Pimpfuniformen an, in meiner Ausgabe trugen sie Lederhosen und Joppen. Der Faschismus hatte nur das Gewand gewechselt, nicht aber die Inhalte.

Die Heimat, die mich in Wirklichkeit umgab, war so ganz anders als die in meinem Lesebuch. Die Wirren der Nachkriegszeit hatten langsam aufgehört, die Verhältnisse begannen sich auf kapitalistische Weise zu normalisieren. Die Mechanisierung der Landwirtschaft machte Knechte und Mägde überflüssig, sie gingen als Hilfsarbeiter in die Stadt, die Kleinbauern, deren Höfe unrentabel wurden, folgten ihnen. Unser Nachbar erschoß sich mit einem Schlachtschußapparat. Ich flüchtete immer mehr in die Unwirklichkeit des Lesebuches, ich kopierte mit Butterpapier und Bleistift die Bilder aus dem Buch und bemalte sie mit Buntstiften. Der reale Verlust der Heimat führte zur Ideologie von der Heimat. Es geschah, was heute noch immer, schon wieder, im größeren Rahmen geschieht. Am Sonntag stehen die Blas- und Trachtenkapellen auf der Wiese neben dem überfüllten Parkplatz und beschwören singend und blasend eine Heimat, die es gar nicht mehr gibt.

Als Volksschüler, der alle Klassen mit Vorzug absolviert hatte, durfte ich in die Hauptschule nach Klagenfurt gehen. Meine neuen Klassenkameraden kamen aus einem ähnlichen Milieu wie ich, es waren durchweg Kinder von kleineren Angestellten, Handwerkern, Gewerbetreibenden. Die Arbeiterkinder in unserer Klasse wurden, bis auf wenige Ausnahmen, bald in den B-Zug versetzt. Meine Mutter hatte kaum mehr Zeit für mich, ich kam nachmittags mit dem Autobus nach Hause, sie half dem Vater beim Hausbauen und im Betrieb, der zu florieren begann. Mit den Bauernkindern im Dorf hatte ich immer weniger Kontakt. Sie, die nun das Stigma der Zurückgebliebenen, der Sitzenbleiber, der ewigen Volksschüler trugen, vermieden ihn. Es war keine offene Ablehnung wie früher, keine aggressive Herausforderung. Sie ließen mich auf ihre schweigende Art spüren, daß ich jetzt ein anderer war, ein Besserer. Sie gingen weg, wenn ich kam, oder zuckten mit den Achseln, wenn ich einen Spielvorschlag machte. Sie hörten mit dem Murmelspielen auf, wenn ich mitmachen wollte. Ihre Murmeln waren klein und aus Ton, meine größer und aus Glas.

Die Mitschüler in der Hauptschule wurden meine neuen Freunde. Sie waren ähnlich wie ich, viel sich selbst überlassen. Ich versäumte oft absichtlich den Autobus, um mit ihnen durch die Stadt zu streunen. Die Geschichten meiner Mutter hatten aufgehört, die Dorfheimat war verloren, neue Vorstellungen zogen mich in den Bann. Sie hießen Fremde und Abenteuer. Das erste Mal stand ich nicht allein mit meinen Träumen, meine Mitschüler teilten sie, ich fühlte mich akzeptiert und aufgehoben. Wir lasen sogenannte Schundhefte, sie hießen »Sigurd, Akim, Peterle«.

Die Moral der Geschichten, das Gute siegte über das Böse, interessierte uns wenig, wichtig waren die Abenteuer und die Länder und Zeiten, in denen sie spielten. Meine Mutter nahm die Hefte weg, wenn sie welche in der Schultasche fand, aber ich stahl ihr Geld aus der Brieftasche, um mir neue zu kaufen. Ich hörte auf, ein Vorzugsschüler zu sein, die Zuwendung der Lehrer war mir nicht mehr wichtig, ich hatte genug Freunde.

Die Heftchen erschienen in wöchentlichen Abständen. Bevor das neue Heftchen eintraf, verbrachten wir viel Zeit damit, uns auszumalen, welche Abenteuer unser jeweiliger Held im nächsten Heft erleben wird. Einer in unserer Klasse, seine Mutter führte einen Witwenbetrieb, der Eternitplatten herstellte, las Karl May. Er wurde dafür vom Deutschlehrer gelobt, aber für uns war er ein Außenseiter, ein Snob.

Die Helden unserer Heftchen waren unbesiegbar. Maßlose Schwierigkeiten türmten sich vor ihnen auf, aber sie bewältigten alle, und wir fühlten uns ihnen nicht so unähnlich. Die Lehrer quälten uns mit Hausaufgaben, und die Eltern machten uns Schuldgefühle. Sie würden nur für uns schuften, sagten sie, und wir seien so undankbar und brächten schlechte Noten nach Hause. Aber wir blieben, ähnlich wie unsere Helden, standhaft und schlechte Schüler.

Nach der vierten Klasse Hauptschule ging ich auf Wunsch meiner Eltern in die Handelsakademie. Ich war ein dickes Kind, und meine Eltern konnten sich meine Zukunft nur im Zusammenhang mit Wirtschaft und Bank vorstellen. In der ersten Klasse der Handelsakademie fand eine ähnliche Selektion statt wie vorher in der Hauptschule. Die Hälfte der Schüler flog im ersten Jahrgang hinaus, ich konnte mich nur mit Mühe und Mahnungen in den nächsten retten. Die verbliebenen Schüler kamen durchweg aus besseren Kreisen, die Kinder aus dem Mittelstand waren in der Minderheit, Arbeiter- oder Bauernkinder gab es fast überhaupt keine. Ich fuhr sofort nach Schulschluß mit dem Autobus nach Hause und lernte den ganzen Nachmittag. Freunde hatte ich kaum.

Ein neues Abenteuer begann – die Frau. Für mich waren Frauen entweder Göttinnen, unnahbare Feen oder Huren. Das letztere dann, wenn sie sich von einem Mitschüler, der mehr Geld als ich hatte, ins Kino oder ins Kaffeehaus einladen ließen. Der soziale Unterschied, die Höhe des Taschengeldes, der gute oder schlechte Anzug wurde zum entscheidenden Faktor auf dem Liebesmarkt. Da ich nicht mithalten konnte, entwickelte sich die Liebe in meiner Vorstellung zu etwas Edlem, Unantastbarem, das von nichts Irdischem beschmutzt werden durfte. Ich nahm geheime Liebschaften zu Mädchen auf, die nie etwas davon erfuhren, verfaßte Gedichte, zumeist umgeschriebene Klassiker. Das Thema Frau, die Sexualität wurde zum alles bestimmenden Faktor. Ich suchte sie in einer versperrten Abteilung des Bücherschrankes meiner Eltern und fand Bücher mit Titeln wie »Das Ehe- und Geschlechtsleben, Hygiene im Intimbereich«, sah gezeichnete Orgasmuskurven und Abbildungen von Geschlechtsteilen, aus denen der Eiter tropfte. Ich konnte mir Sexualität lange nur im Zusammenhang mit Krankheit vorstellen.

In dieser Mischung aus Schulstreß, Einsamkeit und Sexualnot begann ich wie ein Wilder zu lesen, alles, was ich zwischen die Finger bekam. Ich las alle Bücher aus dem kleinbürgerlichen Lesevorrat meiner Eltern: John Knittel, Heinrich Waggerl, Nazibücher, deren Titel mir entfallen sind, Biographien von Napoleon und Julius Cäsar, Reisebeschreibungen. In diesen Büchern fand ich nichts, was mir Sinn und Halt hätte geben können, nichts von dem, was mich bewegte. Das Verschlingen von Büchern kapselte mich zumindest für Stunden von einer Welt ab, die ich nicht mehr verstand. Ich fand einen Freund, dem es ähnlich ging wie mir, auch er fand das Leben absurd. Wir stürzten uns, nachdem der heimische Vorrat durchgelesen war, auf Camus, Sartre, Dostojewski, stießen kreuz und quer in die unendlichen Weiten der Weltliteratur vor, verstanden kaum etwas und hatten trotzdem das Gefühl, großen Geheimnissen auf der Spur zu sein. Einen Schulfreund, den wir auf der Straße mit einem Mädchen trafen, machten wir mit der Frage, ob er überhaupt Dostojewskis »Idiot« kenne, fertig. Im Dorf lebte ein Komponist, in einem sehr schönen und kultivierten Hause. Ihm zeigte ich meine Gedichte, die ich damals in Serie schrieb und die immer das gleiche Thema hatten: die Welt ist ein absurdes Jammertal, es lohnt sich nur, für den Geist zu leben. Er brachte Ordnung in meine Lesewut. Er gab mir die Klassiker, die Romantiker, die Naturalisten, die Realisten zu lesen. Ich verbrachte Tage, Wochen in seiner Bibliothek, er schrieb mir Entschuldigungen für die Schule. An zwei Bücher aus dieser Zeit erinnere ich mich genau: Erich Maria Remarques »Im Westen nichts Neues« und Brechts »Kaukasischer Kreidekreis«. Sie hatten etwas Kämpferisches und Tendenziöses, das mich verunsicherte und zugleich faszinierte. Der Komponist, mein geistiger Ziehvater, fand die beiden Bücher zu platt und zu politisch.

Meine Eltern beschwerten sich über mein langes Wegbleiben von zu Hause, meine ehemaligen Spielkameraden, die Dorfkinder, inzwischen siebzehn- bis achtzehnjährige Burschen, grüßten mich kaum, wenn sie mich sahen. Der Komponist und seine Frau behandelten mich verständnisvoll, aber ich war nur Gast in ihrem Hause, ich fühlte mich letztlich fremd bei ihnen. Ich gehörte nirgendwohin, ich war klassenlos geworden.

Heute, wenn ich zu Besuch im Dorf bin, treffe ich ab und zu meine alten Spielkameraden. Sie sind verheiratet, haben eine Menge Kinder oder sind geschieden. Sie laden mich

auf einen Schnaps ein, klopfen mir, nachdem sie genug getrunken haben, auf die Schulter und schwärmen von unserer gemeinsamen Kindheit.

(Essay, 1979)

Frühes Dichten

Ab dem 13. Lebensjahr machte ich meine ersten Erfahrungen am Liebesmarkt und die waren für mich nicht sehr gün-
stig. Ich starrte das Objekt meiner frühen Begierde, eine
bäuerliche Nachbarstochter, mit hochrotem Kopf an und
brachte kein Wort heraus. Meine Freunde waren erfolgrei-
cher: Sie drückten einen Ring aus dem Kaugummiautoma-
ten, steckten ihn in die noble Schachtel, in der sich die Ehe-
ringe ihrer Eltern befunden hatten und schenkten das
Ganze der Angebeteten. Ein anderer leerte einen billigen
Stroh-Rum in eine Whiskey-Flasche um und lud das Mädchen auf einen »Drink« ein. Auch ich griff zu Hochgeisti-
gem: Ich verfaßte Liebesgedichte und ließ sie der Auserwählten auf vielseitige Weise zukommen. Ich steckte das
Elaborat während der Schulfahrt in ihre Schultasche, ich
bat ihre ältere Schwester um Weitergabe oder ich wickelte
einen Bazooka-Kaugummi mit einem Gedicht ein und legte
das poetische Präsent auf die Fensterbank des Zimmers in
ihrem elterlichen Wohnhaus. Der Erfolg war gleich null.

Vor einigen Jahren habe ich solche frühen Ergüsse auf
dem Dachboden meines Familienhauses gefunden. Die meisten waren von irgendwo abgeschrieben und um ein paar
eigene Zeilen erweitert. Wäre ich damals eine fesche Nachbarstochter gewesen, ich hätte mich auch nicht genommen.

Es war ja nicht so, daß die Mädchen nicht mit mir geredet hätten, im Gegenteil, sie erzählten mir alles: Welche argen Sachen der Fredi zu ihnen gesagt hatte, und daß der

Hansi versucht hatte, sie zu küssen. Als ich mich für diese Rolle anbot, schauten sie mich verwundert an und wechselten das Thema. Getrieben haben sie es immer mit den anderen.

Aber was hieß damals schon »treiben«? Man ging miteinander, spielte auffallend oft Federball, wagte einen Kuß, wußte dabei nicht wohin mit der Zunge und legte, wenn man miteinander am Waldrand saß, ganz vorsichtig die Hand auf ihren Busen. Sie mußte die Hand wegtun, man legte sie wieder auf den Busen, und das ging dann fünfzehnmal so hin und her.

Das klingt, als hätte ich doch so meine Erfahrungen gemacht, aber in Wahrheit passierte die soeben beschriebene Szene in meinem damaligen Leben nur einmal. In meiner zunehmenden Mädchensehnsucht und Einsamkeit mußte ich eine Methode finden, mit der ich auch zu etwas kommen würde. Ich dachte mir Liebesszenen aus. In meiner Phantasie, in meiner Ausdenkung, die immer eine dialogische war, sagte ich zur Nachbarstochter, daß ich sie über alles lieben würde, und daß meine Absichten rein seien, im Unterschied zum argen Fredi. Sie fiel mir um den Hals, küßte mich ab und sagte, daß sie auf den einen Reinen schon immer gewartet hätte. Und so weiter, und so fort.

Im Laufe der Jahre sind meine Ausdenkungen realistischer geworden, ich habe sie aufgeschrieben und einen Beruf daraus gemacht, auch meine Situation am Liebesmarkt hat sich verbessert, aber die grundsätzliche Methode, daß man sich etwas ausdenken muß, um an der Welt teilzuhaben, die ist bis zum heutigen Tag geblieben.

(Artikel, 2008)

Wie komme ich über die Runden?

mein problem ist, wie komme ich bis anfang 71 über die sogenannten runden? ich stehe ständig vor der notwendigkeit, irgendwelche gelegenheitsarbeiten anzunehmen. sie
verstehen, dass solche arbeit meine muskeln, nicht aber unbedingt meine denkfähigkeit und damit meine schriftstelle-
rische arbeit fördert.

sie wissen natürlich, was jetzt kommt. ich versuche es möglichst weihevoll zu formulieren: »ein ansuchen um finanzielle unterstützung für einen jungen begabten nichtsde-
stoweniger notleidenden autor.« ist das fachgerecht genug
ausgedrückt?

(Brief, 1970)

Umfrage

1. Glauben Sie an Gott?
2. Wie halten Sie es mit der Religion?
3. Was bedeutet Ihnen Ostern?

Peter Turrini, 29, Dramatiker
1. Ich glaube an Gott, den allmächtigen Vater, Schöpfer
   des Himmels und der Erde, einschließlich aller Verbrechen, die auf ihr stattfinden. Ich hoffe, daß sich Interpol
   demnächst mit diesem Mann beschäftigt.
2. Ich bin vaginal-orthodox.
3. Christuswitze.

(1973)

Heimat

Die »Alpensaga«, an der Willy Pevny und ich sechs Jahre gearbeitet haben, stellt, aus meiner Sicht, meinen persönlichen und literarischen Versuch dar, eine Heimat zu finden. Ich bin nach dem Kriege in einem Kärntner Dorf aufgewachsen und habe mich dort, wenn ich vom elterlichen Schutz absehe, nie heimisch, nie geborgen gefühlt. In der Schule wurde mir Heimat als Heimatkunde vermittelt, das Dorf als ein Ort der Harmonie, in dem Probleme nur durch das Auftauchen eines schlechten Charakters, den die Gemeinschaft loswerden mußte, entstanden. Heimat ist, so schilderte es der Volksschullehrer, der Ort des Brauchtums, der Gebete, der Bewahrung. Der Bauer war der Herr der Scholle, das Unrecht etwas, das Gott bestraft. Diese vermittelte Vorstellung von Heimat, die so schützend und beruhigend war, wurde mir entzogen durch das, was ich sah und erlebte: Bauern schlugen ihre Frauen und Kinder, unser Nachbar erschoß sich mit einem Schlachtschußapparat, Kleinbauern gingen zugrunde und in die nahe gelegene Stadt arbeiten. Dieser Widerspruch zwischen Heimatvorstellung und Heimatwirklichkeit, oder besser gesagt, meine Unfähigkeit, ihn zu verstehen und zu deuten, machten mich heimatlos. Ich flüchtete in die Literatur, in die Phantasie und später nach Wien.

Menschen wie ich kommen vom Dorf nie los. Mein Versuch, zu verstehen, was dort los war und ist, hat nie aufgehört. Ich glaube, daß Heimat und Familie ursprünglich eine Einheit waren, eine Produktionseinheit. In der Familie, im Dorf wurde produziert, was die Familienmitglieder und das Dorf brauchten. Das Leben war überschaubar, die moralischen und ökonomischen Verhältnisse hierarchisch, aber beständig. Die Entwicklung der Produktivkräfte, der Verkehr, der Handel, die nationalen und internationalen Marktgesetze lösten diese Einheit auf. Die neue, kapitalistische Gesellschaft zerstörte Heimat als einen gewohnten und selbstverständlichen Ort und schuf als Ersatz die Ideologie von der Heimat, ein anachronistisches Bild voller Brauchtum und Trachten, eine große Lüge. Ein Beispiel: das Gewand der Bauern wurde erst zur »Tracht«, als die Bauern es gar nicht mehr trugen. Die neue Gesellschaft griff mit aller verändernden Gewalt in das Dorf ein und griff gleichzeitig das Dorf als beschauliches Thema der Malerei, der Literatur, des Salons auf.

Der Faschismus trieb diese Methode auf die Spitze: mit seinem großdeutsch uniformierten Brimborium vergewaltigte er die Reste gewachsener, lokaler Ausdrucksformen, zerstörte durch die Umstellung auf Kriegswirtschaft die letzte Unabhängigkeit der Bauern und mystifizierte gleichzeitig den Bauernstand, erhob ihn zum völkischen Vorbild.

In der Zweiten österreichischen Republik wurde aus dem Völkischen das Volkstümliche, verlogen bleibt es trotzdem. Was nach dem Zweiten Weltkrieg in zahlreichen Heimatfilmen und Brauchtumssendungen das Heimatbild beschwor und bis heute prägt, hatte und hat mit der Wirklichkeit immer weniger zu tun. Die letzten fünfzehn Jahre gab es eine noch nie dagewesene Proletarisierung der Bauern, über dreißigtausend bäuerliche Klein- und Mittelbetriebe gingen zugrunde. In ihren verkauften, vermieteten Häusern sitzen Stadtflüchtlinge, Künstler und genießen ihr wochenendkurzes Landleben.

Nach sechs Jahren Arbeit an der »Alpensaga«, nach kirchlichen Drehverboten, Verleumdungen des Bauernbundes und des Kameradschaftsbundes, nach vielen Gesprächen mit Menschen am Lande und mit Historikern, nach sechs Filmen, die Dieter Berner aus unseren Drehbüchern gemacht hat, habe ich das Gefühl, daß ich auf der Suche nach Heimat ein Stück weiter, meiner Heimat näher bin. Nicht den vermittelten Heimatbildern meiner Jugend, sondern der Wirklichkeit und damit auch der Chance, sie zu verändern.

(Text, 1980)

Die neue Ordnung

Als die slowenische Sprache auf die Ortstafeln kam und viele deutsch sprechende Kärntner glaubten, zwei Ortsbezeichnungen auf einer Tafel nicht ertragen zu können, und zur Barbarei übergingen, kam mir Kärnten, das ich vor etlichen Jahren Richtung Wien verlassen hatte, auf eine bedrohliche Art näher. Ich stellte fest, daß unter den Wütern gegen die slowenisch sprechende Minderheit Bekannte, Nachbarn, ehemalige Schulkameraden waren. Ich nahm mir vor, in Kärnten nur noch gemeinsam mit slowenisch sprechenden Autoren aufzutreten. Ich wollte demonstrieren, daß es in diesem Lande zwei Sprachen gibt und folglich auch zwei Literaturen.

Das Kulturamt der Stadt Villach lud mich ein, im Kongreßhaus eine Lesung zu halten. Ich wollte die Einladung unter der Bedingung annehmen, daß Janko Messner, ein weiterer slowenisch schreibender Kollege und ich gemeinsam auftreten. Das wurde abgelehnt. Ich nahm die Einladung trotzdem an und griff zu einem Trick. Ich las vier Geschichten vor, die ersten zwei wurden vom zahlreich anwesenden Publikum besonders akklamiert. Ich bedankte mich beim Publikum und sagte, daß der Applaus zu einem großen Teil nicht mir gebühre, sondern den zwei im Saale anwesenden Kollegen, deren slowenisch geschriebene, ins Deutsche übersetzte Geschichten ich soeben vorgelesen hatte.

Nach einer Schrecksekunde geschah viel Schlimmes: Mein Freund Janko Messner und sein Kollege wurden beschimpft, niedergebrüllt, beleidigt. Ihre Geschichten, die man noch kurz zuvor mehr beklatscht hatte als die meinen, waren plötzlich schlecht, hinterfotzig, reine politische Agitation. Das Wertvolle war plötzlich wertlos geworden, das Schöne häßlich, das Literarische platt, die Zustimmung des Publikums ein Irrtum, und dies alles aufgrund einer einzigen Tatsache: Die Autoren bekannten sich zur slowenisch sprechenden Minderheit.

Ich habe plötzlich gespürt, was es heißt, ein slowenisch schreibender Autor in Kärnten zu sein. Aus einer geistigen Solidarität wurde Zuneigung, Freundschaft, Bruderschaft.

Dieses Spiel wiederholte sich noch des öfteren. Unsere Bruderschaft bekam eine Praxis. In Ferlach mußte ich mit meiner Abreise drohen, damit man Janko auf das Podium ließ. Die Literaturkritiker in den Zeitungen verschwiegen oder verhöhnten ihn. Sie beleidigten seine Literatur, aber es war sein unbeugsames Eintreten für die Minderheit, das sie, die angepaßten Feiglinge in den Redaktionen, beleidigte. Er, der seine Muttersprache und damit seine Identität nicht verriet, wurde für die Verräter zum kaum erträglichen Ärgernis. Wie oft habe ich erlebt, daß gerade jene, deren Eltern noch slowenisch sprachen, ihn am meisten haßten. Aber auch das Gegenteil habe ich erlebt: daß er Menschen, die ihre sprachliche Herkunft verschwiegen, Mut gab.

Die Sprache ist der Ausdruck menschlicher Identität. In ihr wird geträumt, phantasiert und gestritten, in ihr speichern sich die Erinnerungen der Jugend und die Hoffnungen der Menschen. Keine Sprache, keine Hautfarbe, keine Rasse ist besser, edler, wertvoller als die andere. Aber wenn man einer Menschengruppe die Sprache nimmt, sie von Amts wegen verbietet, sie überpinselt, sie »schiach« nennt, dann gewinnt sie für diese Menschen an Wert. Wer Jankos verzweifelten Kampf um die Erhaltung der slowenischen Sprache verstehen will, muß wissen, was für ihn damit verbunden ist: die Existenz von Geschichte und Gegenwart, von Würde und Selbstachtung der slowenisch sprechenden Kärntner.

In diesem Kampf spielt sich für mich auch etwas Grundsätzliches, weit über die Kärntner Verhältnisse Hinausgehendes ab. Wenn heute die national-faschistischen Heimatdienstler in Kärnten alles Slowenische ausrotten wollen, so sind sie damit nur Werkzeuge eines viel umfassenderen, modernen Faschismus, der keine nationalen und ideologischen Haltungen mehr brauchen kann, dem auf dem Weg zum total angepaßten Konsummenschen Ideologien und Grenzen nur hinderlich sind, der den völlig gleichgeschalteten, seiner Geschichte und Widersprüchlichkeit beraubten Menschen braucht, um die Herrschaft der totalen Manipulation errichten zu können. Die Kärntner Hitlerbartträger, diese provinziellen Gleichmacher und Ordnungsfanatiker, werden die Gleichgemachten und Geordneten von morgen sein. In dieser neuen Ordnung werden sie einer internationalen Tourismusindustrie als hirnlose Schuhplattler und Landschaftsgärtner dienen.

Der Kampf um die Erhaltung der slowenischen Sprache ist gleichzeitig der Kampf um die Erhaltung der menschlichen Differenziertheit. Alles Verschiedene, Unterschiedliche, alles Sperrige, Unordentliche, Menschliche geht in immer absurderen und globaleren Ordnungssystemen auf, die alles gleichmachende Coca-Cola-Kultur reicht heute bis in jeden Winkel der Erde. Dieser neue Faschismus befehligt keine Panzer und Generäle, sondern Marketingmanager und Supermärkte.

(Artikel, 1980)

Ehrenmitglied der Freiwilligen Feuerwehr

Vor Monaten haben Sie mich zum Kryptokommunisten gemacht, und in der letzten Wochenendausgabe machen Sie mich zu einem Mitglied der Kommunistischen Partei. Ein Brief ist nicht das richtige Forum, um den politischen Standort eines Menschen zu diskutieren, aber ich möchte Ihnen doch sagen, daß ich kein Mitglied der Kommunistischen Partei Österreichs bin.

Ich bin vielmehr Mitglied der Katholischen Kirche, des Verbandes der Slowenischen Fischer und der Grazer Autorenversammlung, Ehrenmitglied der Freiwilligen Feuerwehr Großschönau und korrespondierendes Mitglied des Straßhofer Intarsienvereins.

(Brief, 1981)

Alphabet in Wien

Am Anfang stand die Wohnungsnot. Wir lebten, drei Männer, zwei Frauen und zwei Kinder, in einem stabilen Gartenhäuschen am Stadtrand von Wien. Das Badezimmer lag hinter meinem Zimmer, weshalb jeder, der sich waschen wollte, durch meinen Raum ging. Drei Räume hatten keinen eigenen Eingang. Wir hatten, trotz der Enge, sehr schöne und lustige Situationen miteinander, aber es war fast unmöglich, einmal mit sich allein zu sein. An manchen Sonntagen kam das Ehepaar, welches uns das Haus vermietet hatte, zu Besuch. Der Mann blieb im Garten, wir setzten ihm Wein vor, er hatte einen Holzfuß, war aber in seiner Jugend Mitglied von Admira Wacker gewesen. Nach drei Vierteln schwärmte er uns von den goldenen Wiener Fußballzeiten vor, und daß er mit einzelnen Mitgliedern des Wunderteams gespielt habe und ob uns Sindelar und

Nausch ein Begriff seien. Wir nickten nur und schenkten ihm nach. Die Frau kam aus dem Haus und machte ein Gesicht, als wäre sie gerade durch einen Dreckhaufen gewatet. Die jungen Leute sind in Ordnung, sagte ihr Mann, lauter Fußballer.

Bauen: Rund um uns herum wurde häuselgebaut. Polizisten, die sich am Wochenende mit der Gattin und den Schwiegereltern abrackerten, Tankwarte, die sich am Wochenende mit der Gattin und den Schwiegereltern abrackerten, Reifenhändler, die am Wochenende mit ihrer Gattin die jugoslawischen Arbeiter beim Abrackern beaufsichtigten. War eines der Häuser fertig, dann saß der jeweilige Polizist oder Tankwart oder Reifenhändler auf dem Balkon, zumeist in einer Hollywoodschaukel, und beobachtete seinen Nachbarn beim Abrackern. Oder er sah auf die Straße, über die sich an Wochenenden der Wiener Ausflugsverkehr schob, alles in Richtung Wienerwald. Der Wiener geht nämlich am Wochenende in den Wienerwald, und er erreicht ihn auf mehrere Arten. Im Opel Kapitän oder mit dem Fahrrad und umgehängtem Transistorradio oder zu Fuß: in Bergschuhen, Stutzen, Knickerbocker, Anorak und mit umgeschnalltem Rucksack. Im Rucksack befindet sich eine rechteckige Aluminiumdose mit Luftlöchern. In der Aluminiumdose befinden sich belegte Brote, hartgekochte Eier, Radieschen und etwas Salz, welches in eine Papierserviette eingewickelt ist. In letzter Zeit sieht man immer weniger Rucksackmenschen und immer mehr Opel Kapitäne.

C Beim Buchstaben C macht sich die Idee, die eingeladenen Autoren unter ein alphabetisches Kuratel zu stellen, sehr unangenehm bemerkbar. Zu C fällt mir nämlich nichts ein, höchstens Chemie, und dazu ist mir noch nie etwas eingefallen, weshalb ich schleunigst zu

D weitergehe. Die Idee, über den normalen Wohnungsmarkt zu einem größeren Haus zu kommen, gaben wir bald wieder auf. Die Preise für die Häuser mit sechs bis acht Zimmern und einem großen Gemeinschaftsraum waren irrsinnig hoch, und wir entsprachen auch in keiner Weise der Menschengattung, die sich die Vermieter als Mieter vorgestellt hatten: Diplomaten. Wenn ich an solchen Häusern vorbeikomme, lese ich immer die Namen, die auf den Türschildern oder bei den Garteneinfahrten stehen. Sie erinnern mich an die Namen von Wirtschaftsverbrechern und anderen Betrügern großen Stils, von denen ich öfter in der Zeitung lese. War ein Haus einmal wirklich billiger, dann kamen wir als Nichtdiplomaten, als Wohngemeinschaft nicht in Frage.

Emil Buzik ist Inspizient an einem Wiener Theater. Ich hörte von einem Bekannten, daß er ein Haus ungefähr zwanzig Kilometer von Wien entfernt zu vermieten hätte, und besuchte ihn. Er wohnte ganz allein mit einem Beo, einer Art Star, in einer kleinen Gemeindewohnung in der Großfeldsiedlung. Die Großfeldsiedlung wird von allen Gesellschaftskritikern als die größte städtebauliche Schweinerei Wiens nach dem Zweiten Weltkrieg empfunden. Dort draußen, im ebenen Osten Wiens, bläst ständig der Wind, und da steht ein Hochhaus neben dem anderen, keine Geschäfte, keine Theater, keine Kinos, nichts. Diejenigen, die drinnen wohnen, beschweren sich kaum oder gar nicht. Emil ist schön, sagte der Beo mit krächzender Stimme. Buzik entkorkte einen Doppler Weißwein und deutete in Richtung Käfig. »Ein Trottel, der Vogel«, sagte er lachend und schenkte uns ein. Er hatte gar keine Lust, über das Haus zu reden, sondern sprach sofort über die Regierung und die Politiker im allgemeinen. Er sei zwar Sozialdemokrat, würde pünktlich seine Beiträge bezahlen, sonst hätte er ja die Wohnung nicht bekommen, aber im übrigen seien alle Schweine. Kaum seien sie oben, würden sie die Kleinen ausnehmen wie eine Weihnachtsgans. »Wenn beim Parlament a schwarze Fahne hängt und mi fragt einer, welcher Politiker is denn gstorben, dann sag i immer, mir is jeder recht.« Er lachte und schenkte nach. Ich wollte wissen, ob er nun ein Haus zu vermieten habe oder nicht. Natürlich, sagte er, aber noch sitze seine alte Tante drin, und deren Tod müsse er noch abwarten. Ich begann mitzutrinken, und irgendwie kamen wir im Laufe der Trinkerei auf die Seelenwanderung zu sprechen. Er stand beim Fenster, das Glas in der Hand, und stierte auf die Betonwüste vor seinem Fenster. »Das Wichtigste ist«, sagte er mit stoischem Blick, »daß du dich das ganze Leben ruhig verhältst, dann hast es im nächsten leichter.« Ich hielt das Ganze für eine Gaudi und machte Witze über die Seelenwanderung. Er fixierte mich mit betrunkenen Augen. »Karma kennt keinen Spaß«, sagte er ernst und trank sein Glas in einem Zug aus.

F ist Freiheit, und Freiheit ist Eigentum. Es gab endlose Diskussionen in der Wohngemeinschaft, wir hatten für alles eine Theorie. Warum es im Kapitalismus eine Wohnungsnot gibt, warum die Sozialdemokratie verkommt, warum Wohngemeinschaften diskriminiert werden, aber wir hatten kein Haus. Wir beschlossen, ein Haus zu kaufen. Jeder der fünf Erwachsenen sollte einen Teil erwerben und dafür einen Kredit aufnehmen. Ich besichtigte eine alte Villa an der westlichen Ausfahrt von Wien. Der Besitzer empfing mich in einem eiskalten, völlig leeren Raum der Villa, die Mauerecken waren voll Spinnweben. Er trug einen grauen Flanellanzug, eine Fliege, hielt einen Stock mit Silberknauf in der Hand, stellte sich als Hofrat und ehemaliger Leiter des Kabelevidenzbüros im Verkehrsministerium vor. Es war ihm sichtlich peinlich, über das Geld zu reden, und wir unterhielten uns über das Theater. Er kannte

mich und meine Stücke nur dem Namen nach, da er als
Burgtheaterabonnent nicht ins Volkstheater ging, wo meine Stücke gespielt wurden. Er nannte sich einen Beamten
mit vaterländischer Überzeugung, der von Hitler zwangs-
pensioniert wurde. Dieses Schicksal gibt es in Wien häufig:
Nationalbewußte Österreicher wurden nach dem Anschluß
Österreichs ans Dritte Reich diskriminiert und verfolgt,
weil sie nicht in das neue, großgermanische Bewußtsein
paßten. Er zeigte mir das Haus. Der ganze erste Stock war
verwüstet, der Verputz abgeschlagen, einzelne Mauern um-
geworfen, ein einziger Schutthaufen. »Mein Herr Sohn
wollte den Stock umbauen, aber er hat es vorgezogen, nach
Amerika auszuwandern und mir diese Trümmer zurückzu-
lassen«, sagte er und schaute auf einen Ziegelhaufen, »meine Frau ist mit ihm gegangen.« Zum Abschied gab er mir
eine Visitenkarte. »Ich wohne in der Stadt«, sagte er. Auf
der Karte war eine Telefonnummer und eine Adresse am
Wiedner Gürtel angegeben. Der Gürtel ist die lauteste Ver-
kehrsgegend Wiens, dort können sich zwei Menschen nicht
einmal mit Megaphon unterhalten. Ich habe das Haus, in
dem er wohnte, später einmal zufällig gesehen: ein schäbi-
ges, völlig desolates Mietshaus, vor dem die Gürtelhuren
patrouillierten. In der Prostituiertenhierarchie Wiens stehen nur noch die Praterhuren unter den Gürtelhuren. Die
Bank lehnte es ab, den Kauf der Hofratsvilla zu finanzie-
ren. Das Objekt sei durch die Autobahnauffahrt und durch
den desolaten ersten Stock völlig entwertet. Wir waren
über diese Entscheidung eher froh als traurig. Die Vorstellung, zwanzig Jahre einen Kredit abzahlen und miteinander wohnen zu müssen, hatte in der Gruppe steigende Ängste und Spannungen ausgelöst.

Gedicht: Dieses Gedicht / widme ich allen Kindern / von
häuselbauenden Kleinbürgern. / Ich möchte mich mit ihnen / vor einem Rohbau aufstellen / und so lange brüllen /

bis alles herausbricht: / Die Kälte, die Hitze. / Das Ziegel-
schupfen und das Jausenholen. / Das Hohngelächter der
Hilfsarbeiter / beim Umkippen der Scheibtruhe. / Die ver-
geblich wartenden Spielkameraden. / Die Übelkeit beim
vierten Bier. / Die anerkennenden Blicke des Vaters / wenn
man die doppelte Last schleppt. / Die ganze Trauer / über
all die verlorenen / Samstage und Sonntage. / Dieses Gedicht / bleibt mir im Halse stecken / wenn ich daran denke /
daß mein Vater / zwei Wochen nachdem das Haus fertig
war / starb. / – Ich las dieses Gedicht in einer Fernsehsen-
dung vor und bekam einen Brief. Eine Frau schrieb mir, ihr
Mann sei Arbeiter gewesen, habe ein Haus gebaut und sei
vor kurzem gestorben. Sie wollte mir das Haus verkaufen,
zu einem lächerlich niedrigen Preis. Das Haus lag in einer
Gegend hinter dem Wienerwald, wo sich Arbeiter kleinste
Parzellen kaufen, um darauf ihren Lebenstraum zu realisieren. Der Garten, das Haus, die Räume waren von unbe-
schreiblicher Scheußlichkeit. Aus jedem Urlaub, von jeder
Reise war irgend etwas Kitschiges mitgenommen worden,
um hierher verpflanzt oder aufgestellt zu werden. Die Frau,
eine kleine, rundliche, traurig dreinschauende Person, und
ihre Tochter standen neben mir. »Das hier war dem Papa
sein ein und alles«, sagte sie. Ich hatte nicht den Mut, ihr zu
sagen, daß ich hier nie, nie wohnen wolle.

Kennen Sie den schon? Der Papst, Breschnjew und Kreisky
sitzen in einem Boot und rudern über die Donau … Der sozialistische Funktionär, dem ich gegenübersaß, schaute
mich lachend an. »Ja«, sagte ich, »aber ich habe gehört, daß
die Gemeinde Wien alte, leerstehende Objekte hat und daß
Sie uns weiterhelfen können.« Er schaute auf das Papier, das
ich ihm vorgelegt hatte, und las den Titel: »Beschreibung
eines interdisziplinären Wohn- und Arbeitsprojektes …
Was ist das?« In der Tat hatte sich unsere Situation verändert. Wir hatten Kontakt mit einem Arzt, einem Bewäh-

rungshelfer und einer Handwerkergruppe aufgenommen und suchten eine alte Fabrik oder ein leerstehendes Haus, wo wir gemeinsam leben und arbeiten wollten. »Orgien wollts feiern«, sagte er lachend, »ich hab nichts dagegen, i bin ja net die Opposition.« Er griff zum Hörer und wählte eine Nummer. »Servus Vizebürgermeister, du, bei mir sitzt der Turrini ... ja der ... der sucht für sich und seinen Harem a Haus. Das beste ist, ich schick ihn dir gleich rüber.« Ich saß dem Vizebürgermeister der Stadt Wien gegenüber, einem älteren, ernsten Mann. »Wie stellen Sie sich das vor?« fragte er. »Soll Ihnen die Gemeinde Wien vielleicht ein Haus schenken?« – »Nein, wir wollen, daß uns die Gemeinde Wien ein altes Objekt vermietet, das wir auf eigene Kosten instand setzen.« – »Wenn Sie etwas gefunden haben, dann bringen Sie es in Vorschlag.«

Landstraße: Hauptstraße im dritten Wiener Gemeindebezirk. Früher die Straße der Handwerker und Fuhrwerksleute, heute eine Einkaufs- und Bankenstraße. Sie ist der Beginn jenes Weges, der direkt zum Zentralfriedhof führt. In einer Seitengasse dieser Straße fanden wir ein wunderschönes altes Mietshaus, sehr desolat, mit einem verwachsenen Garten. Es gehörte der Gemeinde Wien, war leer, nur in der ebenerdigen Wohnung lebte noch die Hausmeisterin. »Wir kommen von der Gemeinde Wien«, sagte ich. »Wegen dem Messing«, antwortete sie und kniff ihre Augen zusammen, »ich weiß.« – »Wieso Messing?« – »Es kommen ja immer Herrschaften, die sagen, sie sind von der Gemeinde Wien, und dann nehmen sie das Messing mit.« Wir besichtigten das Haus. An allen Türen fehlten die Messingbeschläge, von den Wasserleitungen waren die Messinghähne abgeschraubt. Wir brachten das Haus in Vorschlag und bekamen folgenden Bescheid: Das Objekt wurde bereits an eine private Wohnbaufirma verkauft. Der Name dieser Firma gehörte zu jenen, die in österreichischen Zeitungen ständig mit Betrügereien und Spekulationen in Verbindung gebracht werden.

Mauerbach: Das war die Gegend, wo wir und die Polizisten und die Reifenhändler wohnten. Dort lag, mitten im Wald, ein Kinderheim der Gemeinde Wien, von dem es hieß, daß es aufgelassen werden sollte. An der Umzäunung stand ein Mann mit Hunden. Ich stellte mich vor. »Ich kenne Sie«, sagte er, »Sie sind ein Südtiroler Herrgottsschnitzer.« Wir brachten das Haus in Vorschlag und bekamen den Bescheid, daß derzeit ein definitiver Bescheid leider nicht möglich sei.

Penzing: ein Wohnviertel in der Nähe vom Schloß Schönbrunn. Die Fenster des Hauses, das wir fanden, waren teilweise eingeschlagen. Der Rollbalken eines ebenerdigen Geschäftes war heruntergelassen. Darüber stand, kaum leserlich, Tabak Trafik. Das Fenster neben dem Rollbalken hatte Gardinen und war sauber. Ich klopfte an das Fenster. Ein alter, einarmiger Mann öffnete das Fenster und schaute mich mißtrauisch an. »Wir kommen von der Gemeinde Wien und wollen fragen ...« Der Mann ballte die Faust und schrie: »Mich bringts ihr da nicht hinaus, i bin fünfundsiebzigprozent invalid, i hab den Pneumothorax, mei Kreislauf ist zweihundert zu hunderzwanzig, i bin nachweisbar nicht umzugsfähig.« Der Mann bekam einen Hustenanfall und setzte weinerlich fort: »Warum wollts ihr mich weghaben, tu doch niemandem was, i rauch in Ruhe meinen Bestand auf, lang gibts mi eh nimmer.« Wir brachten das Haus nicht in Vorschlag.

Quappil oder die Bewahrung des Quappilschen Erbes: Beim Heurigen, das ist jener Ort, wo die ausländischen Touristen so betrunken gemacht werden, daß sie sich für Wiener halten, bekam ich einen heißen Tip von einem Heurigenwirt. »Wennst ein Haus suchst«, sagte er, »dann mußt zur alten Quappil gehen. Der gehören die halben Weingärten von Grinzing bis Klosterneuburg.« Er gab mir eine Telefonnummer. Ich rief an. »Sie sind Künstler?« fragte mich eine zarte, ältere Frauenstimme, »ich bin auch Künstlerin.« Wir vereinbarten ein Treffen in ihrer Wohnung in der Hernalser Hauptstraße. Als ich zur angegebenen Adresse kam, hielt ich das Ganze für einen Irrtum. Von einem Wohnhaus war nichts zu sehen, nur eine ebenerdige schäbige kleine Bar ohne Obergeschoß. In der Bar saßen ein paar Alkoholiker und Kartenspieler, aus der Musikbox dröhnte ein Schlager. Ich fragte die Kellnerin, ob sie zufällig eine gewisse Frau Quappil kenne. »Hinter der Theke, beim Klo vorbei, die Stiege hinauf«, sagte sie mürrisch. Ich ging hinauf und klopfte an eine Tür, mehr Verschlag als Tür. Eine alte Frau öffnete mir. Sie hatte Holzschuhe an, Baumwollsokken, einen zerschlissenen Mantel und lächelte mich mit einem jugendlichen und verschmitzten Gesicht an. Sie führte ihren Finger zum Mund. »Leise«, sagte sie mit hoher Stimme, »die Kunst erwartet Sie.« Sie führte mich in den Raum, ein ärmliches Mansardenzimmer ohne elektrisches Licht, ohne Heizung, die Wände waren voll mit alten Fotografien, in der Mitte stand ein Klavier. Sie setzte sich ans Klavier, spielte ein Schubertlied und sang dazu mit hoher Stimme: »Fremd bin ich eingezogen, fremd zieh ich wieder aus ...« Von unten aus der Bar hörte man einen Schlager heraufdröhnen. Entweder ist die Alte verrückt, dachte ich, oder sie ist die Wiener Ausgabe von Howard Hughes, der sich trotz seines Reichtums auch immer in obskuren Zimmern versteckte. »Ihm verdanke ich alles«, sagte sie plötzlich und deutete auf eine Fotografie, die an der Wand hing. Das Foto stellte einen unglaublich dicken Menschen dar, mit aufgedunsenem Gesicht, eine Silberkette vor dem Bauch, hinter ihm ein Heurigenlokal. »Seit er von mir gegangen ist«, sagte sie, »bin ich die Bewahrerin des Quappilschen Erbes.« Sie nahm meine Hand und streichelte sie. »Für Sie kommt natürlich nur der Quappilsche Stammsitz in Frage.« Sie gab mir eine Adresse in den Weingärten von Klosterneuburg. Das Haus, der Quappilsche Stammsitz, war kleiner als unser Gartenhäuschen, völlig desolat, im Garten lagen Autowracks und Reifen. Aus dem Kamin kam Rauch. In der Tür stand eine Jugoslawin mit zwei Kindern am Arm und schaute verlegen zu mir her. »Quappil«, sagte ich, »kennen Sie Quappil?« Sie lächelte verlegen und hob ihre Schultern. Ich stand da und schaute sie an.

Rathaus: Im Rathaus sitzen die Roten. Sie verwalten diese Stadt, mit einigen Unterbrechungen, seit fast achtzig Jahren. Gegenüber dem Rathaus liegt das Burgtheater. Die Beamten beider Häuser können sich gegenseitig in die Stuben schauen.

Staatsoper: Unsere Phantasien vom gemeinsamen Leben und Arbeiten lösten sich mehr und mehr in Luft auf. Wenn wir sehr traurig oder sehr lustig waren, stellten wir uns die Staatsoper als zukünftiges Wohngemeinschaftshaus vor. Die Künstlergarderoben hätten für viele von uns ausgereicht, und der Zuschauerraum wäre ein idealer Gemeinschaftsraum gewesen. Nur leider war und ist dieses Gebäude besetzt vom Wiener Großbürgertum und von den amerikanischen Touristen. Für jeden Hintern, der sich dort niederläßt, zahlen die Wiener viertausend Schilling Subvention, vielleicht nennt man deshalb Wien eine

Theaterstadt.

XY ist eine Verbrechersendung aus der Bundesrepublik, die von 650000 Wienern gesehen wird.

Zum Abschluß: Wir leben heute alle getrennt. Jeder von uns lebt in einer anderen Gegend in und um Wien.

(Artikel, 1981)

Provinz

Meine Damen und Herren! Liebe Freunde!

Der Begriff der Provinz, der weithin gehandhabte, ist ein bösartiger. Er unterstellt, besonders in seiner eigenschaftswörtlichen Form, daß hier in der Provinz alles kleiner, schlechter und enger, eben provinzieller sei. Jemand, der in solchen Verhältnissen lebe, stamme aus »tiefster Provinz«, jemand, der über solche Verhältnisse schreibe, produziere »provinzielle« Literatur.

Diese Methode, menschliches Leben und Empfinden bis zur Unkenntlichkeit hinter der Sprache zu verstecken, wird immer bösartiger. Hier bei Ihnen ist die Rede von Strukturbereinigung, als sei das Ergebnis solchen Tuns etwas Reinigendes oder gar Reines. Das Gegenteil ist der Fall. Es sind zumeist schmutzige Methoden, ausgeheckt in jenen Metropolen, die mit so viel Herablassung von der Provinz sprechen, mit ständig gleichem Ergebnis. Die Zeche hat der kleine Mann zu bezahlen. Oder nehmen Sie das Wort »freisetzen«. Was ist das wohl für eine Freiheit, in die jemand gesetzt wird, den man gerade freigesetzt hat.

Obwohl es mich reizt, über den ökonomischen Aspekt in der Provinz zu sprechen, werde ich mich auf den literarischen beschränken. Tatsächlich war die Literatur der Ersten Republik vorwiegend eine nichtprovinzielle, sie hatte zumeist ein städtisches Ursprungszeugnis. Ihre Exponenten, ich nenne hier etwas willkürlich zwei von ihnen, Schnitzler und Wildgans, empfanden sich als Teile des urbanen Bürgertums, ihre Literatur war eine im besten Sinne bürgerliche. Das Bürgertum hat aber nie besondere Freude an seinen eigenen, dichtenden Sprößlingen gehabt, weshalb man in der Zweiten Republik alles, was aus dem Bürgertum kam und nach dichterischem Talent aussah, in die Ministerien, besonders in die Kulturverwaltung steckte.

Herausgekommen ist der dichtende Ministerialrat und der musisch dilettierende Prokurist. Es werden Ihnen solche Exemplare schon untergekommen sein.

Etwas aber war neu in dieser Zweiten österreichischen Republik. Mehr und mehr Kinder von Bauern, Arbeitern und Kleinbürgern aus der Provinz, verwundet von postfaschistischen Erscheinungen und ständigen »Strukturbereinigungen«, griffen zur Feder. Schauen Sie sich doch einmal die Lebensläufe der neuen österreichischen Dichtergeneration an. Mit wenigen Ausnahmen stammen sie vom Lande oder aus Kleinstädten, sind dort verwurzelt und entwurzelt worden, geben Nachrichten aus der Provinz, von der sie, auch wenn sie sich räumlich entfernt haben, ein Leben lang nicht loskommen. Man könnte sie als späte Kinder Peter Roseggers bezeichnen, als verzweifelte und wütend gewordene Heimatdichter. Wenn Metropolen diese Literatur aus der Provinz so oft und so herablassend als provinzielle Literatur titulieren, so erscheint mir dies auch als Rache der impotenten Stadt an der kreativ gewordenen Provinz.

Ich möchte jetzt, schon aus polemischer Lust, diesen herablassenden Umgang mit Provinz und provinzieller Literatur auf den Kopf stellen. Ich behaupte, daß das Wahre und Wahrhaftige in der sogenannten »provinziellen Literatur« viel besser und viel genauer zum Ausdruck kommt als in einer, die sich die Welt schlechthin zum Gegenstand ihrer Betrachtung gemacht hat. Wer Lokales, Regionales, Provinzielles beschreibt, ist zwar nicht unbedingt der literarischen Form, aber dem literarischen Inhalt, dem menschlichen Schicksal näher. Und noch etwas: Vieles von dem, was sich im Laufe der Zeit zur Weltliteratur gemausert hat, hat als literarische Nachricht aus der Provinz begonnen.

Was ist der hagere Don Quijote, um ein willkürliches Beispiel zu nehmen, anderes als ein spanischer Provinzler, an dessen Verrücktheit sich eine ganze Provinz, ein ganzes Land, ja die Welt zu erkennen gibt. Wer in der Literatur die ganze Welt einfangen will, landet oft im unverbindlichen Nichts. Wer sich mit der Provinz, mit dem, was ihn unmittelbar umgibt, begnügt, dem gelingt oft, bewußt oder unbewußt, ein Beispiel, eine Parabel für menschliches Dasein schlechthin.

(Rede, 1983)

Ich bin ein Gefangener meiner Biographie

Ich bin nach dem Krieg in einem Kärntner Dorf aufgewachsen, mein Vater war ein italienischer Gastarbeiter. Das erste Antlitz dieser neuen Republik, welches ich zu sehen bekam, waren die Gesichter der Dorfhonoratioren am Stammtisch des Dorfgasthauses. In ihnen spiegelte sich keine Trauer, kein Entsetzen über das soeben erlebte Grauen wider, keine Schuldbekenntnisse waren von ihnen, den Mitverschuldern des Grauens, zu hören. Im Gegenteil: selbstzufrieden und unantastbar teilten sie sich die neue Macht im Namen neuer Funktionen. Aus dem Ortsgruppenleiter wurde der neue Bürgermeister, aus dem nationalsozialistischen Lehrer der neue Schuldirektor.

Meinen Vater verachteten sie, er kam aus einem Lande, in dem der deutsche Soldat, wieder einmal, verraten wurde. Diese Verachtung, die uns Kinder genauso traf und die ich damals schwer verstehen konnte, hat mich aus dem Lande getrieben. Ich habe mir, weil woanders auch nur Fremde und Fremdheit war, ein literarisches Land erbaut, gegen bestehende Verhältnisse geschrieben und mir solche ausgedacht, in denen ich mich zu Hause fühlen konnte.

Ende der sechziger Jahre kam ich nach Wien, vollgepackt mit Ideen und rüde hingeschriebenen Theaterstükken. Ich bin den Bewohnern des Stammtisches wiederbegegnet. Sie saßen, selbstbewußt und unangreifbar wie eh und je, hinter den Schreibtischen der Kulturbürokratie und verjagten mich und eine ganze Schriftstellergeneration in die Bundesrepublik.

Inzwischen haben die Bewohner des Stammtisches vieles hinzugelernt. Sie haben sich von Werbeagenturen den Rat geholt, ihre buchstäblichen und geistigen Gamsbärte kürzer zu stutzen und weltoffener in den Bierdunst ihrer Umgebung zu blicken. Sie haben ihre Sprache liberalisiert, aber nicht ihr Wesen.

Ich bin ein Gefangener meiner Biographie. Diese Menschen sind mir so viele Jahre hindurch mit Verachtung begegnet, daß ich sie bis auf den heutigen Tag verachte.

Kurt Waldheim ist ein Bewohner des Stammtisches, auch wenn er diesen Stammtisch gegen so viele Schreibtische, ja gegen den Weltschreibtisch vertauscht hat. In ihm und hinter ihm treten die Stammtischbewohner meiner Kindheit wieder hervor, wird das Antlitz der unantastbaren Selbstzufriedenheit wieder sichtbar. Aus diesem Antlitz kann Schuld und Trauer verbannt werden, das Verlogene und Verdrängte ist nicht wegzuwischen.

In dem Dorfe, in dem ich aufgewachsen bin, gab es auch andere und anderes. Am Dorfrand, zumeist in Baracken, wohnten die »Roten«. Sie fuhren jeden Tag in die Stadt »arbeiten« und waren von den bäuerlichen und kirchlichen Ritualen ausgeschlossen oder schlossen sich selbst aus. In diesen Baracken wohnten auch Kriegskrüppel und Trinker, Menschen, die seelisch und körperlich nicht in der Lage waren, am »Wiederaufbau« mitzuwirken. Ein versoffener Bibliothekar erzählte mir von der Arbeiterbewegung, ihrer

Vergangenheit, ihrer Zukunft. Das zumeist stumpfsinnige und trostlose Leben dieser Menschen stand in krassem Widerspruch zu seinen Geschichten. Trotzdem habe ich mich zu diesen Menschen hingezogen gefühlt, zuerst widerstrebend, dann immer nachhaltiger.

Aus dieser Hingezogenheit, deren Quell vielleicht nichts anderes war als das uns verbindende Gefühl, von den bäuerlichen Bewohnern des Stammtisches verachtet zu werden, wurde im Laufe der Zeit und der Jahre eine politische und literarische Zugehörigkeit. Ich bin ein Teil der Arbeiterbewegung, und ich habe meine Arbeit immer als Versuch verstanden, der menschlichen, der materiellen und der kulturellen Deklassierung der Arbeiterschaft entgegenzuwirken.

Für diese Deklassierung trägt die regierende Sozialdemokratie eine erhebliche Verantwortung. Sie hat den Einstieg in die bürgerliche Gesellschaft durch einen Preis und durch ein Versprechen erkauft.

Der Preis war die Aufgabe der kulturellen und ideologischen Identität der Arbeiterschaft, und dafür wurde den Menschen ein steigender Anteil am Wohlstand versprochen. Der Preis war zu hoch: Arbeiterbibliotheken wurden geschlossen, eine kulturelle Wüste breitete und breitet sich in den Köpfen der Belegschaften aus. Die ideologische Preisgabe hat einen Typ Funktionär hochgebracht, der nur noch aus Bodenlosigkeit und Opportunismus besteht. Der Arbeiter hat das Denken – und das Wehren und Streiten gehörten auch zum Denken – den Funktionären überlassen, und die lassen es lieber, sonst könnte es ihnen vor sich selber grausen.

Und das Versprechen? Das Versprechen war kurzfristig einlösbar, in wochenendgebauten Häusern mit Garten, und ist es heute schon nicht mehr. Keine zwanzig Jahre hat das kurze und kleine Glück der Arbeiterschaft gedauert, und heute sitzen viele Arbeiter in ihren Häuschen und können die Kreditraten nicht mehr bezahlen. Auch wenn jetzt

aus wahltaktischen Gründen die Sicherung der Arbeits-
plätze versprochen wird, so entspricht das nicht mehr der
Möglichkeit und damit auch nicht mehr der Wahrheit.

Ich bin ein Gefangener meiner Biographie. Die Bewohner des Stammtisches verachte ich, am Zustande der Sozialdemokratie verzweifle ich. Ich, der ich ein grundsätzlich
Heimatloser bin, habe eine Spur von Zugehörigkeit am
Dorfrande gefunden, später in Betrieben, bei Lesungen, bei
Auseinandersetzungen mit Betriebsräten, bei gemeinsamen
Aktionen mit Lehrlingen der VÖEST und so weiter. Heimat
war für mich nie ein geographischer Ort. Sie war, wenn
überhaupt, ein politischer Ort.

(Rede, 1986)

Über Adolf Frohner

Wer im Jahre 1944 zehn Jahre alt war und ein Landkind
war und nach dem unbeugsamen Willen seiner bäuerlichen
oder kleinbürgerlichen Eltern Adolf hieß, der hat einiges
gesehen und gehört: die Schritte von Soldaten und den
nachgerufenen Satz einer Frau und das Brausen der Tief-
flieger und das Gebrüll des Ortsgruppenleiters, der auf einem Podest stand, an einem Sonntag, den Arm ganz steif
von sich gestreckt, und der immer wieder einzelne Worte
und manchmal sogar einen ganzen Satz aus sich heraus-
brüllte, und später, vor dem Gasthaus, hörte der zehnjähri-
ge Junge plötzlich die verzweifelten Schreie einer Frau, der
sie mit einem Trichter Most in den Schlund pumpten, was
der Junge nicht sah, weshalb er sich zwischen die johlenden
Bauern drängte, welche die Szene umringten, und da lag
eine fremdländisch aussehende Frau am Boden, halbnackt
und aufgepumpt und vor sich hin schluchzend, und der
Junge schaute mit großen Augen zu und schwieg. Und nur

eineinhalb Jahre später, nach all diesem Marschieren, Rufen, Brüllen, Johlen und Schluchzen, war der Weltkrieg vorbei, und die grölenden Akteure verwandelten sich in Teilnahmslose, die nichts getan, nichts gesehen und nichts gehört hatten. Aber der Junge und mit ihm viele andere Kinder vom Lande waren sicher, Zeugen von etwas Ungeheuerlichem gewesen zu sein, sie konnten diese Gewißheit mit niemandem teilen, denn die Erwachsenen schwiegen immer weiter, erklärten das Vorgefallene für nicht vorgefallen und zeigten mit der Hand zur Wand des Klassenzimmers. Dort hing, wo früher Hitler hing, der Renner, dann der Körner, dann der Schärf und so weiter, die ganze Demokratie. Und wer immer noch Fragen hatte und reden wollte, bekam von seinen Eltern zehn Schilling und konnte sich einen Wildwestfilm im Peterhofkino in Annabichl anschauen oder einen Heimatfilm im Roxy-Kino in Hollabrunn. Von diesem Schweigen der Nachbarn, Eltern und Lehrer wurden die meisten Landkinder taub und hörten nie wieder zu und führten das stumme Leben eines Durchschnittsösterreichers, und manche schafften es sogar darüber hinaus und wurden Mandatare einer österreichischen Partei und brüllten wie ihre Väter, mit dem einzigen Unterschied, daß sie ihre Hand nicht hochhielten, sondern aufhielten. Einige wenige dieser Landkinder gingen in die Stadt und brüllten gegen ihre Väter auf Demonstrationen, und ein paar von diesen Provinzkindern wurden Künstler, wie der Frohner Adi. Ich fühle mich ihm verwandt, seit wir uns das erste Mal in den sechziger Jahren in Wien trafen, aber sein Verwandter bin ich im Grunde genommen immer gewesen: Wir sind Gefangene gleicher Laute und gleicher Bilder, ähnlicher Szenen.

Heute ist die Menschenschändung allgegenwärtiges Thema. Die Mörder und ihre Opfer drängen sich in allen Kanälen, bis man so viele von ihnen sieht, daß man sie nicht mehr sehen kann. Anfang der sechziger Jahre, als Leute wie Frohner und ich mit dem Malen und Dichten begannen, war es genau umgekehrt. Das Mörderische, das Gewaltsame, das Faschistische war verhüllt, verpackt in Nylon und Plastik, aus dem Medium Fernsehen drangen keine Bilder vom gewesenen heißen Krieg und keine vom gerade laufenden kalten Krieg, sondern ein milde lächelnder älterer Herr namens Rudolf Hornegg lud zu einer Quizsendung mit dem Titel »Quiz 21« ein. Unsere Kunstversuche glichen Enthüllungsversuchen, wir wollten die Verpackung, das Nylon und das Nette, zerreißen und wurden fündig: das Zerstörte, das Zerborstene, das Erbrochene, das Blutige kam als rohes Material, als stinkender Haufen zum Vorschein und auf die Leinwand oder auf die Bühne und erntete nebst Unverständnis, Haß und Staunen sein erstes Etikett: Wiener Aktionismus.

In den siebziger Jahren verließ Frohner das rohe Material und malte Menschen, häßliche, deformierte Menschen. Ich erinnere mich genau an meine ersten Erfahrungen mit diesen Bildern. Diese Figuren voller Fettwülste und Narben stießen mich ab und zogen mich gleichzeitig in ihren Bann, das Fleisch quoll ihnen aus den Kleidern, sie waren mit Seilen verschnürt und an Stühle und Tische gefesselt, sie waren so erniedrigt, so hilflos und so schweigsam, daß man stellvertretend für sie um Hilfe schreien wollte. Was wir Schriftsteller in den siebziger Jahren mit unseren sozialen Dramen auf die Bühne brachten, brachte Frohner mit aller Radikalität auf die Leinwand. Er ergriff Partei für die Zugerichteten, erhob sie damit zu schönen Menschen und machte ihre Peiniger häßlich. Da war wieder die Frau, der man Most einflößte, die am Boden lag und schluchzte, und je länger die Geschichte zurücklag, desto besser verstand der Junge, was geschehen war, und desto genauer wurden seine Bilder.

Jetzt und heute ist alles anders. Kein Landjunge muß sich zwischen grölende Bauern drängen, um das Gesicht einer geschundenen Frau zu sehen, kein Künstler muß sich über ein geschöntes Fernsehprogramm ärgern, über einen alten Quizmaster lustig machen, nichts muß zerrissen und aufgedeckt werden, alles quillt ganz selbstverständlich, völlig ungefragt auf uns ein, man könnte sich nach der Schamhaftigkeit der sechziger Jahre sehnen, gegen die wir so Sturm gelaufen sind, sie würde uns eine Pause gönnen von all diesen Leichen und Fischstäbchen und Traumreisen und Kadavern. Was in den fünfziger und sechziger Jahren weggepackt war, verdrängt war, versteckt wurde, die Trümmer und Opfer des Faschismus, was in den endsechziger und siebziger Jahren mit Demonstrationen und Kunstwerken mühsam an die Öffentlichkeit gebracht wurde, braucht diese Anstrengung nicht mehr, das Zerstörte, das Getötete ist vollständig in der Öffentlichkeit, es ist, in zwanzig Kanälen vorgeführt, Öffentlichkeit schlechthin. Adolf Frohner, ein malender Chronist des letzten Drittels dieses Jahrhunderts, hat auch die allerneueste Entwicklung in seinen letzten Bildern eingefangen: Seine Figuren lösen sich auf, in Knochen und Fleisch.

Die Szene im Dorf, das Schluchzen der Frau, das frivole Lachen der Bauern, wurde lange geleugnet und lange verschwiegen. Zu lange: Jetzt breitet sich die Szene aus, mit aberwitziger Geschwindigkeit, zwischen Hollywood und Sarajewo, ist immer und überall und wird von keinem staunenden Blick mehr eingefangen.

(Essay, 1993)

Über das Persönliche in der Literatur

Letztendlich ist jede Literatur »persönlich«. Ob dieses Persönliche in Theaterfiguren verpackt ist, in der Ichform des Gedichtes am direktesten zutage tritt, in einem Prosaroman vielen oder mehreren handelnden Figuren unterlegt wird – der Kern der Literatur ist persönlich und vor allem: er ist indiskret. Ich habe meiner armen Mutter einmal einen langen Brief zu dieser Frage geschrieben, weil sie sehr darunter gelitten hat, daß Dinge, die »die anderen Leute nichts angehen«, in meinen Gedichten vorkommen. Aber stellen Sie sich vor, ich würde Gedichte oder Theaterstücke schreiben und ständig aufpassen, daß ich nur Dinge schreibe, die andere Leute nichts angehen. Es ist doch gerade das Wesen der Literatur, von Dingen zu handeln, die andere Leute etwas angehen. Die Literatur ist ihrem Wesen nach unvorsichtig, schonungslos, penetrant, peinlich, und würde sie alle diese Überschreitungen nicht zulassen, wäre sie keine Literatur. Sie würde vorsichtig, ängstlich, kompatibel werden, sie würde ihr Wesen verleugnen. Ich habe damals meiner armen Mutter geschrieben, daß es schon ein Kreuz ist, wenn man so einen Sohn hat, und sie müsse dieses Kreuz eben tragen. Von mir sei keine Diskretion zu erwarten, nicht bis ans Ende der Tage. Bei mir sei alles Private äußerst schlecht aufgehoben, weil es irgendwann einmal zu Literatur und damit öffentlich wird.

Ich will damit keineswegs einer schlechten Literatur einen Freibrief ausstellen. Ich will Gedichte nicht zu Kunstwerken erklären, weil sie ein hohes Maß an Persönlichem enthalten. Ich will Theaterstücke nicht von vornherein gut finden, nur weil sie indiskret sind – keineswegs. Ich sage nur, man muß unvorsichtig dichten. Aber damit ist noch lange nicht gesagt, daß man auch *gut* gedichtet hat. Die Frage von guter und schlechter Literatur bleibt entscheidend. Ästhetische Debatten müssen geführt werden. Aber die Frage nach der Diskretion ist uninteressant. Ängstlichkeit, Vorsicht, Diskretion haben in der Literatur nichts zu suchen.

(Brief, 1993)

Engagement

Ich möchte Sie nicht mit einer nichtssagenden Absage ab-
speisen. Ich möchte versuchen, Ihnen zu erklären, warum
ich bei Ihrer höchst lobenswerten Aktion nicht mitmachen
kann und mitmachen will. Ich glaube, daß ein Schriftsteller
zunehmend Gefahr läuft, funktionalisiert zu werden. Die
Werke von Dichtern werden immer weniger gelesen. Die
Mühsal, ein ganzes Buch aufzunehmen, weicht dem schnellen Erfassen einer Etikette. Die Schriftsteller werden zu Un-
terschriftstellern. Ihre Namen tauchen immer weniger im
Zusammenhang mit Literatur, sondern im Zusammenhang mit ihrer Meinung und ihrem Eintreten für oder gegen eine Sache auf. Es ist die Reduzierung der Kunst und
der Künstler auf einen medialen Impuls, und das will ich
nicht mehr.

Sie werden mir entgegenhalten, daß dies im Falle Ihrer
Initiative ja für eine gute Sache sei. Aber ich werde fast ausschließlich mit guten und lobenswerten Sachen konfrontiert, und ich denke mir, am Ende bin ich ein guter Unter-
schriftsteller und kein Schriftsteller mehr. Alles, wofür Sie
eintreten, finden Sie in meinem Werk wieder. Jedes meiner
Theaterstücke ist ein leidenschaftliches Eintreten für Minderheiten, für Außenseiter, für Anderssein, worin dieses
Anderssein auch immer bestehen mag. Mein Gegenstand
ist die Kunst, nicht die Pädagogik und nicht das Soziale.

Ich wünsche mir, daß Sie dies ein wenig verstehen können, und grüße Sie auch herzlich!

(Brief, 1993)

Vernichtungslust

Heute ist es einen Tag nach der Premiere am Burgtheater, ich lese die Kritiken, die sich wieder einmal in Vernichtungslust mir gegenüber überschlagen und nehme es nach 20 Jahren des immer gleichen Ablaufes immer gelassener hin. Was ich in der Tat nicht gelassen hingenommen habe in den letzten Wochen, ist der Eingriff in mein Privatleben, oder anders ausgedrückt, der Übergang von der Literaturbetrachtung zur Menschenvernichtung. Es ist mir das erstemal passiert, daß Journalisten einfach in die Wohnung kommen, ohne Termin, daß Fotografen durch das Fenster fotografieren, daß persönliche Dinge, wahre und unwahre, geschrieben werden, daß es keine Grenze vor der Privatheit eines Menschen gibt und keinen Ort, der sicher genug ist, diese Privatheit zu schützen. Das macht mir wirklich angst. Auf der einen Seite vernichten sie mein Werk, auf der anderen Seite sind sie gierig nach der Person. Ich verstehe das alles nicht mehr, und ich habe wirklich nur das Bedürfnis, zu verschwinden.

(Brief, 1993)

Ehrenbürger, die Erste

Geschätzter Herr Bürgermeister!

Sie haben die Mühe auf sich genommen, mich zum Ehrenbürger von Maria Saal zu machen, und es war doch vergebens: die Mehrzahl der Gemeinderäte wollte es nicht, und ich will es auch nicht. Ich bin nicht Schriftsteller geworden, um ein Geehrter zu sein, sondern ein Gelesener. Und außerdem: Ehrenbürgerschaften und Ehrennadeln und Titel und Orden sind die Vorstufen des Ehrengrabes, und um dieses möchte ich einen sehr weiten Bogen machen.

Meine Gegner haben schon recht, wenn sie sagen, ich hätte zuwenig für meinen Heimatort geleistet. Ein Schriftsteller dient keinem Ort, sondern dem, was er für die Wahrheit hält. Ich habe in vielen Gedichten meine Kindheit in Maria Saal beschrieben, die Demütigungen, aber auch die Zuwendungen, die ich dort erfahren habe. Dieses Dorf ist unauslöschlich in mir: als etwas sehr Schönes und als etwas Bedrohliches.

Seien Sie trotzdem für Ihre Mühe bedankt und herzlich gegrüßt.

(Brief, 2000)

Ehrenbürger, die Zweite

Lieber Doktor Seifried!

Ich komme gerade aus Berlin, von den ersten aufregenden Peymanntagen am Berliner Ensembletheater, und finde u. a. Ihren Brief vor, über den ich mich wirklich gefreut habe, weil er eine sehr noble Geste enthält: Sie versuchen, die Engstirnigkeit und Kleinlichkeit der anderen durch Ihre Großzügigkeit wettzumachen, indem Sie mir die Ehrenbürgerschaft von Wolfsberg anbieten. Aber glauben Sie mir, lieber Seifried, es gibt nichts wettzumachen, die Verletzungen unserer Kindheit sind unauslöschbar, die Pflaster der späteren Jahre verkleben nur die Narben. Wir bleiben Erdulder und Entfacher der Hölle, was immer wir an Titeln und Ehrungen und Besitz anhäufen: es brennt!

(Brief, 2000)

Es ist zuviel

Sehr geehrter Herr Dr. Haider!

Sie haben mir einen persönlichen Brief geschrieben, in dem Sie mich fragen, wann wir uns zu einem Gespräch zusammenfinden können. Ich möchte Ihnen persönlich antworten, schon aus Gründen der Höflichkeit. Es ist durchaus nicht meine Art, Feindschaften zu kultivieren, aber es ist mir – beim Stand der Dinge – unmöglich, mich mit Ihnen zu treffen.

Ich möchte versuchen, Ihnen meine Haltung zu erklären. Ihre Partei bekriegt und verhöhnt mich seit Jahren. Ich rede nicht von der Austragung unterschiedlicher politischer Auffassungen. Ich zähle mich auch nicht zu den guten und Ihre Parteigänger zu den schlechten Menschen; die Seele ist nicht nur ein weites Land, sondern auch ein vermischtes: Da hocken das Gute und das Böse in ein und derselben Seele erstaunlich nahe beieinander.

Ich rede von kontinuierlicher Verleumdung durch Ihre Partei, und ich möchte Ihnen dafür ein paar Beispiele anführen: Als ich die Rede zur Eröffnung des Bruckner-Festivals hielt, verteilten Ihre Parteigänger vor der Bruckner-Halle gelbe Zettel mit teilweise falschen Zitaten aus meinen Stücken und der Aufforderung, mir das Reden zu verbieten. Ich lebe seit Jahren in einer niederösterreichischen Kleinstadt, meine Nachbarn, meist kleine Weinbauern, sind mir mit der Zeit nähergekommen und ich ihnen. Es sind Freundschaften entstanden. Dann kommen Postwurfsendungen Ihrer Partei und in diesen steht, daß ich riesige Summen von Subventionen für meine Literatur bekomme. Ich spüre die Verwirrung und Distanzierung meiner Nachbarn und Freunde und habe Mühe, ihnen diese Verleumdungen auszureden. Ich besuche eine Wahlveranstaltung Ihrer Partei am Karmelitermarkt und höre den Redner sagen, daß der rote Minister die Steuergelder der anwesenden kleinen Leute für meine perversen Theaterstücke ausgeben würde. Ich sage es den Umstehenden, und ich sage es immer wieder in Interviews, daß dies nicht wahr ist, daß ich von meinen Einkünften als Schriftsteller lebe und nicht von Subventionen, daß eine Theatersubvention dem Theater zukommt und nicht dem Theaterautor, aber die Verleumdungen, die so leicht hingesagten und so schwer korrigierbaren, sind stärker.

Um all das auszuhalten, müßte man eine Elefantenhaut haben, aber unter einer solchen kann man keine Theaterstücke, keine Gedichte schreiben. Und jetzt kommen Sie und wollen ein persönliches Gespräch führen, gerade so, als sei nichts gewesen. Aber es ist zuviel gewesen. Es gibt Unvereinbarkeiten im Leben, die man aushalten muß, über die man nicht einfach hinwegspringen kann.

Mit freundlichen Grüßen.

(Brief, 2000)

Der liebe Gott

Ich saß bei der Lesung in einer Kirche auf einem erhöhten Podium, und obwohl kleine Treppen vorhanden waren, bin ich am Ende der Lesung vom Podium gesprungen – um einen möglichst jugendlichen Eindruck zu erwecken. Ich habe mir beim Aufkommen einen schrecklichen Riß in der Achillessehne zugezogen. Da aber die Reaktion des Publikums auf das Gelesene sehr positiv war, die Leute also heftig geklatscht haben, habe ich versucht, zu diesem fürchterlichen Schmerz zu lächeln. Ein paar Tage später habe ich mir gedacht, daß es vermutlich der liebe Gott war, der mich gestraft hat, da ich in dieser Kirche einige Blasphemien vorgelesen habe, und so etwas kann nicht straflos abgehen. Ich erzähle Ihnen diese Geschichte nicht, um hier persönliche Krankenprotokolle zu veröffentlichen, sondern weil sie die beiden wesentlichen Grundbedingungen der österreichischen Befindlichkeit enthält, nämlich erstens: Es gibt einen Schmerz und man lacht dazu, macht eine Camouflage, eine Komödie, eine Verstellung. Zweitens: Der liebe Gott spielt immer mit. Da ich in der Kärntner Provinz aufgewachsen bin, ein Ministrant war, habe ich diese durchschnittliche österreichisch-katholische Vergiftung in mir, die dazu führt, daß man ein Leben lang versucht, durch alle möglichen Blasphemien den lieben Gott loszuwerden, aber auf irgendeine Art und Weise, und sei es durch Achillessehneneinriß, holt er einen wieder ein.

(Vortrag, 2003)

Der Abgrund

Bevor diese Vorlesung losging, hat mich Ihr Professor gefragt, warum ich so nervös bin. Es mag in Ihren Augen und in Ihren Ohren nach Koketterie klingen, aber bis auf den heutigen Tag empfinde ich keine Sicherheit bei öffentlichen Auftritten, obwohl ich Hunderte hinter mir habe, mehr als vierzig Bücher veröffentlicht habe und meine Stücke auf der ganzen Welt gespielt werden. Immer empfinde ich diesen Abgrund hinter mir und keine Zuwendung und keine Anerkennung kann mich darüber hinwegtrösten. Jedesmal fürchte ich mich, und jedesmal strenge ich mich maßlos an, damit ich nicht in diesen Abgrund gestoßen werde – es ist wie in meiner Kindheit, das Schweigen, die Bedrohung, die Gefahr ist immer da. Auch wenn ich mir hundertmal sage, daß es dafür keinen Grund mehr gibt, daß ich ein von vielen gemochter Mensch und ein anerkannter Schriftsteller bin, es hilft alles nichts. Der Abgrund hinter mir öffnet sich und gleich werde ich hineinstürzen. Das Gefühl der Angst erfaßt mich und ebenso die Bereitschaft, darüber Witze zu reißen.

(Vortrag, 2003)

Eine unglückliche Beziehung

Dein »Erklärungs-Text« hat mich tagelang beschäftigt. Als ich ihn erhielt, wollte ich sofort darauf reagieren, und zwar mit einer klaren Zustimmung. Was mich etwas stutzig gemacht hat, war die Tatsache, daß dieser Text von mir hätte sein können, viele Deiner Sätze und Argumente erinnerten mich an eigenes Geschriebenes, bis in den Tonfall hinein. Ich habe mir daraufhin alte Briefe und Aufrufe aus meinem Archiv zusammengesucht, über viele Jahre verstreut, und sie alle hatten etwas Gemeinsames: Immer ist es eine Bitte, ein Flehen, ein Wünschen an die Adresse der SPÖ, sie möge doch endlich eine fortschrittlichere, eine proletarischere, eine linkere Partei werden. Wenn man diese Elaborate – über die Jahre verfaßt – heute liest, hat man das Gefühl einer ewig unglücklichen Beziehung. Als würde man einen Menschen, den man sehr mag, ja vielleicht sogar liebt, über Jahrzehnte darum bitten, ein Anderer zu sein. Aber dieser Mensch denkt gar nicht daran, sondern entfernt sich immer weiter von meinen Vorstellungen und Wünschen. Im Privaten würde man sagen, dies ist vergebliche Liebesmüh'. Und im Politischen muß man sich mit der Frage konfrontieren, ob man sich nicht eine andere politische Zugehörigkeit suchen soll.

Das fällt mir sehr schwer, denn bei aller Verzweiflung über die SPÖ habe ich mit dieser Partei eine Geschichte, eine Tradition. Ich bin als Sohn eines Ausländers in einem Kärntner Dorf der fünfziger Jahre aufgewachsen, und als solcher gehörte man in der Dorfhierarchie nicht dazu. Diese Hierarchie war schwarz und ist es im Grunde genommen bis heute. Es war ein sozialdemokratischer Bibliothekar, der sich mit dem Zehn-, Elfjährigen, der ich damals war, abgab, mich mit Büchern und der Idee versorgte, daß man auch als ausgestoßener Bewohner der Peripherie eine Würde und einen Stolz entwickeln kann. Daß man die Verhältnisse, so wie sie sind, nicht hinnehmen muß. Diese Idee der Selbstachtung, der Gerechtigkeit, der Veränderung hat mich die letzten vierzig Jahre immer wieder in die Nähe der Sozialdemokratie gebracht und manchmal, in gewissen Zeiten, auch zu ihr gebracht. Aber damit ist es vorderhand vorbei.

Ich nehme mir die Freiheit, dieser Sozialdemokratie nicht mehr mit Wünschen, Vorschlägen, Anregungen, Kritik nachzurennen, es lähmt mich in meinem Denken und bringt derzeit auch nichts. Vielleicht wähle ich diesmal die Grünen, vielleicht wähle ich die Kommunisten, vielleicht entsteht links von der Sozialdemokratie eine neue, wirklich linke Partei, wir werden sehen. Ich wandere aus dem Reich der Notwendigkeit (ein Begriff, der mich immer wieder, bei jeder Wahl, in die Halskrause der SPÖ zwang) in das Reich der Freiheit. Ich glaube nicht, daß ich damit die österreichische Arbeiterklasse verrate, das bewerkstelligt die SPÖ beizeiten schon selbst.

Lieber Ferdinand, Du hast mich dazu gebracht, über diese Dinge, mitten in der Stücke-Dichterei, genauer nachzudenken, und dafür danke ich Dir. Ich fühle mich mit Dir befreundet, obwohl wir nie eine wirkliche Freundespraxis, ein Sehen und Wiedersehen betrieben haben. Es ist einfach eine unveräußerbare Grundsympathie, und ich hoffe doch sehr, diese bleibt mir von Deiner Seite – trotz dieses Briefes – erhalten.

(Brief, 2008)

Sind mir blinde Kinder gleichgültig?

Ich nehme ja mit Freude an, daß ich als Schriftsteller immer »gewichtiger« werde, aber was mich immer unglücklicher macht, das sind die Folgeerscheinungen dieser »Gewichtigkeit«. Ich werde ununterbrochen aufgefordert, ein Patron von Weinen zu sein, ein Förderer von Blindenvereinen und Sozialorganisationen, ein Schirmherr von Schulbällen und Feuerwehrveranstaltungen, ein Gastredner von Symposien über Literaturtendenzen und Klimaveränderungen, ein Pate bei Taufen und Zeuge bei Hochzeiten, ein Eröffnungsgast von neuen Lokalen und ein Eröffnungsredner bei neuen Kulturinitiativen und so weiter. Ich rede gar nicht von den hunderten Einladungen zu privaten Anlässen, Geburtstagen, Trennungen, Genesungen etc. Inzwischen hasse ich Geburtstage, meinen eigenen eingeschlossen.

Ich sage ohnehin meistens Nein, aber wenn ich doch einmal Ja sage, dann entartet es furchtbar. Ich erzähle Dir ein einziges Beispiel aus jüngerer Zeit: Es gibt einen Verein, der sich um erblindete oder schwerst sehbehinderte Kinder kümmert. Dort arbeiten ungefähr 15 Leute, schlecht bezahlt, mehrheitlich sehr idealistische Menschen. Die haben mich gebeten, ob ich die Patronanz für ihren Verein übernehmen könnte, und ich habe mich dazu bereit erklärt. Am Anfang hieß es, daß damit keinerlei Tätigkeit verbunden sei, aber inzwischen soll ich bei jedem Subventionsgespräch mit der Gemeinde Wien, mit dem Land Niederösterreich, mit den Sponsoren, mit dabei sein, denn das hebe die Chance auf finanzielle Zuwendung. Wenn ich dann sage, daß ich das einfach nicht kann, dann höre ich die leise vorwurfsvolle Frage, ob mir blinde Kinder gleichgültig seien.

Mein edler Freund, kannst Du verstehen, wie es mir geht? Vielleicht habe ich schon eine Spur von Paranoia, aber ich bin doch nur ein Schriftsteller, der seine Arbeit gut machen will, und nicht der Heilige Peter. Ich scheiße auf die

Bedeutung meines Namens, sie hält mich vom einzigen ab, was meinem Leben wirklich Sinn und Boden gibt: das Schreiben. Aber wie soll man schreiben, wenn man ununterbrochen davon abgehalten wird? Das interessiert keinen Menschen und es interessiert auch niemanden, daß jeder Termin in Wien oder St. Pölten, jede Reise zur antifaschistischen Plattform nach Wels oder zum jüdischen Gedenktreffen im Burgenland mit stundenlangen Fahrten und tagelangen Arbeitsausfällen gepaart ist.

Ich will ja kein asozialer Sonderling in Kleinriedenthal werden, ich helfe ja, wo ich kann, vor allem, wo ich mich wieder zurückziehen kann, aber bei größeren Projekten, wo ich Schirmherr, künstlerischer Berater und Mentor sein soll, kann ich doch nicht gleich wieder verschwinden. Und nur den Namen hergeben und mich dann um nichts kümmern, das kann ich auch nicht.

Bitte verstehe meine sehr ernste Lage.

(Brief, 2008)

II.
Wie verdächtig ist der Mensch?

Über den Terrorismus

Wer in Österreich über das Problem des Terrorismus anders denkt, als ein Großteil der Zeitungen und die reaktionären Politiker es vorschreiben, wird öffentlich diffamiert. In der Bundesrepublik Deutschland wird derzeit der Weg vom Diffamieren zum Inhaftieren vorbereitet. Ich fürchte, daß Österreich diesen Weg ebenfalls gehen wird, weil es auch bei uns eine Voraussetzung dafür gibt, über die fast niemand reden will. Ich meine die Stimmung in der Bevölkerung, die Bereitschaft viel zu vieler Menschen, diesen Wahnsinn mitzumachen, ihn sogar zu fordern.

Die infernalische Berichterstattung über den »Terrorismus« wäre einfach nicht möglich, wenn nicht Millionen Menschen diese Blätter kaufen würden. Herrn Reimanns Geschichtslügen sind nicht denkbar ohne eine Leserschaft, die bereit ist, sie zu glauben. Herrn Nimmerrichters Haß auf Strafgefangene wird von breiten Bevölkerungsschichten geteilt. Herr Chorherr, ein Sympathisant südamerikanischer Terrorregime, findet seine zustimmenden Leser. Demokratiefeindlichkeit, Aufforderung zur Menschenjagd, Verteufelung aller Andersdenkenden, Liebäugeln mit der Wiedereinführung der Todesstrafe, dies alles findet im heutigen Österreich ein wachsendes Publikum. Es ist unerheblich, ob sich die Urheber solcher Haltungen und Forderungen – gekaufte Journalisten und zynische Politiker – im privaten Kreise über ihr »dummes« Publikum lustig machen, erheblich ist, daß sie überhaupt eines finden. Daß unter diesem Publikum so viele Arbeiter, Angestellte, Bauern, Gewerbetreibende zu finden sind, ist besonders erschütternd.

Natürlich wünschen wir uns ein »anderes Volk«, ein aufgeschlosseneres, fortschrittlicheres, ein solidarischeres, ein kritischeres ... Aber die Wirklichkeit wird nicht von unseren Wünschen bestimmt. Einige meiner Freunde haben sich linken Splitterparteien angeschlossen. Sie verwechseln ihre Wünsche mit der Wirklichkeit und sprechen von einer Arbeiterklasse, die es so nur in ihrer Vorstellungswelt gibt. Andere, Verzweifeltere, beginnen die scheinbare Unveränderbarkeit des Menschen für eine reale zu halten.

Warum ist so viel Haß in der Bevölkerung, und warum richtet sie ihn so schnell gegen jeden, der ihr von den Oberen namhaft gemacht wird? Warum wollen so viele Arbeiter den »Terroristen« Kopf und weiteres abschneiden? Die undemokratische Situation am Arbeitsplatz ist für sie doch viel relevanter als die vermeintliche Bedrohung durch »Terroristen«. Warum hassen so viele Kärntner die Slowenen, von denen doch etliche für die Befreiung Kärntens vom Faschismus gekämpft haben? Warum sprechen so viele so ausdauernd über die Knöchelverletzung eines Fußballers namens Starek, und warum reden so wenige über die Tatsache, daß in Österreich Tausende durch Unfälle am Arbeitsplatz invalid werden? Warum werden so viele müde, abgeschlafft und desinteressiert, wenn es darum geht, die eigene Situation zu überdenken, Lösungen zu versuchen, sich mit anderen zu solidarisieren, und warum werden so viele wach und rege, wenn es gilt, andere zu hassen und zu verurteilen?

Ich möchte, auch das ist ein Versuch einer Antwort, zwei Geschichten erzählen. Vor ein paar Wochen traf ich einen Fliesenleger, den ich noch aus Maria Saal kannte. Er wohnt seit fünfzehn Jahren in einem Hochhaus in Simmering. Wir sprachen über die »Terroristen«, aber das Thema war schnell beendet, er war dafür, daß jeder gefangene »Terrorist« sofort erschossen wird. Vor ein paar Tagen stand er plötzlich vor meiner Wohnungstür, traurig, etwas betrunken, völlig verändert. Es war sehr schwierig, mit ihm zu reden, weil er sich ständig entschuldigte. Er sei seit Tagen nicht mehr zu Hause gewesen, er habe seine Frau geschlagen, er habe den Wochenlohn versoffen, er würde sich am liebsten umbringen. Nach jedem Satz machte er eine kurze

Pause, entschuldigte sich für die Umstände, die er mir mache, und fügte hinzu, daß sonst bei ihm alles in Ordnung sei. Am Ende unseres Gespräches war nichts mehr in Ordnung. Alle seine so verständlichen Lebenswünsche, sich zu Hause zu fühlen, eine Familie zu haben, in einem zufriedenstellenden Beruf zu arbeiten, hatten sich in ihr Gegenteil verkehrt. Er hat sich in Wien nie zu Hause gefühlt, seine Frau hat zwei Kinder in die Ehe gebracht, die ihn ablehnen, für die Anschaffung der Wohnungseinrichtung ging er pfuschen, beim Pfuschen begann er zu saufen. Er sah sich selbst als Versager. Als wir uns das erste Mal trafen, funktionierte sein Abwehrsystem noch, er konnte andere, »Terroristen«, hassen, nun haßte er nur noch sich selbst.

Die zweite Geschichte: Wir besuchten eine ältere Frau in der Wiedner Hauptstraße, um mit ihr über die dreißiger Jahre zu reden. Wir sammelten Informationen für einen Film, den wir über diese Zeit machen wollten. Wir setzten uns in der Küche zusammen. Beim Thema Hitler kam sie auf den heutigen Terrorismus zu sprechen. »Terroristen« waren für sie alle, von denen sie sich bedroht fühlte, Gastarbeiter, Sexualverbrecher, randalierende Jugendliche, Demonstranten. Sie stellte diese Personen oder Personengruppen weit unter die Hunde. Hunde seien ohnehin besser als die Menschen, sagte sie, weil sie einen nie enttäuschen würden. Es fiel mir auf, daß sie mit steirischem Akzent sprach, und ich sprach sie auf diesen Umstand an. Sie erzählte uns, immer mit einem lächelnden Gesicht, als würde sie dies alles nicht betreffen, ihre Lebensgeschichte. Ihr Vater sei ein Keuschler in der Südsteiermark gewesen, sie sei als junges Mädchen nach Wien »in den Dienst« gekommen. Nach dem Kriege habe sie geheiratet und mit ihrem Mann in der Favoritenstraße eine kleine Drogerie »aufgebaut«. Sie sei eine »Geschäftsfrau« geworden, und die vornehmen Parteien des Hauses, in dem sie wohnte, hätten sie nicht mehr »von oben herab« behandeln können. 1955 habe ihr Mann sie »wegen einer Jüngeren« verlassen. Ende der sechziger Jahre seien ihr die Kunden »weggeblieben«, weil man für den Bau der U-Bahn die Favoritenstraße aufzureißen begann. Völlig übergangslos stand sie auf und öffnete die Speistür. Die Regale waren voll mit Drogerieartikeln, Waschmitteln, Bürsten, Schwämmen und so weiter. Das sei alles, was ihr geblieben sei, sagte sie. Ich fragte sie, was sie mit diesen Dingen mache. Sie würde sie »zitzerlweise« an die Hausparteien verschenken, denn es läge ihr sehr viel an einer »guten Nachrede«. Und wenn all diese Dinge verschenkt seien, was dann? Sie sei ohnehin schon zu lange auf der Welt, antwortete sie lächelnd.

Warum lächelt diese Frau, wenn sie von ihrem lebenslangen Kampf um Anerkennung spricht? Warum will sie sich heute noch die Zuwendung der Hausparteien durch Geschenke erkaufen? Warum wirkt sie so merkwürdig unbeteiligt, wenn vom Verlust ihrer Existenz die Rede ist? Sie wurde von ihrem Mann verlassen, und doch schien es, als wäre das nicht ihr, sondern einer anderen Frau zugestoßen. Wo sind, nach all diesen Lebenserfahrungen, ihre Gefühle der Trauer, der Enttäuschung, des Zorns? Warum richtet sich ihr Zorn gegen die Außenseiter dieser Gesellschaft, die ihr nie etwas angetan haben? Und der Fliesenleger, von dem ich vorhin erzählt habe, warum unternimmt er nichts gegen die Lebens- und Arbeitsbedingungen, die ihn fertigmachen? Warum will er alle »Terroristen« erschießen, und, wenn das nicht funktioniert, sich selbst?

So viele Menschen geben sich selbst oder anderen, Minderheiten, Außenseitern, die Schuld an allem, was ihnen im Leben zustößt. Es muß an ihnen selber liegen oder an den Juden, den Langhaarigen, den Demonstranten oder wem immer. Die Gesellschaft, in der sie leben, kann keine Schuld haben. Sie wird ihnen ja ununterbrochen als die beste aller möglichen Gesellschaften eingeredet, in ihr kann doch jeder frei, reich und glücklich werden, wenn er sich nur ein bißchen anstrengt. Und wenn der Kampf um das Glück in dieser Gesellschaft nach jahrelanger Anstrengung immer aussichtsloser wird, wenn Schmerz, Trauer und Verzweiflung das Bild vom jungen, dynamischen Erfolgsmenschen aufzulösen beginnen, dann ist der Betreffende selber schuld, dann ist er ein Versager, dann ist das seine Privatsache, dann ist darüber zu schweigen.

Es herrscht Schweigen in den Familien und in der Öffentlichkeit, bis diese Stille von der Gewalt gegen sich selbst oder gegen andere durchbrochen wird. In der Kriminalberichterstattung, auf den sogenannten Gerichtssaalseiten, wird die Spitze des Eisberges sichtbar, ist nachzulesen, was passiert, wenn Zwang, Trauer und Ausweglosigkeit in Zerstörung umschlagen. Aber wie zynisch wird da berichtet: Niemals ist vom Leben dieser Menschen die Rede, von ihrer jahrelangen Sprachlosigkeit, ihrer Unfähigkeit, das Leben zu meistern, das Spiel weiter mitzuspielen. Niemand schreibt darüber, wie dieser Ausbruch von Gewalt hätte vermieden werden können, niemand sagt, welche Lebens- und Arbeitsbedingungen geändert werden müßten, damit er sich nicht wiederholt. Im Gegenteil, die Berichterstattung stilisiert diese Menschen zu abartigen Monstern, und viel zu viele Leser haben wieder ein Objekt für ihre Aggressionen gefunden.

Wie es in unserer Gesellschaft wirklich zugeht, wie terroristisch das Leben für so viele ist, wie daran etwas zu ändern wäre, darüber steht nichts in einem Großteil der österreichischen Zeitungen. Sie müssen, um am Ruder, das heißt im Geschäft zu bleiben, alles verfolgen und diffamieren, was in Alternativen zu dieser bestehenden Gesellschaft fühlt, denkt und handelt. Sie werfen sogenannte »linke Gesellschaftsveränderer« ihren Käufern zum Fraße vor, damit die Leser ja nicht auf die Idee kommen, ihren Zorn gegen jene zu richten, die in Wahrheit diese Gesellschaft immer schneller zu ihrem Nachteil verändern.

Kein »linker Gesellschaftsveränderer«, kein engagierter Schriftsteller oder Publizist, kein Umweltschützer hat das Leben vieler Menschen auch nur annähernd so beeinflußt, wie die moderne Industriegesellschaft es tatsächlich verändert hat. Sie ist der wahre Gesellschaftsveränderer, in einem ganz anderen, wahrhaft unmenschlichen Sinne.

Wie lächerlich und grotesk ist es doch, daß unsere konservativen Zeitungen und Parteien, ideologische Steigbügelhalter der Industriegesellschaft, Werte wie »Individuum, Natur, freies Bauerntum, Gesinnung, Heimat« und so weiter in ihrem Vokabular führen! Niemand sorgt rücksichtsloser für die Zerstörung dieser Werte als die Industriegesellschaft. Sie allein hat es zuwege gebracht, den Menschen und die Natur unter einem einzigen Zweck zu betrachten: alles zu verwerten, bis es entwertet ist, Abfall ist, Dreck. Nach ihrem Wolfsgesetz frißt sie die kleinen Handwerker, Gewerbetreibenden und Bauern auf, raubt ihnen die Identität. Wer heute in einem privaten Industriebetrieb arbeitet und Karriere machen will, kann jegliche Gesinnung vergessen. Er hat sich total mit dem »Produkt« zu identifizieren. Nichts interessiert multinationale Konzerne, die höchstorganisierte Form der Industriegesellschaft, weniger als eine »Heimat«. Mit ihrer ökonomischen Macht mischen sie sich in die Wirtschaftspolitik eines Landes ein, mit der Ästhetik ihrer Werbung und ihrer Produkte entkulturisieren sie ganze Kontinente.

Was sich in Jahrhunderten an Kultur, Architektur, Lebensform herausgebildet hat, wurde und wird von der Industriegesellschaft in wenigen Jahrzehnten zerstört. Völlig idiotische und die Gewalt verherrlichende amerikanische Fernsehserien, um nur ein Beispiel zu nennen, werden heute bis in den letzten Winkel der Erde ausgestrahlt. Der schwedische Nobelpreisträger Alfen nennt das »Omnizid«, den Angriff auf alles Lebendige. Für mich ist diese globale, die Menschen entwurzelnde Gewalt Terrorismus schlechthin.

Über diesen Terrorismus ist aus österreichischen Zeitungen, die von einem großen Publikum gelesen werden, wenig oder nichts zu erfahren. Worüber diese Zeitungen ununterbrochen schreiben, das ist eine Handvoll bundesdeutscher Gewalttäter, über deren traurige und sinnlose Taten schon genug gesagt wurde. Die Nachdrücklichkeit und das Ausmaß, in welchem unsere Zeitungen über diese »Terroristen« berichten, zeigt an, wie sehr sie sie brauchen. Sie sind ein Gottesgeschenk für reaktionäre Politiker und anverwandte Zeitungen, mit ihnen können sie wochenlang, seitenweise, Tag für Tag ablenken von allem, was die meisten Menschen viel nachhaltiger bedroht. Sie bieten ihnen die Möglichkeit, dem Zorn in der Bevölkerung neue und falsche Nahrung zu geben.

Bei so ausführlicher Beschäftigung mancher Journalisten mit den »Terroristen« ist es nicht verwunderlich, wenn sich die beiden zu ähneln beginnen. »Schauen wir sie uns an. Diese angeblich von Mitleid bewegten Figuren. Prägen wir uns ihre Züge ein. Ihre Haltung, ihre Haarfarbe.« Das hat ein »Kurier«-Journalist geschrieben. Das könnte in einem Manifest der RAF stehen.

(Essay, 1978)

Vielleicht bin ich ein Idiot

Sehr geehrte Damen und Herren! Liebe Freunde!

Von Österreichern, die im Ausland zu Wort und zu Ehren kommen, ist man gewohnt, daß sie auf ihr Land schimpfen, ja man erwartet das geradezu von ihnen. Ich werde das nicht tun. In meinem österreichischen Paß steht unter Beruf »Heimatdichter«, und das ist durchaus nicht ironisch gemeint. Ich bin der Sohn eines italienischen Einwanderers, der es nie bis an den Stammtisch der Einheimischen gebracht hat. Als wir unsere Fernsehserie »Alpensaga« drehten, haben uns die Repräsentanten dieses Stammtisches, Bauernbündler, Kameradschaftsbündler, Geistliche, das Leben schwergemacht. Im Unterschied zu meinem Vater, der von diesen Leuten akzeptiert werden wollte, um den Makel seiner Herkunft vergessen zu können, fühle ich mich von ihnen nicht verfolgt, sondern angemessen behandelt.

Der Direktor des Wiener Volkstheaters spielt im Jänner mein neuestes Stück. Sie setzen ihn schon jetzt unter jenen Druck, der bei uns nicht Zensur, sondern Nahelegung heißt. Ich habe Gegner und Freunde in Österreich, und ich gehöre dorthin.

Sie werden verstehen, daß ich mich über den Preis, den Sie mir heute verleihen, schon deshalb freue, weil er meine Gegner ärgert. Ich stelle jetzt nicht die etwas eitle Überlegung an, ob ich ihn wirklich verdient habe. Sie haben sich die Sache überlegt und mir einen Preis gegeben, der mir ein stabileres Fundament für meine Auseinandersetzungen gibt, Sie haben mir einen nicht zu verachtenden Geldbetrag zukommen lassen, und Sie haben mein Selbstbewußtsein gestärkt, dafür danke ich Ihnen sehr und aufrichtig.

Im übrigen befindet sich die Welt in einem katastrophalen Zustand. Alles ist entsetzlich: die Institutionen sind anonym, die Luft ist verpestet, der Körper ist vergiftet, die Seele ist zerstört, und der nächste Weltkrieg kommt sowieso. Mit einem Wort: »Die Welt steht auf kan Fall mehr lang.«

An dieser Vision, die als Schreckensgespenst umgeht, schreckt mich folgendes: der Mensch, der handelnde und behandelnde, der eingreifende und verändernde, ist aus ihr ausgeklammert. Er wird zum alles erduldenden und an allem leidenden Objekt einer Welt degradiert, die einer gefühllosen Maschine gleicht, einer anonymen Macht, die nach eigenen, zerstörerischen Gesetzen funktioniert. In einer solchen Welt wird der Mensch nur getrieben und betreibt nichts mehr. Er hat keinen Einfluß auf die Sache, er wird nur noch sachgezwängt. Er gleicht einem Hund, der sich auf den Rücken gelegt hat und wartet, bis ihm die Atomsprengköpfe auf den Bauch sausen.

Ich wehre mich mit aller Kraft gegen diese neue Haltung, weil sie dem Menschen die Erklärbarkeit und damit die Veränderbarkeit der Welt entzieht: Ich bin tatsächlich einer, der glaubt, daß alles vom Menschen ausgeht und auch dorthin wieder zurückzubringen ist.

Vielleicht ist das Wettrüsten zwischen Herrn Reagan und Herrn Breschnew auch ein geriatrisches Problem, vielleicht müssen die Herren »Missiles« steigen lassen, weil sich sonst nichts mehr regt, und vielleicht ist es bei Herrn Schmidt so halbe-halbe, weil er immer vom Doppelbeschluß redet. Vielleicht steht hinter dem deutschen Computer, der demnächst die Länge der deutschen Vorhaut datenverarbeiten wird, nicht nur das anonyme Schutzbedürfnis einer terrorverängstigten Gesellschaft, sondern auch das Schmutzbedürfnis eines Beamten vom Bundesnachrichtendienst, den seine Mutti zu früh sauber gemacht hat? Könnte man nicht, aus Gründen der Klarheit, den Polizeiknüppel mit einem Präservativ überziehen und Beichtstühle als Verschleißstellen für Pornographie konzessionieren? Warum sollen wir Angst haben vor Herrn Teller, dem Erfinder der H-Bombe, der im österreichischen Fernsehen allen Ernstes erklärte, eine Liebesumarmung sei letzten Endes gefährlicher als die Nähe eines Atomkraftwerkes, wo doch offensichtlich ist, wovor Herr Teller Angst hat? Vielleicht ist der Staat, dieser angeblich so anonyme, in Wirklichkeit ein glatzköpfiger Herr, Mitte vierzig, mit einem Samsonitekoffer, in dem sich Bestechungsgelder einer Abbruchfirma befinden?

Vielleicht bin ich ein Idiot, der die Dinge viel zu einfach sieht, wo sie doch in Wirklichkeit viel komplizierter sind.

Ich bestehe auf dieser Art von Idiotie, ich sehe nicht die »Dinge«, ich sehe die Menschen, die mit Dingen umgehen, und täte ich das nicht, dann bekäme auch ich diese verteufelte Angst, einer anonymen Welt ausgeliefert zu sein. Ich brauche diese Vorstellung, alles geht vom Menschen aus und ist auch dorthin wieder zurückzubringen, sonst könnte ich nicht leben.

Vor elf Jahren habe ich in der Bundesrepublik Deutschland gelebt und hier als Bauarbeiter gearbeitet. Damals war ich von jungen Leuten umgeben, die alles für veränderbar hielten. Ein Jahr später wurde ich durch glückliche Zufälle, über die ich mich noch heute freuen kann, ein Dichter. Einige der Jungen waren inzwischen beim Theater gelandet und warfen mir dort mit einem Ingrimm, zu dem nur ein deutscher Dramaturg fähig ist, mangelhaften Marxismus vor. Inzwischen habe ich, weil ich nicht mehr so früh aufstehen muß und abends nicht so müde bin, eine Menge dazugelernt, aber meine marxistischen Autoritäten von damals sind schon wieder ganz woanders. Nach zehn Jahren Verräterei an ihren Überzeugungen und Utopien haben sie jetzt einen privaten Zustand erreicht, den sie auf den allgemeinen übertragen: Alles ist hoffnungslos und entsetzlich. Aber nicht einmal diese Überzeugung kommt von ihnen, sie entnehmen sie ihren Amtsblättern, dem deutschen Feuilleton. Dort messen die Herren Kritiker die Verzweiflung der Dichter wie ein Bundestrainer die Wadeln seiner Läufer: die Stärksten spielen in der ersten Liga beziehungsweise in den Staatstheatern. In Österreich – und das ist jetzt nur eine Randbemerkung und keine Schimpferei – wurde übrigens die Parallele zwischen Kultur und Sport schon längst hergestellt. Wer auf der Sportseite versagt, wird auf die Kulturseite abgeschoben.

Kommt denn in dieser Kulturszene, die ein abgekapselter Verein von Dichtern, Dramaturgen und Kritikern ist, die sich gegenseitig in die Tasche denken, niemand auf die

Idee, die so ausschließlich propagierte Kälte dieser Welt könnte auch etwas mit der eigenen Gefühlskälte zu tun haben? Nimmt denn niemand wahr, daß es auf den Straßen dieses Landes und in den Köpfen vieler Jugendlicher so ganz anders aussieht? Warum sucht das deutsche Dichter-Ich, das so schrecklich verletzte, keinen Arzt auf oder die Wärme und Zuwendung des Allernächsten? Gibt es nicht auch die persönliche Unfähigkeit, zu lieben, die mit allgemeiner Lieblosigkeit verwechselt wird? Warum begeilen sich die deutschen Feuilletonisten an den Wunden der Dichter, anstatt nach Hilfe und Behandlung zu rufen? Ist die Handlungsunfähigkeit und Trostlosigkeit des Menschen tatsächlich das »einzig wahre« Lebensgefühl, ja die »Grundbefindlichkeit« schlechthin, wie ein Kritiker schreibt, der für solches Geschriebene fünfhundert Mark kassiert und dem es beruflich vergönnt ist, ständig über die Existenz von Schriftstellerkollegen zu entscheiden? Ist die Faszination für den »handlungsunfähig« und »untröstlich« gewordenen Menschen, von der die neueste deutsche Literatur und ihre Rezeption fast ausschließlich geprägt ist, nicht auch der hinterfotzige Freispruch für die eigene Lethargie?

Ich verstehe die Trauer, ich bin von ihr ja nicht ausgenommen. Aber es gibt keinen Menschen, der nur defekt ist, es gibt kein Leben, das nur hoffnungslos ist. Ich beharre auf einer Betrachtungsweise, in der das menschliche Ich, das geschundene und das Verantwortung tragende, einen Platz in dieser Welt hat. Ich lasse mir die menschliche Existenz nicht als eine unterschieben, in der die Frage nach dem Glück, die revolutionärste, die es überhaupt gibt, nicht mehr gestellt werden kann. Eine Literatur, die dem Menschen eine Welt zeigt, in der er nichts gewinnen, sondern nur verlieren kann, gebiert geradezu jene Schrecknisse, an deren Auswirkungen sie leidet.

Dies, meine Damen und Herren, war ein Versuch, ein

ziemlich polemischer, in den Kreis menschlicher Über-
schaubarkeit, Faßbarkeit und Verantwortung zurückzu-
holen, was da ständig fortzulaufen droht. Was sollte ein
Theatermensch wie ich, der die menschliche Figur liebt und
von ihr lebt, auch anderes tun? Ich sehe sie so voll entsetzlicher und schöner Möglichkeiten, daß ich nichts von ihr
hergeben will.

Nochmals: Ich danke Ihnen für diesen Preis, und ich
danke Ihnen fürs Zuhören.

(Rede, 1981)

Karl Marx

Herrn Dr. jur. Karl Marx
Friedhof Highgate
Sektion B
Grab 116
LONDON

Lieber Karli,
   zu Deinem 100. Geburtstag wünsche ich Dir alles Liebe
und Gute. Leider muß ich Dir mitteilen, daß die nach Dir
benannte politische Theorie, der sogenannte »Marxismus«, inzwischen längst widerlegt ist. Namhafte Kom-
mentatoren namhafter österreichischer Zeitungen haben
Dich allein im letzten Monat siebzehnmal widerlegt. Das
»Profil« dreimal, die »Neue Kronen Zeitung« fünfmal und
»Die Presse« gar neunmal.
   Zu Recht, denn Du hast Dich auf der ganzen Linie geirrt.
Allein Deine Theorie von der zunehmenden Verelendung
der Arbeiterklasse ist völlig falsch. In Wirklichkeit geht es
den Arbeitern immer besser, sie arbeiten immer weniger,
viele von ihnen arbeiten überhaupt nicht mehr, zum Bei-

spiel die Stahlarbeiter in Detroit. Oder Deine Vorstellung von der Unversöhnbarkeit der Arbeiterklasse mit der Ausbeuterklasse: ein einziger Irrtum. Die sitzen längst alle in einem Boot und kommen sich, wie das bei Bootspartien so üblich ist, immer näher und näher.

Take it easy, Karli!

Dein Peter Turrini

(Brief, 1983)

Zensur

Liebe Zuhörer! Liebe Freunde!

Die Krise ist zu Ende, der Aufschwung ist wieder da. Bevor das zufriedene Grinsen jener, welche diese Krise zu verantworten haben, wieder vollends die Mattscheibe ausfüllt, möchte ich vom Preis dieser Krise reden, zuerst vom ökonomischen:

Diese Krise kostete in Österreich den »unselbständig Erwerbstätigen«, wie das so schön heißt, ungefähr drei Prozent ihres Lebensstandards, in Westdeutschland sind es über zehn Prozent und in den Vereinigten Staaten an die zwanzig Prozent. Für zwanzig Millionen Menschen in den westlichen Industrieländern bedeutete die Krise eine hundertprozentige Lohnkürzung. Sie sind, bis auf weiteres, arbeitslos.

Was den einen genommen wurde, kommt den anderen zugute: Die Erträge der österreichischen Unternehmer sind seit 1981 um fünfzig Prozent gestiegen, der Vorstand der westdeutschen Industrie spricht von einer »langsamen Genesung des Patienten«, und in den Vereinigten Staaten ist er vollends gesundet: Seit dem Amtsantritt Reagans sind die Gewinne der Rüstungsindustrie um das Siebzehnfache gestiegen.

Dem ökonomischen Preis entspricht ein politischer: In den Vereinigten Staaten regiert ein Präsident, der in seinem Drang, das »Zentrum des Bösen« auszurotten und dabei die millionenfache Vernichtung von Menschen zu kalkulieren, an Adolf Hitler erinnert. In der Bundesrepublik regiert ein Kanzler, der diesem Präsidenten laut Beschluß des Deutschen Bundestages vom 22. November 1983 die Bundesrepublik als atomare Abschußrampe zur Verfügung gestellt hat. In England regiert eine Eiserne Lady, welche Arbeiter in Ausländer und Engländer einteilt, wobei ein Teil, welcher wohl, gerade verladen wird. Und in Österreich? In Österreich regieren die Sozialdemokraten, und die stehen über den Dingen, die angeblich so schwierig sind. Wenn sie allerdings einmal kräftig zupacken, dann so, daß einem *See-en* und *Au-en* vergehen.

Der politische und der ökonomische Preis der Krise sind sichtbar und meßbar. Der seelische Preis der Krise, über den noch kaum geredet worden ist, ist mehr und mehr spürbar: Es ist die Ausbreitung der Angst. Diese Angst gebiert Ungeheuer und Ungeheuerliches. Ich möchte es in Thesen sagen.

Erste These: Was als politische und ökonomische Wende erfahren wird, wird als »Ende« empfunden.

Die Apokalypse ist der neue Seinszustand. Natürlich ist sie in manchen Bereichen, dem der Natur, der Umwelt, der Aufrüstung, bereits ein statistischer Zustand, aber ebenso unnatürlich und wahnsinnig ist es, wenn alle Ängste, die aus konkreten Bedingungen unserer Zivilisation, unserer Arbeitswelt, unserer Umwelt, unserer Beziehungen entstehen, sich in dem einen irrationalen Endzeitgefühl wiederfinden. Ein neuer Irrationalismus feiert, wie keine Bewegung in den letzten hundert Jahren, weltweite Urständ'. Die Verhältnisse, die gemachten und die erduldeten, lösen sich in Untergangsstimmungen auf und entziehen sich damit der Veränderung.

Ich möchte es an einem Beispiel zeigen: Der amerikanische Fernsehfilm »Der Tag danach« schildert die Idylle einer amerikanischen Kleinstadt. Boys und Girls jeglichen Alters leben ihr konfliktfreies Leben, bis die Bombe in diese Idylle fällt und alles zerstört. Hier wird das, was vorher schon da war, Arbeitslosigkeit, Ausbeutung, Kriminalität, Drogensucht, als eine einzige, schicksalhafte Katastrophe auf die Bombe projiziert. Die unvermeidliche Apokalypse tritt an die Stelle von Verantwortung und Veränderbarkeit.

Wenn mich Freunde einladen, an einer Friedensveranstaltung teilzunehmen, habe ich immer ein ungutes Gefühl. Selbstverständlich bin ich gegen Pershing und SS-20, aber mehr kann ich dazu auch nicht sagen. Dieses ständige, mehr oder weniger emotionelle Starren auf die große Überlebensfrage verdrängt und verschleiert die Lebensfragen, die mich und andere tagtäglich berühren und treffen.

Immer wenn der Untergang nahe ist, ist der liebe Gott nicht mehr weit. Ich komme also zu meiner zweiten These. Sie lautet: Auf das apokalyptische Weltgefühl folgt die himmlische Frohbotschaft oder »Ihr Kinderlein kommet«.

Die beispielhafte und weltweite Karriere der Untergangsstimmung läßt sich nur noch mit einer anderen Karriere vergleichen: mit der des lieben Gottes in den Medien.

Wenn Herr Karol Wojtyla das Theaterstück »Ich und der liebe Gott« weltweit inszeniert und wenn die österreichische Fassung dieses Stückes »Ich und der Papst« von Herrn Alfons Dalma ein medialer Dauerrenner ist, so ist das nicht nur verordnet, in die Röhre gezwängt, es gibt auch ein massives Bedürfnis danach. Wenn die ökonomische Krise, die Wende als »Ende« empfunden wird, dann braucht man den lieben Gott als Tröster für soviel Schrecken.

Inszenierungen, auch transzendentale, sind natürlich nicht für Gottes Lohn zu haben, sie kosten Geld. Der Papstbesuch in Österreich kostete 160 Millionen Schilling. Da haben Medienleute, Zeitungsmenschen und sozialdemokratische Politiker, die ihre Heiligkeit entdeckt haben, kräftig investiert, und sie wollten natürlich etwas haben für ihr Geld.

Was sie nicht haben wollten und was sie mit einer regelrechten Vernichtungskampagne verfolgten, war das sogenannte »Anti-Papst-Fest«, bei dem einige kabarettistische Kollegen ein bißchen was Atheistisches von sich gaben. Diesen Kollegen hängen heute noch Prozesse an. Ich glaube nicht, daß sie wegen ihrer Ungläubigkeit verfolgt werden, sondern wegen Geschäftsstörung.

Dritte These: Kunst stört.

Wenn Krisengewinnler und Überirdische den Staat machen und wenn sich Sozialdemokraten in diese Verbundgesellschaft einreihen, dann stört die Kunst. Es wäre für diese Menschen unerträglich, müßten sie diese Störung vor sich selbst und vor den anderen eingestehen, also treiben sie ein Spiel: Sie verwechseln, absichtlich oder unabsichtlich, Kunst mit Kultur, sie entfalten eine überschäumende Kulturbetriebsamkeit oder lassen sie entfalten, eröffnen, schließen, lassen kommen, lassen gehen und verwechseln diese Betriebsamkeit mit Kunst und sich selbst mit Kulturmenschen.

Wann hat der ORF das letzte Mal über einen Kollegen berichtet, der gerade an einem Buch schreibt, an einem Stück, an einem Bild malt, an einer Plastik hämmert? Aber welche Kulturbetriebsame mit welchem Kulturbetriebsamen schon per Du oder noch per Sie ist, das weiß jeder in Österreich.

Was hat das alles mit unserem Thema »Zensur« zu tun? In diesem historischen Klima der ökonomischen Krise, der politischen Wende, der apokalyptischen Gefühle, der Verwechslung von Kunst mit Kulturbetrieb wachsen und gedeihen jene Fälle von Zensur, die wir kennen oder im Verlaufe dieser Veranstaltung noch kennenlernen werden. In diesem Klima wachsen und gedeihen die alten und neuen

Zensurrufer und Verhinderer: der alte Wichser, der wieder einen Richter findet, welcher einer künstlerischen Arbeit jene Perversität anhängt, die der Anzeiger und der Richter in sich tragen; der frischgewendete Feuilletonist, der nichts mehr aufkommen läßt, was nicht dem allgemeinen Katastrophenfieber nachhetzt und was ihn an seine eigene »linke« Vergangenheit erinnern könnte; der Stadt- und Staatstheaterintendant, der – um die Gunst seiner Geldgeber nicht zu verlieren – lieber zehn tote Autoren spielt als einen störenden lebenden; der Vorsitzende der Metallergewerkschaft, der die Intellektuellen verhöhnt und mit der Zustimmung einer krisenverängstigten Arbeiterschaft rechnet; der Chefredakteur, der seinem Journalisten in einem klärenden Gespräch die trostlose Beschäftigungslage der Journalisten auseinandersetzt; der Medienredakteur, der dem Schreiber nahelegt, die Zeichen der Zeit zu erkennen; der Schuldirektor in Imst, in Hartberg, in Zwettl, in Bludenz, der seinem Deutschlehrer vorschlägt, im Unterricht keine modernen Autoren lesen zu lassen, das könnte der Beförderung schaden und so weiter und so weiter.

Schlechte Zeiten für die Kunst, aber gute Zeiten für den Widerstand.

(Rede, 1984)

Die verborgene Wut

Liebe Zuhörer! Liebe Menschen!

Das Nein
das ich endlich sagen will
ist hundertmal gedacht
still formuliert
nie ausgesprochen

Es brennt mir im Magen
nimmt mir den Atem
wird zwischen meinen Zähnen zermalmt
und verläßt
als freundliches Ja
meinen Mund.

Dieses Gedicht, welches viele von uns und mich selbst zum Adressaten hat, beschreibt einen österreichischen Zustand. Zwei völlig unterschiedliche Zustände existieren in einem Menschen. Das Nein und das Ja, der Zorn und die Freundlichkeit, das Traurige und das Heitere, wobei die Freundlichkeit, die Harmonie, das Heitere das Herzeigbare sind. Der Zorn und die Trauer das zu Versteckende. Wenn Zorn und Trauer lange, allzu lange versteckt werden, beginnt der Prozeß der Selbsttötung. Es ist das freundliche österreichische Antlitz, hinter dem sich das Tödliche verbirgt.

Die Geschichte der österreichischen Wut ist eine ungeschriebene, weil sie eine verborgene ist. Ich wehre mich dagegen, sie außerhalb von historischen Bedingungen zu sehen, sie als Teil des österreichischen Wesens schlechthin zu akzeptieren.

Wir leben in einer Gesellschaft, in der die Trauer kein Recht auf Ausleben, die Wut keinen Adressaten hat. Was uns wütend machen könnte, ein Partner, der uns nicht annimmt, ein Chef, der uns quält, ein Lehrer, der seine Schüler mittels Notendrohung zu unsolidarischen Pinkeln erzieht, eine Regierung, die eine Au zerstören will, ein Polizeiminister, der die Jugendlichen verprügeln läßt, ein amerikanischer Kriegsminister, welcher der Rüstungsindustrie in den letzten fünf Jahren zu einer Versiebzehnfachung ihrer Gewinne verholfen hat, sie alle entziehen sich ihrer Verantwortung durch einen genialen Trick: Sie erklären, daß sie eigentlich anders denken würden, als sie handeln. Sie liberalisieren die Sprache, nicht die Verhältnisse. So diskutiert der Lehrer mit den Schülern über Sinn und Unsinn der Notengebung, die Regierung ist sowohl für die Errichtung eines Kraftwerkes als auch für die Erhaltung der dortigen Au, der amerikanische Kriegsgewinnminister hetzt von einer Abrüstungskonferenz zur anderen, und der österreichische Polizeiminister sagt kurz nach dem Einsatz seiner Polizei in einem Interview, er sei für die größtmögliche Toleranz gegenüber Jugendlichen. Im Würgegriff solcher Doppelbotschaften arrangiert sich ein Großteil der Menschen in diesem Lande. Selbst im Zustand größter Atemnot nicken sie ihren Würgern noch freundlich zu.

Wenn das Grinsen aus dem Gesicht fällt, wenn die verborgene Wut, die nie ausgelebte Trauer einen Menschen tötet, dann wird als plötzliche Katastrophe öffentlich, was als verdeckter Zustand ständig existiert: Das Tödliche ist ständig um uns, in uns. Und lächelt uns nett und freundlich und österreichisch an.

Ich sage das ohne Zynismus, voller Trauer. Jeder Mensch, der an verborgener Wut und Trauer zu sterben droht, braucht Hilfe. Ich habe großen Respekt vor den Helfern, vor ihrem Einsatz und auch vor ihrer Hilflosigkeit, aber ich kann über dieses Thema nicht sprechen, ohne vom politischen und moralischen Klima zu sprechen, in dem die Tödlichkeit wächst. Ich danke Ihnen fürs Zuhören.

(Rede, 1985)

Der gewöhnliche Faschismus

Liebe Freunde!

Im Faschismus wurde ein jahrelanger Haß öffentlich, ein öffentlicher offiziell und ein offizieller legal. Dieser legalisierte Haß war es, der jene dreizehn Menschen, Kärntner Slowenen, dem Henker auslieferte. Wir sind hier, weil wir an diese Menschen denken. Ich weiß nicht, ob wir wirklich zur Trauer über den Tod dieser dreizehn Menschen fähig sind, zu sehr ist ihr Schicksal in einem Meer ähnlich grausamer Schicksale verschwommen.

Vor vierzig Jahren wurde der legale und der offizielle Faschismus beendet. Was mich heute bewegt, ist seine halböffentliche, halbversteckte Existenz, ist jene rumorende Gewalt, die in Köpfen, in Gemütern, in Familien, in Gasthäusern, in Amtsstuben weiterlebt. Wann immer diese Gewalt öffentlich wird, zum Ausbruch drängt, bei Ortstafelstürmen, in unvorsichtigen Politikersätzen, bei Treffen von Neonazis, ist sie sichtbar und bekämpfbar. Wir treten dagegen auf, und die wenigen fortschrittlichen Geister in den Redaktionen schreiben dagegen an. Wir haben ein antifaschistisches Gewissen und sind entsetzt, wenn wir aus einer Umfrage der Zeitschrift »Profil« entnehmen,

– daß 18 Prozent der Österreicher, also eine Million Wähler, der Meinung sind, daß es manchmal nicht das Schlechteste wäre, wenn heute wieder ein kleiner Hitler kommen würde. In unserem Heimatland Kärnten sind übrigens 25 Prozent der Menschen dieser Meinung, und unter den FPÖ-Wählern sind es gar 50 Prozent.

– daß 38 Prozent der Österreicher, also zwei Millionen Wähler, der Meinung sind, der Nationalsozialismus werde übertrieben und falsch dargestellt.

Diese Zahlen entsetzen uns, und wir bekämpfen das Sichtbarwerden des Faschismus, aber hinter den Zahlen, hinter dem Sichtbarwerden verbirgt sich das Unsichtbare, das Alltägliche, der gewöhnliche Faschismus, der diese Republik durchzieht wie ein unsichtbarer brauner Strom. Mit den Ausnahmen von kurzen öffentlichen Ausbrüchen ist diese braune Gewalt wieder privat geworden, sie verbreitet sich schweigend in den eigenen vier Wänden, murmelnd und glucksend und rülpsend in den Gaststuben, kalt und dekretierend in den Amtsstuben. Sie ist, weil sie ständig ist, nicht mehr berichtenswert, sie ist so gewöhnlich, daß man sich schon an sie gewöhnt hat, und folglich ist sie nicht mehr beklagenswert. Wer schreibt und redet schon von einem Taxifahrer, der – selbstverständlich nur so dahingesagt – gern ein paar Tschuschen überfahren würde, um das Fremdarbeiterproblem auf seine Weise zu lösen. Wer spricht davon, daß meinen iranischen Freunden in Wiener Gemüsegeschäften grundsätzlich verdorbene Waren angedreht werden, daß Beamte des Arbeitsamtes jugoslawische Gastarbeiter, die sich mit den Formularen nicht so auskennen, nicht in die Kartei aufnehmen, sondern die schlecht ausgefüllten Formulare einfach in den Papierkorb werfen, daß mir ein ehemaliger Schulkollege aus Klagenfurt erzählt hat, er hätte das Personal seines Textilgeschäftes slowenenfrei gehalten.

Und dieser Taxifahrer, dieser Gemüsehändler, dieser kleine Beamte des Arbeitsamtes, dieser Schulkamerad, sie stammen aus meiner Umgebung und aus meiner Klasse: der kleinbürgerlichen. Sie, die den Faschismusvorwurf von sich weisen würden, sind dennoch Träger und Verteiler einer Gewalt, die in ihnen rumort und in alltäglicher und täglicher Mißachtung gegenüber dem Anderen und Andersartigen zum Vorschein kommt. Sie verbreiten Gewalt, weil auch ihnen Gewalt angetan wird. Dieses Kleinbürgertum, das seine großen Lebenswünsche gegen kleine Geschäfte und zermürbende Geschäftigkeit eingetauscht hat, ist Mensch und Subjekt ja nur noch in den Wahlwerbungen der bürgerlichen Parteien. In Wirklichkeit werden sie ständig von den großen Haien gefressen, und weil sie das wissen und spüren, fressen sie die kleinen Fische, die Schwächeren, die Wehrloseren, die Andersartigen.

Die FPÖ, mit der sich die österreichische Sozialdemokratie bis zur Würdelosigkeit, bis zum Verrat an der eigenen Geschichte kopuliert hat, Herr Frischenschlager, Herr Reder, Herr Haider, Herr Gorton, das sind nur die öffentlichen und offiziellen Überschriften. Die braunen Sätze darunter, die werden in diesem Lande täglich und alltäglich gesprochen. Wir müssen lernen, Freunde, uns mehr gegen diesen alltäglichen Faschismus zu wehren, bevor aus diesem halböffentlichen ein öffentlicher und aus dem öffentlichen ein offizieller wird.

Ich danke Ihnen fürs Zuhören.

(Rede, 1985)

Schönsein? Wohlfühlen?

Liebe Freunde! Werte Offizielle!

Stellen Sie sich den Himmel in Bewegung vor, die Wolken ziehen, die Vögel fliegen und die Pershings sausen in Richtung Erde. Die Erde befindet sich im Zustand der Raserei, gleich einem Ameisenhaufen, den ein menschlicher Fuß von der schützenden Geborgenheit in das sengende Licht getreten hat, und die Bombe kommt immer näher, und das Schreien wird immer lauter. Und stellen Sie sich eine Beruhigung, eine Ruhe vor, von der dieses Bild befallen wird: Die Geschwindigkeit der Bombe verlangsamt sich, bis sie einige Kilometer über der Erde ganz zum Stillstand, zum Stehen kommt. Und auch die Raserei auf der Erde beruhigt sich, alles wird stiller, bis Stille ist und Entwarnung. Was werden wir, die noch einmal Davongekommenen, tun? Ich nehme an, wir werden versuchen, etwas Schönes zu erleben. Aber dieses Erlebte muß alles Erlebensmögliche beinhalten, das Schöne muß total schön sein, der Hunger nach dem gelebtesten aller Leben muß jeden Augenblick zu sättigen sein, denn niemand weiß, wann das Bild wieder in Bewegung gerät, wann die Bombe wieder zu fallen beginnt. Ich werde also über das »schöne Leben im nuklearen Zeitalter« sprechen, über Atombomben und Schwedenbomben.

Der Startschuß zum schöneren Leben im nuklearen Zeitalter fiel am 6. August 1945, dem Tag, an dem die Bombe auf Hiroshima fiel. Der kürzesten Trauer folgte die eifrigste Anstrengung, nunmehr alles Denkbare machbar zu machen, alles Vorstellbare herstellbar und alles Herstellbare bestellbar. Jede Ware sollte an jeden Ort gelangen, jede Information in jeden Kopf, alles Mögliche sollte jederzeit und überall gleichzeitig existieren, damit der Tod, der nukleare, der unvorhersehbare, ein sattes Leben anträfe.

Zur Durchführung dieses schönsten aller Zustände ist die Einführung einiger Maximen notwendig. Erstens: Die Sprache ist frei, das Wort bedeutet nichts mehr, es hat sich von der Wirklichkeit auf Nimmerwiedersehen verabschiedet. Erst dadurch wird jener kulturelle Gruppensex möglich, bei dem alle an allem teilnehmen, jene politische Promiskuität, welche die Auflösung jeglichen politischen Sinnes zur Folge hat: linke Politiker kuscheln sich mit Prälaten unter den geweihräucherten Pfingsthimmel und erheben alte Nazis per Regierungsbeteiligung zu neuen Demokraten. Wenn sich Sprache von der Wirklichkeit löst, dann kann das politisch Sinnlose auch politische Vernunft geheißen werden.

So wird Politik für ihre Betreiber erst wirklich schön: Es geht nicht mehr um die Einlösung einer Überzeugung, sondern um die Beteuerung des guten Willens. In diesem Zustand der uferlosen sprachlichen Freiheit kann von einer Durchflutung aller Lebensbereiche mit Demokratie geredet werden, wo in Wirklichkeit braune Rinnsale dahinfließen, können Parteiprogramme erstellt werden, die alles meinen und nichts wollen, kann ein Verteidigungsminister seine faschistische Klientel bedienen und sich gleichzeitig dafür entschuldigen. Wenn alles gleichzeitig existieren kann, ist alles gleichgültig. Ich bezeichne die derzeitige Regierung, einschließlich der Opposition, einschließlich aller politischen Funktionäre dieses Landes, als notorische Lügner und entschuldige mich gleichzeitig dafür.

Noch einmal: Wenn alles gleichzeitig existieren kann, ist alles gleichgültig. Die Stadtregierung ist verantwortlich für scheußlichste Gemeindebauten, für ein größenwahnsinniges und nicht funktionierendes Müllverwertungszelt, sie hat die Städteplanung durch Bestechung und Größenwahn bis zur äußersten Kälte, bis ans Verbrechen geführt, und sie kann gleichzeitig ein Symposion mit dem erwärmenden Titel »Schönsein und Wohlfühlen« einberufen, denn Rufe sind Sprache, und Sprache bedeutet ja nichts. Schein und Sein, Maske und Gesicht, sind voneinander nicht mehr zu unterscheiden.

Das schöne Leben im nuklearen Zeitalter, die Gleichzeitigkeit von allem und jedem erfordert eine weitere Maxime: Es gibt kein »entweder – oder« mehr, sondern nur ein »sowohl – als auch«. Diese Regierung ist sowohl für die Errichtung eines Kraftwerkes bei Hainburg als auch für die Rettung der dortigen Au. Herr Caspar Weinberger ist sowohl für den Frieden als auch für die Verdoppelung des Rüstungsbudgets, Herr Samuel T. Cohen ist sowohl der Erfinder der Neutronenbombe als auch – laut »Spiegel«-Interview – ein überzeugter Humanist. Diese Stadtverwaltung verschleudert eine halbe Milliarde für eine sinnlose Müllverwertungsanlage und läßt gleichzeitig Anzeigen drucken, in denen sie sich als »führend auf dem Gebiet der Müllentsorgung« bezeichnet. Der österreichische Innenminister ist sowohl für eine »größtmögliche Toleranz gegenüber Jugendlichen« als auch für das Verprügeln der Jugendlichen durch seine Polizei. Mit der Erhebung der Schizophrenie zur Staats- und Regierungsform ist eben alles möglich geworden.

Im alles Möglichen ist das Beharren auf das Nichtakzeptable unmöglich, lächerlich, einseitig, intolerant. Das vollste aller Leben brauchte den völlig offenen Menschen, vorurteilsfrei und tolerant, aufgeschlossen und erschlossen an allen Stellen seines Körpers und seiner Sinne, mit weiten Öffnungen, damit alles und jedes ein- und durchmarschieren kann.

Am 15. Jänner 1981 wird eine vom US-Atom-U-Boot »Benjamin Franklin« irrtümlich abgefeuerte Trident-Atomrakete mit einer Reichweite von 12000 Kilometern im letzten Augenblick in der Luft zerstört. Das Bild gerät in Bewegung, der Tod, der nukleare, bringt sich kurz in Erinnerung, die Anstrengungen zum schönsten Leben werden noch eifriger.

Eine Tourismusindustrie vermittelt die Gleichzeitigkeit aller Orte, eine Architektur die Gleichzeitigkeit aller Stile. Als man den Bauern in den sechziger und siebziger Jahren die Holzkastenfenster aus den Häusern riß und sie durch solche von der Firma Hrachowina – ein Name, der wie ein aztekischer Rachegott klingt – ersetzte, folgte der Augeneinschlagung keine Stille, sondern Stile: Erst kaschierte man das alte Holz, dann resopalisierte man das kaschierte, dann tirolisierte man das resopalisierte, dann erwärmte man das tirolisierte durch das schwedische, und derzeit steht die Einführung des schamanischen in der Nähe von Zwettl unmittelbar bevor. Wenn alles aus aller Welt jederzeit zur Verfügung steht, dann ist Architektur, regionale und urbane, Allerweltsarchitektur, letztlich weltlos – und wer die Welt losgeworden ist, der hat auch ihre Chronik, die Geschichte verloren.

In dieser welt- und geschichtslosen Architektur, in der sich die Vororte und Orte in aller Welt zu gleichen beginnen, in der die Häfen und Flughäfen nur noch durch einen Blick ins Ticket und nicht mehr durch ihr Erscheinen zu bestimmen sind, in der die Menschen in ihren geometrischen Wohnhüllen und Höhlen mit der dünnen Eisenhand ihrer Fernsehantennen den Himmel beschwören, um noch mehr Welt zu erfahren, und dabei noch weltloser werden, ist Geschichte nur noch als Trödel und Tand vorhanden. Keine Neubauwohnung ohne Altes, kein zerstörtes Dorf ohne Heimatmuseum.

Das schöne Leben und das nukleare Zeitalter, das Schöne und das Nukleare, der helle Schein und der Atomblitz sind Geburten ein und desselben Schoßes. Eine Kultur, die sich den umfassenden, gewaltsamen Tod als ständige Möglichkeit verordnet hat, ist in all ihren politischen und ästhetischen Anstrengungen von ebendieser Tödlichkeit gezeichnet. Wenn Piloten der US-Air-Force die Spitzen ihrer Bomber mit Popeye the Sailor und Donald Duck bemalen, so ist das nicht nur die zufällige Übertragung der Massenkultur auf die Schlachtfelder, es zeigt auch, daß tatsächlich alles mit allem zu tun hat. General Electric erzeugt sowohl Farbfernseher und Trolleybusse als auch jene Computer, welche die Treffsicherheit von Atomraketen garantieren. Mandrake ist sowohl der Name eines Comic-Helden, der von Lee Falk und Phil Davis erfunden wurde, als auch der Name jenes elektronischen Radarsystems, mit dem die Guerillaeinheiten Che Guevaras lokalisiert und schließlich zur Vernichtung freigegeben wurden. Das ORF-Gebäude am Küniglberg sieht dem NATO-Hauptquartier in Brüssel sehr ähnlich, und jene Ledertasche, in der laut »Spiegel«-Foto die neueste Generation der »Missiles« transportiert wird, habe ich kürzlich am Zürcher Flughafen unter der Etikette »Exquisites« wiedergesehen. Das Schöne und das Nukleare, das Exquisite und das Explosive, die Planer von Wohnsilos und Waffensilos gehören zusammen, sind gleichzeitig.

Wie geht es Ihnen, wie geht es mir unter all diesen Aspekten? Ich persönlich möchte, wenn ich mich halbwegs wohl und halbwegs schön fühle, eine krumme Banane sein, intolerant und möglichst inhuman. Seit Herr Cohen, der Neutronenbombenerfinder, ein Humanist ist, möchte ich inhuman sein, seit der Herr Papst, Hand in Hand mit

Massenmördern, seine gottbesoffenen Zuschauer zur Toleranz auffordert, möchte ich intolerant sein, und seit mich die Werbestrategen, die Evangelisten des schönen Lebens im nuklearen Zeitalter, aufgefordert haben, das Wort Banane zu vergessen und nur noch Chiquita zu sagen, möchte ich eine krumme Banane sein.

Ich danke Ihnen fürs Zuhören.

(Rede, 1985)

Die Österreicher und die Deutschen

»Wandern in Österreich unterscheidet sich auch dadurch, daß Förstertocher Resi dem Biologiestudenten aus Göttingen gern die Abkürzung durch den Wald zeigt, weil dadurch der Weg ein Viertelstündchen länger wird.«
(Österreichische Fremdenverkehrswerbung in der Bundesrepublik, 1986)

»Die Bevölkerung des Landes ist dazu angehalten, dem reisenden und nächtigenden Fremden den lieblicheren Teil ihres Wesens nicht vorzuenthalten.«
(Aus einem Aufruf der Kärntner Landesregierung, 1891)

Von den nicht vorzuenthaltenden lieblicheren Teilen der Kärntner Bevölkerung bis zu dem in Aussicht gestellten Schnellfick mit der Förstertochter Resi spannt sich der Bogen einer touristischen Begegnung, die ihrem Wesen nach einem Rollenspiel gleicht, wobei dem Österreicher die Rolle der Hure und dem Deutschen die ihres Gastes zufällt. Die Geschichte des österreichischen Tourismus ist daher die Geschichte einer Hurerei.

Wie jede Hurerei, so ist auch diese von zwei sehr unterschiedlichen Empfindungen geprägt. Der österreichische

Wirt braucht den deutschen Gast in einem durchaus existentiellen Sinne. Er hat alles, Weib, Kinder, Verwandte, das Personal, das Haus, die Landschaft auf den Tourismus abgerichtet, er ist mit 60 Milliarden Schilling verschuldet, die rote Lampe hängt Tag und Nacht vor den Türen und Toren seines Landes. Das Ausbleiben des deutschen Gastes würde nicht nur eine finanzielle Einbuße bedeuten, es würde ihn buchstäblich in seiner materiellen und psychischen Existenz vernichten. Der Österreicher braucht den Deutschen nicht nur für sein Fortkommen, er braucht ihn geradezu für sein Fortleben. Ein solch umfassendes Maß an Abhängigkeit gebiert Verachtung, ja Haß gegenüber demjenigen, von dem man sich abhängig fühlt, und es in der Tat ja auch ist.

Der deutsche Gast betritt ein österreichisches Wirtshaus und es umfängt ihn die Atmosphäre einer Anpassung, einer Hurerei: der Wirt ahmt die Sprache des Deutschen nach, serviert ihm »seine« Gerichte, läßt ihn in »seiner« Währung bezahlen und schunkelt mit ihm zu den martialischen Klängen »seiner« Fröhlichkeit. Kaum aber hat der deutsche Gast das österreichische Wirtshaus verlassen, nennt ihn der Wirt einen Scheißpiefke, einen präpotenten Schrumpfgermanen, der glaube, er könne mit seiner DM alles und jedes kaufen. Wen man von Angesicht zu Angesicht lieben muß, dem sagt man jegliche Gemeinheit in den Rücken.

Mit dem Ausbruch des industriell organisierten Tourismus und dem Einbruch deutscher Menschenmassen in österreichische Lande und Wirtshäuser mußte aus der inszenierten, also vorgespielten Anpassung eine tatsächliche werden.

Wenn der Wirt, seine Frau, seine Kinder, die Verwandten, das Personal, Tag und Nacht »anders« sein müssen, denn werden sie zu Anderen. Die sprachliche, die zeitliche, die seelische Abrichtung auf den Fremden hat sie selber zu Fremden gemacht: sie sind sich und ihren Nächsten fremd geworden. All die Jahre haben die österreichischen Fremdenverkehrsbehörden Jubelmeldungen über steigende »Nächtigungsziffern« und »vollausgelastete Kapazitäten« veröffentlicht. Es wird Zeit, einmal eine ganz andere Bilanz öffentlich zu machen: das ganze Ausmaß der familiären und zwischenmenschlichen Beziehungen, die aus Mangel an Zeit und Kraft gestorben sind, all die Weihnachts- und Festtage, an denen kein privates Wort und Gefühl mehr möglich war, weil sich alle und alles wie eine bauchtanzende, sprich schuhplattelnde Hure um den Gast drehte.

Im Bereiche der Sexualität verhält es sich mit der Anpassung genau umgekehrt, sie ist eine inszenierte, eine vorgespielte und keine tatsächliche. Der österreichische Fremdenverkehr und seine Organe können ja die touristischen Massen nicht »tatsächlich« befriedigen. So viele Resis, die wir mit all den Göttinger Studenten – wenn auch nur auf eine Viertelstunde – hinter die Büsche schicken könnten, haben wir ja gar nicht, und müßten die Tiroler Skilehrer »tatsächlich« jene Zünftigkeit und Brünftigkeit einlösen, über die sie laut Prospekt verfügen, sie würden wahnsinnig werden. Es geht hier also um das Vormachen und nicht um das Machen von etwas. Im gleitenden Übergang dieser beiden Begriffe hat sich eine ganze Industrie eingenistet. Sie suggeriert dem deutschen Gast – auf wahrhaft obszönen Heimatabenden – die permanente Geilheit der österreichischen Madln und Buam, versetzt ihn in einen Zustand dauernder Erregung, dessen Einlösung der deutsche Gast in seinem Düsseldorfer Büro nach Beendigung des Urlaubs zwar behauptet, die jedoch tatsächlich nie stattgefunden hat.

Ende der fünfziger Jahre erreichte der Tourismus auch jenes Kärntner Dorf, in dem ich aufgewachsen bin. Die Einhaltung der nächtlichen Sperrstunde wurde vom Dorfgendarmen, dem Postenkommandanten, strengstens kontrolliert, mit einer Ausnahme: die deutschen Gäste konnten grölen und saufen, solange sie wollten. Vor dem touristischen Götzen krümmte sich nicht nur der Rücken der Wirte, sondern auch das Gesetz.

Und die politische Moral: Äußerten die Vertreter des Fremdenverkehrs in der österreichisch-ungarischen Monarchie des Jahres 1914 noch schwerste Bedenken gegen einen möglichen Krieg (»Krieg und Fremdenverkehr sind absolute Gegensätze. Besonders in Kampfgebieten kann der Fremdenverkehr völlig lahmgelegt werden.«), so gaben sie sich mit folgender Erklärung des deutschen Alpenvereines durchaus zufrieden und kriegsbereit: »Wie wenig von Österreich-Ungarn kennen wir Reichsdeutsche. Der Deutsche wird künftig nach dem Südosten reisen. Er bietet an landschaftlicher Schönheit einen vollwertigen Ersatz für Italien, dessen Boden von jedem Deutschen auf Jahre hinaus gemieden werden soll.«

Und so war es dann auch. Mit Aufrufen wie: »Die Karpaten haben als Schlachtfeld in diesem Kriege eine solche Berühmtheit erlangt, daß jeder Deutsche das Bestreben haben muß, sie mit eigenen Augen zu schauen«, legten die deutschen und österreichischen Verkehrsvereine die Reiserouten fest. Was der Krieg unmöglich zu machen schien, wurde durch ihn erst möglich.

Mit dem Ende des Ersten Weltkriegs ging nicht nur diese spezifische Form des Tourismus verloren, sondern auch die Gebiete, in denen er stattfand. »Wenn man die Bedingungen der Friedensverhandlungen zu St. Germain betrachtet«, jammert die »Wiener Zeitung« Ende 1919, »so sieht man sofort, welche gewaltigen Einbußen, vor allem an Fremdenverkehrsgebieten, Österreich durch diesen Krieg erleiden mußte.«

Es war nicht notwendig, allzu lange zu jammern, denn schon ab 1924 entwickelte sich der deutsch-österreichische Tourismus »auf das Prächtigste«, wie die amtliche Statistik vermeldet. Der Touristenstrom, welcher gemessen an den heutigen Verhältnissen noch ein Fluß war, bewegte sich von den klassischen Tourismusorten in die Ortschaften. Der Vorarlberger, der Tiroler, der Salzburger Bauer wurde zum Gastwirt, und der Mechanismus von Anpassung und Verachtung kam umfassender in Gang.

Das »Prächtige« lief solange prächtig, bis Hitler in Deutschland an die Macht kam. Er beschwerte sich bei der österreichischen Bundesregierung, daß man seine österreichischen Nazis nicht anständig behandle und daß er Maßnahmen ergreifen werde, falls man ihnen nicht mehr öffentlichen Spielraum gäbe. Die österreichische Regierung, die gerade selbst dabei war, eine faschistische zu werden (allerdings in der österreichischen Variante, weshalb man den österreichischen Faschismus auch den »grünen« nannte), schlug diese Drohung in den Wind, worauf Hitler die sogenannte »1000-Mark-Sperre« verfügte. Jeder deutsche Tourist, der nach Österreich wollte, mußte an der deutschen Grenze 1000 Mark erlegen, und wer, außer den von Hitler geschickten Unruhestiftern, konnte das schon. Der Vorstand des Vorarlberger Handels- und Gewerbebundes beschwerte sich, nicht etwa bei Hitler, sondern bei der eigenen Regierung: »Es ist selbstverständlich, daß sich die Unterdrückung der nationalen Bewegung (gemeint ist die nationalsozialistische, Anm. d. Verf.) in Österreich auf das Verhältnis mit Deutschland nicht gut auswirken kann. Wir fühlen uns aus rein wirtschaftlichen Erwägungen verpflichtet, warnend unsere Stimme zu erheben, damit in Hinkunft sowohl in Vorarlberg als auch in den übrigen Bundesländern alles unterbleibt, was unser gutes Verhältnis zum Deutschen Reiche stören könnte.« Noch bevor die Wirtschaftsmenschen so richtig grüne Faschisten waren, waren sie schon braune, weshalb die endgültige Vereinigung ein paar Jahre später vollzogen werden konnte.

»Mit dem Inkrafttreten dieses vom Führer im Jahre 1938

erlassenen Reichsgesetzes in der Ostmark wurde die gesetzliche Grundlage zur Eingliederung des Landes Österreich in die bestehende und bestens bewährte Fremdenverkehrsorganisation des Altreichs geschaffen.« Das Dritte Reich, ein Fremdenverkehrsparadies?

Mitnichten. Was immer man an Fremdem im eigenen Lande vorzufinden glaubte, wurde vernichtet, und die ausländischen Touristen (die sogenannten »qualifizierten Fremden«, wie es in einer damaligen Verlautbarung hieß) hatten natürlich wenig Lust, in ein solches Land zu reisen. Aus diesem Dilemma, als Wirt in einen Staat geraten zu sein, in dem es keine Fremden mehr gab, befreite sich der Österreicher auf seine Weise. Er ergriff seine historische Chance, endlich aus der Rolle des Wirtes auszusteigen und in die des Reisenden einzusteigen. Unter der Führung des obersten Reiseleiters, der selbstverständlich auch ein Österreicher war, stellte er sich den »bewährten Fremdenverkehrsorganisationen des Altreiches« zur Verfügung und ging mit ihnen auf Reisen. Um seinen neugewonnenen Status als Eroberungsreisender voll empfinden zu können, mußte er in den bereisten Gebieten alles vernichten, was ihn am Erleben und Ausleben dieses neuen und berauschenden Gefühls behinderte. Besonders bei der Errichtung und Verwaltung von dazu notwendigen Vernichtungslagern erwarben sich österreichische Reiseleiter wie Eichmann, Kaltenbrunner und Globocnik große Verdienste.

Wie sehr der Österreicher den Krieg als großen Ausflug empfand, spiegelt sich nicht nur in Feldpostkarten und Photos dieser Zeit wider, sondern auch in Erzählungen, die ich in meiner Jugend in Kärntner Gasthäusern gehört habe. Hier war von Städten wie Paris, Narvik, Kiew, von Gegenden wie den Ardennen, der Krim, dem Peloponnes die Rede, als seien es Bilder aus einem farbigen Prospekt gewesen und nicht Orte entsetzlicher Gewalttaten. Gewiß, es gab Unangenehmes, ja Schreckliches, aber gerade das machte das Reisen erst zum Reiseabenteuer, von dem man ein Leben lang erzählen konnte.

Es ist das Drama des Österreichers, daß er für seine besten Ideen, für seine kühnsten Unternehmungen vom Rest der Welt verachtet wird. Seine Idee, die Kriegsschauplätze des Ersten Weltkriegs zum Tourismusgebiet zu erklären, sein Versuch, die Rolle des Gastwirtes abzustreifen und zum Reisenden, ja zum Welteroberungsreisenden zu werden, scheiterte in den Augen der Weltöffentlichkeit ebenso wie sein letztes Experiment, mittels Glykol die Herstellung des Weines von der Rebe unabhängig zu machen.

Im Jahre 1945 gelang es ihm auf jeden Fall mit affenartiger Geschwindigkeit, dieser Weltverachtung zu entkommen. Es war nicht erst der im Jahr 1955 unterzeichnete österreichische Staatsvertrag, in welchem Österreich als jenes Land bezeichnet wird, welches als erstes von Hitler okkupiert wurde, der Österreicher also vom Täter zum Opfer wurde, es waren die österreichischen Großparteien, die ihr demokratisches Staatsgewand über seine braune Vergangenheit breiteten, die ihm einen schnellen und reuelosen Übertritt in die Unschuld ermöglichten.

Der politischen Reinwaschung entsprach eine ästhetische: Kurz nach dem Kriege begannen die Österreicher wie wild Filme zu produzieren. Sie hießen »Maresi«, »Der Herr Kanzleirat«, »Der Engel mit der Posaune«, »Die Glücksmühle«, »Triumph der Liebe« und hatten nur einen Zweck: man wollte sich und die Welt von seiner absoluten Unschuld und Harmlosigkeit überzeugen. Man muß sich das vorstellen: während die Menschen in den zerbombten Städten hungerten, saß die Förstertochter Maresi am Schoß des alten Herrn Kanzleirates und ließ sich mit ihm von den Klängen des Engels mit der Posaune in die Glücksmühle entführen, um dort den gemeinsamen Triumph der Liebe zu erleben.

Manchmal ging die ästhetische Reinwaschung schneller

als die politische. Der Film »Erde« konnte nicht in die Kinos kommen, weil die meisten Mitwirkenden noch in sogenannte »Entnazifizierungsverfahren« verwickelt waren.

Nach nur drei Jahren und 42 Spielfilmen, in denen sich der Österreicher als beschwingter, gastfreundlicher und liebessüchtiger Todel offerierte, griffen die Amerikaner das Angebot auf. Am 2. April 1948 erließ der amerikanische Kongreß den »Economic Cooperation Act«, dessen Kernstück das »European Recovery Program« war. Dieses Programm ging als »Marshallplan« in die Geschichte ein. Die Deutschen bekamen Millionen von Dollars zum Wiederaufbau ihrer Industrie und die Österreicher Millionen zum Wiederaufbau ihres Fremdenverkehrs. Damit waren zwei Rollen im Nachkriegseuropa zugeteilt. Die Deutschen sollten schaffen und die Österreicher sollten für ihre Erholung sorgen. Österreich war zum Hawaii Mitteleuropas geworden, zur touristischen Bananenrepublik.

Der Österreicher, der mit seinem Versuch, einmal eine größere Rolle zu spielen, kläglich gescheitert war, nahm die des Wirtes wieder dankbar an. Aus der österreichischen Gesellschaft wurde eine Wirtsgesellschaft, die Nächtigungsziffern stiegen in die Abermillionen. Der Touristenfluß der Ersten Republik wurde zum Strom, der Strom zu Strömen, der österreichische Wirt zur Hure, die österreichische Landschaft zum Vierfarbenprospekt.

So wie die Hure den Gast braucht, so braucht der Gast die Hure. Ich habe Ende der sechziger Jahre in Frankfurt gearbeitet, mich sehr einsam gefühlt und Kontakt mit Huren gehabt. Sie erzählten mir immer wieder, daß ihr deutscher Freier das Fremde, das Außergewöhnliche suche, aber zu fremd sollte es nun auch wieder nicht sein. Ein bißchen Schweinigeln im Wohnzimmer, das ist der tiefste Wunsch des deutschen Freiers. Die echte Hure erfüllt ihm diesen Wunsch mit einem »Ficken wie bei Muttern« und die österreichische Wirtshaushure mit einem »Futtern wie bei Muttern«. Der deutsche Gast kommt nach Österreich, weil er ins Ausland will, aber es soll ihm nicht zu ausländisch erscheinen. Deshalb überzieht er dieses Land mit der Erwartung, »seine« Sprache vorzufinden, »seine« Währung, »seine« Gerichte, »seine« Lieder, und die österreichische Wirtshure erfüllt ihm diese Erwartung voll und ganz. Österreichische Touristenorte sind in der Hochsaison von deutschen Provinzstädten kaum zu unterscheiden.

Wie jedem Freier, so ist auch dem deutschen Gast die Anpassung seiner Hure zu wenig, er will auch noch ihr Herz haben. Bei ihm, nur bei ihm, soll sie einen Orgasmus haben, ihn soll sie wirklich mögen. Er wird Stammkunde, kommt Jahr für Jahr ins Land und versteht nicht, daß das Herz der österreichischen Wirtshure an vielen, zu vielen schunkelnden Heimatabenden ausgeronnen ist.

Es gibt ein Aussetzen, ein völliges Verschwinden dieses Mechanismus von Anpassung und Verachtung zwischen der Hure und ihrem Freier. Wenn ein österreichischer Wirt und sein deutscher Gast plötzlich die gemeinsam erlebte Wehrmachtszeit entdecken, fallen sie sich ergriffen in die Arme, und Namen von Truppenteilen und Vorgesetzten schwirren durch den biergeschwängerten Gastraum. Auch das sind Szenen meiner Jugend: Der noch eben devot grinsende Wirt verwandelte sich von einem Augenblick zum anderen in den Kameraden Schnürschuh, und der gerade gönnerhaft den Hintern der Wirtstochter tätschelnde Gast wurde zum Obergefreiten Müller, mit dem man in Narvik den Gefrierfleischorden erhalten hatte. Die touristisch huröse Fassade zerfiel in bierselige Kumpanei, das Gemeinsame, das Verbindende, Hitlers Eroberungskrieg und die Erinnerung daran hatte die beiden wieder. Der Wirt sprach nicht mehr zum Gast, der Freier nicht mehr zur Hure, sondern der Mensch zum Menschen, der Kamerad zum Kameraden.

Der österreichische Wirt, die österreichische Wirtsgesellschaft opfert dem Tourismus nicht nur die Familie, die Zeit, die Seele, sondern auch und vor allem die österreichische Landschaft. Wenn ich Photos von Berghängen sehe, in die der Skiwinter tiefe Furchen gezogen hat, sehe ich ein anderes Bild vor mir: der österreichische Wirt, der diese Landschaft braucht, weil sie der Magnet ist, mit dem er die Gäste ins Land lockt, haßt diese Landschaft gleichzeitig für dieses Brauchen, für diese Abhängigkeit und schlägt auf sie ein, blind wütend, bis diese Wunden sich nicht mehr schließen und die Landschaft stirbt.

In den letzten Jahren, genau seit 1981, kommen immer weniger deutsche Gäste nach Österreich. Die aufgescheuchten Tourismusexperten nennen dafür Gründe: die Weltkriegsgeneration stirbt langsam aus, die österreichische Landschaft zeigt mehr und mehr Umweltschäden, die inzwischen fertiggestellten Transitstraßen machen Österreich zum Durchreiseland nach Italien, die österreichischen Wirte seien nicht mehr so fremdenfreundlich wie früher und so weiter. Anstatt zu fragen, ob diese touristische Begegnung zwischen Deutschen und Österreichern nicht anders stattfinden könnte, als nach den Regeln der Anpassung und damit der Verachtung, intensivieren sie ihre Managerbemühungen und ihre Sprache: »Die Berge könnten wieder einsteigen. Die Berge als erlebnisorientierte Alternative präsentieren, Animation zu vermehrtem Tun, zu vermehrten Erlebnissen in den Bergen.« Ja, was sollen wir denn noch tun? Noch mehr Berghotels bauen, noch mehr Skilifte errichten? Oder sollen wir unsere letzten Resis, statt einer Viertelstunde hinter die Büsche, tagelang mit dem Göttinger Studenten in die Berge schicken, damit er endlich zu vermehrtem Tun kommt?

Im Zeitalter der industriellen Befriedigung von Urlaubswünschen können andere, was wir nicht mehr können, und sie können es billiger. So wie die amerikanische Firma »Saniped« ihre Produktionsstätte vom Burgenland nach Spanien verfrachtet hat, weil ihr die österreichischen Arbeiter schon zuviel kosten, so läßt sich der deutsche Tourist den Katalog mit den thailändischen Madln und Buam inzwischen aus Bangkok schicken. Die sind auch immer geil, kosten weniger als die österreichischen Resis und leisten mehr, weil sie aus einem echten Entwicklungsland kommen. Unser letzter Versuch, verlorenes Terrain wieder aufzuholen, indem wir Herrn Waldheim zum Bundespräsidenten gewählt haben, der unsere Vergangenheit repräsentiert, aber mit der Diskretion und Gewandtheit eines Oberkellners darüber hinweggehen kann, ist uns in den Augen der Welt schon wieder übelgenommen worden.

Der Mechanismus von Anpassung und Verachtung, den ich beschrieben habe, gilt nur für zahlende Fremde. Wer nur ein Fremder ist, den trifft nur die Verachtung. Ich weiß, daß sich zu allen meinen Ausführungen ein Gegenbeispiel finden läßt. Aber die Regeln, nach denen diese touristische Begegnung seit etlichen Jahrzehnten zwischen Deutschen und Österreichern abläuft, werden dadurch nicht außer Kraft gesetzt. Ich bin für das Ende dieses Tourismus und für das Ausprobieren eines anderen. Die Fremden, die uns nicht bezahlen können, die uns aber etwas geben könnten, wohnen gleich ums Eck.

(Essay, 1986)

Staatsveredelung

Wer den Staat trägt oder nur mitträgt, wer also ein Amt hat, der hat auch eine besondere Würde: eine unantastbare.

Der Staat als große Veredelungsmaschine.

Um diese spezifisch österreichische Form der Entrückkung zu verstehen, ist ein kurzer historischer Ausflug notwendig. Der Österreicher hat in diesem Jahrhundert fünf verschiedene Staatsformen erlebt. Man könnte daher annehmen, er habe vom Staat einigermaßen genug, das Gegenteil ist jedoch der Fall: Es ist den Herrschenden aller fünf Staatsformen gelungen, ihr übles Tun unter einem edlen Namen zu verkaufen. Je gieriger, je hemmungsloser ihr Treiben war, desto mystischer die Begriffe, die solches Treiben rechtfertigten. In der Monarchie waren es Gott, Kaiser und Vaterland, in deren Namen die Landbesitzer und Farbriksherren ihre staatsgesegnete und unselige Ausbeutung betrieben.

In der Ersten österreichischen Republik war der Kaiser tot, blieben also Gott und Vaterland. Die Bourgeoisie der Ersten Republik schlug mit ihren blutrünstigen Heimwehren so lange auf eine immer stärker werdende Arbeiterschaft ein, bis von deren Organisationen nichts mehr übrigblieb. Dabei ging der Staat gleich mit drauf, und man gründete sich einen eigenen: im Namen Gottes und des Vaterlands den klerikalen, vaterländischen Staat faschistischer Prägung.

Der Durchschnittsösterreicher hat daraus gelernt: wenn die Mörder auf seiten des Staates sind, haben Gott und die Gerichte nichts gegen sie. Es war also zweckmäßig, das Abzeichen der Vaterländischen Front zu tragen, egal, was man dachte oder fühlte.

Zwei Gruppen waren aus dieser Vaterländischen Front ausgeschlossen. Die Roten, weil sie ja laut ihres Programms Internationalisten waren, und die Juden, weil sie ja schon seit zweitausend Jahren Internationalisten sind. Wenn trotzdem ein Jude etwas Öffentliches und Wichtiges tat, wurde er nie ohne das Attribut »jüdisch« zitiert, was unter augenzwinkernden Österreichern schon immer geheißen hat: der ist zwar dabei, aber er gehört nicht dazu.

Als die deutsche Bourgeoisie Appetit auf die österreichischen Vorräte bekam, als der große Hai den kleinen fraß, als im Zuge des Anschlusses Österreichs an das Deutsche Reich die Gold- und Devisenbestände der österreichischen Nationalbank ausgeräumt wurden, als IG Farben und die Berndorfer Metallfabrik von Dynamit Nobel und Krupp geschluckt wurden, ließ diese deutsche Bourgeoisie ihr niederes Treiben von einem Herrn ausführen, der einen besonders hohen Absender hatte: die Vorsehung.

In diesem Namen agierte der neue Staat, und der gelernte Österreicher agierte, so schnell er konnte, mit. Für ihn bestand die Katastrophe nicht etwa darin, unter den Staatsmantel der faschistischen Barbarei gelangt zu sein, im Gegenteil, das Schlimme für ihn wäre gewesen, wenn er darunter keinen Unterschlupf gefunden hätte, wenn er seine Pflicht nicht hätte tun können. Denn der Staat, auch der verbrecherischste, veredelt jegliches Tun.

Das erste Antlitz des nunmehr demokratisch gewordenen Österreichs, welches ich zu sehen bekam, waren die Gesichter der Dorfhonoratioren am Stammtisch des Dorfgasthauses. Der neue demokratische Staatsmantel öffnete sich weit und verzeihend über alle Verächter der Demokratie. Die ersten Jahre der Zweiten österreichischen Republik dienten der moralischen und politischen Rettung der Nazis. Wozu trauern, wenn der neue Staat sie dringend zum Aufbau dessen brauchte, was sie soeben zerstört hatten.

In den Archiven des Wiener Rathauses befindet sich eine Sammlung von Tagebüchern Wiener Bürger, in denen sie zumeist die letzten Kriegsmonate und die ersten Monate nach der Befreiung beschreiben. Noch in den letzten Tagen der Naziherrschaft schrieben die Eintrager von ihrer Hoffnung, daß dieses Reich nicht untergehen möge, und nur wenige Tage nach dem Einmarsch der Roten Armee und den ersten Ordnungsversuchen der »österreichischen Freiheitsfront« wollten sie sich der »neuen Ordnung zur Verfügung stellen«. Wenn man davon ausgeht, daß Notate in einem Tagebuch ein hohes Maß an subjektiver Wahrheit beinhalten, weil sie eine private und nichtöffentliche Mitteilung darstellen, so ist aus der Überlebensstrategie des Durchschnittsösterreichers, der zweckmäßigen Anpassung an jeglichen Staat, nunmehr auch ein privater Mechanismus geworden. Es ist nicht mehr nur eine äußere Notwendigkeit, schnell unter das neue Staatsgewand zu schlüpfen, es ist auch ein »inneres« Bedürfnis geworden.

Die einst so stolze österreichische Bourgeoisie des Ständestaats – eins mit Arbeitermördern, Gott und Vaterland – war inzwischen arg zerzaust worden. Sie war vom großen Täter zum kleinen Ganoven herabgesunken und konnte ihre Position nur noch in Ministerien und mittleren Unternehmen behaupten. Wie alle kleinen Ganoven hatte und hat sie das dringende Bedürfnis, sich einem starken Obergangster anzuschließen, der ihr auch in Gestalt des amerikanischen Big Business Boss zuteil wurde. Ihm diente und dient sie auf unterwürfigste, ja geradezu speichelleckerische Art und Weise. In der Zeit von 1950 bis 1980 bekam über ein Drittel der österreichischen Firmen amerikanische Mehrheitseigner.

Natürlich war die neue Gesellschaft nicht mehr durch alte Mystifikationen zu legitimieren. Kaiser, Gott, Vaterland und die Vorsehung hatten ausgedient. Ihr letzter Sendbote wurde als pathologischer Wüstling hingestellt und der Faschismus kurzerhand zum Betriebsunfall der Geschichte verniedlicht. Der neue Staat, die kapitalistische Gesellschaft, schwor auf Kompetenz und Sachlichkeit, ihre Träger waren Diplomkaufleute, ihr Ziel der allgemeine Wohlstand, der Wohlfahrtsstaat. Wer es bis zum Verteilerkopf an den Kassen des Wohlfahrtsstaates brachte, der schaffte sich in der Tat einen umfassenden Wohlstand.

Auch die Journalisten dieses Landes haben – mit wenigen Ausnahmen – nichts als die Wohlfahrt des Staates im Auge. Ihre Kritik enthält immer auch einen Vorschlag, wie es dem Staat besser gehen könnte. Ihre Ratschläge an diesen oder jenen Minister, an diesen oder jenen Staatsfunktionär klingen so, als müßten sie, die Journalisten, demnächst dieses verantwortliche Amt übernehmen, was ja auch tatsächlich immer wieder passiert. Ältere Journalisten haben ihren verantwortlichen Blick im Laufe der wechselhaften Geschichte Österreichs schon verschiedenen Staaten zugewendet. Sie waren Propagandisten der Vaterländischen Front, Durchhalteparolenschreiber bei den Nazis und Kassandras in der neuen Demokratie. Der Staat, egal welcher, ist ihnen eben in Fleisch und Blut übergegangen.

(Essay, 1986)

Die Wahrheit ist zumutbar

Liebe Freunde!

Die Wahrheit ist den Menschen zumutbar. Die Wahrheit ist Kurt Waldheim zumutbar. Sie läßt sich durch seine immer geschickteren Erklärungen nicht verwischen. Sie schimmert durch seine leeren Sätze und trägt das Antlitz der ermordeten Kinder von Kozara.

Die Wahrheit ist der Österreichischen Volkspartei zumutbar. Sie hat die Saat des Antisemitismus verstohlen gesät und am Wahltage gierig geerntet. Sie vergißt und will vergessen machen, daß es vor dem Hitlerfaschismus einen christlichen Faschismus in diesem Lande gab. Der österreichische Faschismus war nie so schlimm wie der deutsche, aber Zwillinge bleiben Zwillinge, ob der eine nun groß und der andere klein ist.

Die Wahrheit ist der sozialistischen Partei zumutbar. Sie hat die Faschisten der Zweiten Republik immer offen und ablehnend angeschaut, an Sonntagen. An politischen Wochentagen zwinkert ihr Auge. Sie hat viele Anstrengungen unternommen, sie hat große und kleine Posten vergeben, damit sich Ehemalige bei ihr wieder zu Hause fühlen konnten. Wie viele Anstrengungen hat sie unternommen, damit sich vertriebene Juden in diesem Lande wieder zu Hause fühlen konnten? Mehr als fünfzig Jahre nach ihrer Vertreibung kommt eine österreichische Jüdin nach Wien und in den Club 2. Die Frau weint und Österreich weint mit. Es ist in der Tat zum Weinen.

Die Wahrheit ist den Menschen zumutbar. Sie ist der katholischen Kirche, ihrer Hierarchie zumutbar. Heute schmückt sich diese Hierarchie mit einigen Aufrechten, mit ihren Opfern. Das kostet keinen Preis. Als diese Aufrechten zu Opfern wurden, ist die Hierarchie der katholischen Kirche nicht zu diesen Menschen gestanden, das hätte einen Preis gekostet.

In diesen Gedenktagen ist das offizielle Österreich, das volksparteiische, das sozialdemokratische, das klerikale, geschlossen und geeint gegen alles Diktatorische und gegen alles Antisemitische. Man sieht es ihren Mienen an: Das Zeitalter des Bekennens ist ausgerufen, aber eine Minute der Selbsterkenntnis hat in diesem Land noch nicht stattgefunden.

Die Wahrheit ist auch meiner Generation, den zu Ende des Krieges Geborenen, zumutbar. Was soll die theoretische Frage an uns selbst, ob wir im Jahre 39 feige oder mutig gewesen wären, wo die Frage doch nur lauten kann, ob wir heute feige oder mutig sind. Wir sind es, vor deren Augen die Zweidrittelgesellschaft, die seelische und ökonomische Vertreibung von Arbeitern, von Mitmenschen, vorbereitet wird. Diese Gedenktage haben keinen Sinn, wenn wir nur über das Vergangene nachdenken. Wenn wir es nur besser wissen, aber nicht besser machen, dann sind auch wir eine schuldige Generation.

Ich danke Euch fürs Zuhören!

(Rede, 1988)

Verlorene Gesichter

Was ist das für ein Maler, der seine Bilder »Sepp Wild-schwendter ist 80!« oder »Zweiter Preis im Clematis-Züchter-Wettbewerb« nennt? Kurt Welther ist ein Maler der Provinz, und man muß über die Provinz reden, wenn man über ihn etwas sagen will.

Die Selbstdarstellung der Provinz ist der Verein. Die Nöte des Daseins, die Familientragödien und die Kreditschulden, die Abhängigkeiten und Ängste sind öffentlich nicht herzeigbar, herzeigbar ist die Fassade, die geglättete Oberfläche, der funktionierende Verein, nicht das eigene Leben, sondern das Vereinsleben. Diese Vereine dienen einem einzigen Zweck: Sie zeigen her, was man nicht ist, was man aber sein möchte, ein von Widersprüchen gereinigter Mensch.

Wenn sich diese Vereine dennoch einen Zweck geben, so ist das nur eine Täuschung. Dem Bildungsverein geht es nicht um Bildung, dem Verschönerungsverein nicht um Schönheit, und selbst für die Freiwillige Feuerwehr ist das Löschen von Bränden das Nebensächlichste. Es geht um das öffentliche Herzeigen, um das Ausrücken, um das Aufmarschieren, um das Defilieren und das Gratulieren.

Aus der Sicht der Metropole sind diese Vereinsmitglieder und Vereinsleiter, die Kassenwarte und die Kassendirektoren gleichermaßen Deklassierte. Ihre Wichtigkeit endet an der Dorf- oder Kleinstadtgrenze, also muß sie innerhalb der Grenzen um so nachhaltiger erkämpft und behauptet werden. Jede Veränderung, jeder Aufstieg, jede Auszeichnung, jeder Händedruck wird in Provinzzeitungen veröffentlicht, wenn möglich mit Bild und Bildunterschrift. Keine Geburt, keine Hochzeit, kein Tod hat stattgefunden, wenn er nicht als Vereinsnachricht bekanntgegeben werden kann.

Es gibt kein Leben außerhalb der Vereine, und wenn es

sich dennoch regt, als Kritik, als Alternative, als Auffällig-
keit, fällt es im besten Falle der üblen Nachrede und im
schlimmsten Falle der sozialen Vernichtung anheim.

Die Vereinsmitglieder zerstören das Andersartige um
sich, aber sie zerstören es auch in sich. Ihr angestrengtes Bemühen, nichts von dem aufkommen zu lassen, was nicht
herzeigbar ist, strapaziert ihre Gesichtsmienen bis zur
Entstellung, bis zur Gesichtslosigkeit. Ein Maler wie Kurt
Welther, der dieses enge Provinzleben und Nichtleben sieht
und malt, erzählt uns mehr über die Menschen als einer,
der die »großen Dinge« im Auge hat.

Ich hoffe, Sie blicken jetzt nicht mit Hochmut auf die
Provinz. Die Provinz gibt es im Dorf, in der Kleinstadt, und
es gibt sie in der Großstadt. In der Metropole hat sie nur
eine größere Form: aus dem Verein wird der Kongreß, aus
der Stammtischrunde die Stadtgesprächsrunde, aus dem
Further Bläserquartett die niederösterreichische Landesregierung.

Provinz, das ist ein Zustand, das ist die Auflösung des
Menschen und seiner Widersprüche im Verein, in der Run-
de, in der Norm. Provinz, das ist der nachhaltige Wille zur
Mitmacherei, der intensive Drang zur Übereinstimmung,
die Erlösung in der Auflösung. Wer zur Provinz gehört, lebt
nicht gut, aber er lebt mit der dauerhaften Beruhigung, daß
er normal ist und auch dafür gehalten wird. Provinz ereig-
net sich – und jetzt folge ich einigen Bildtiteln von Kurt
Welther –, wenn Hippach seine Veteranen ehrt, Michael
Heltau einen heiter-besinnlichen Abend gibt und Kurt
Waldheim die Kochnationalmannschaft verabschiedet.

Auf Grund solcher Bildtitel könnte man Kurt Welther
für einen Zyniker halten. Ich tue das nicht. Der Zyniker
schiebt zwischen sich und den Gegenstand seiner Betrachtung das Abwertende, das Verletzende. Kurt Welther wen-
det sich nicht von diesen Menschen ab, er blickt ihnen ins
Gesicht. Er nimmt sie, mehr als sie es selbst tun, wahr. Er

malt, mit Ironie und Trauer über das Wahrgenommene, den Verlust ihrer Antlitze.

Auf den Bildern Kurt Welthers gratulieren immer wieder irgendwelche Vereinsvorsteher alten Menschen zum Geburtstag. Von jenen, die geehrt werden sollen, ist kaum etwas zu sehen. Aber seltsam: Je mehr sich die Wichtigtuer ins Bild schieben, desto mehr fragt man sich, wer der Geehrte eigentlich ist.

Wer ist dieser Sepp Wildschwendter, dem da zum achtzigsten Geburtstag gratuliert wird? Was ist das für ein Leben? Kurt Welther ehrt diese Menschen auf seine Weise.

(Rede, 1989)

Ein Überblick über die Schweine

Liebe Silvia!

Sie haben das Gefühl, daß man endlich etwas gegen den zunehmenden Rechtsradikalismus tun muß, und ich teile dieses Gefühl mit Ihnen. Allerdings habe ich es schon seit 40 Jahren. Seit 40 Jahren kämpfe ich mit Essays, mit Interviews, mit öffentlichen Reden, mit Theaterstücken gegen diese Dinge an. Sie werden von mir durchaus keine Resignation hören. Es ist nicht so, daß dieser ständige Widerstand mich zynisch oder müde gemacht hätte – ganz und gar nicht. Was ich allerdings gelernt habe, ist ein besserer Überblick über die Schweine.

Wissen Sie, es ist schon etwas merkwürdig für mich, wenn mich Journalisten von großen Zeitungen anrufen und eine Wortspende gegen den Rechtsradikalismus von mir wollen. Es sind jene Zeitungen, die 40 Jahre mehr oder weniger geschwiegen haben, wenn es um die schleichende Verharmlosung des Rechtsradikalismus ging. 40 Jahre lang haben sie gegen die Linke geschrieben, und jetzt fällt ihnen plötzlich auf, daß es eine gefährliche Rechte gibt. Der ganze österreichische Staat ist auf die Duldung des Faschismus aufgebaut. Schon im Jahre 1947 wurden ehemalige Mitglieder der NSDAP rehabilitiert – durch den simplen Erwerb eines schwarzen oder roten Parteibuches. In den fünfziger Jahren wurden ehemalige Nazis auch in der SPÖ zu Ministern gemacht. Die Ministerratsprotokolle dieser Zeit geben klar Auskunft darüber, wie wenig beispielsweise die österreichische Bundesregierung Interesse daran hatte, emigrierte Juden zurück ins Land zu holen. In den sechziger Jahren widmete man sich ausschließlich dem Kampf gegen die Linke, im trauten Verein mit allen Schattierungen der Rechten. Da gab es keine klaren Abgrenzungen zwischen ÖVP und FPÖ. Die bürgerliche Rechte hat es nie wirklich für notwendig befunden, sich klar und eindeutig von der extremen Rechten abzugrenzen. Da gab es bis hin zu Herrn Waldheim immer eine Wahlverwandtschaft.

Wissen Sie, liebe Silvia, es widert mich an, wenn heute, im Brusttone der Empörung, die Mitte, die politische und mediale Mitte, mit Widerwillen und moralischer Entrüstung auf ihre glatzköpfigen Ränder weist. Die Kinder, die heute mit Molotow-Cocktails durch die Gegend rennen, hirnlos und herzlos, sind in den Nestern der Mitte ausgebrütet worden. Ich bin dafür, diese Schweine von Skinheads in Rostock und anderen Orten einzusperren; aber gemeinsam mit Herrn Kohl, gemeinsam mit der Springer-Presse, gemeinsam mit all jenen, die eine Ellenbogengesellschaft, eine Leistungsgesellschaft, das Unsolidarische zu ihrem Programm erhoben haben. Spätestens mit dem Untergang der kommunistischen Systeme, aber eigentlich schon vorher, mit der Zerstörung der westeuropäischen Linken, ist die Dschungelgesellschaft zum allgemein verbindlichen Ideal erhoben worden. Und jetzt wundern sich ihre Protagonisten, wenn Orang-Utans, wildgewordene

Affen durch diesen Dschungel rennen. Er ist das geistige Gebäude, das sie errichtet haben.

Ich sage Ihnen noch ein Beispiel. Da wirft im Burgenland eine Handvoll Jungschweine Grabsteine eines jüdischen Friedhofs um. Und dann eilt – wie rührend und wie nobel! – die gesamte österreichische Bundesregierung mit käppi-bedecktem Kopf an den Ort des Geschehens. Ich hätte lieber etwas anderes vernommen, etwas Ehrlicheres: daß nämlich der Antisemitismus in diesem Lande nie wirklich bekämpft wurde. Er war sozusagen das inoffizielle Bewußtsein dieses Landes. Das demokratische war das offizielle, geeignet für den Staatsgebrauch und für die Staatsfeiern und für die Schulfeiern. Aber der eigentliche Konsens dieses Landes war niemals das Demokratische, sondern das Antisemitische. Dieses Land ist geistig auf Judenhaß und Fremdenhaß aufgebaut, und wenn diese Stützen, auf denen diese Republik steht, aus dem Wasser auftauchen, weil die geistige Ebbe noch mehr zunimmt, dann setzt allgemeines Erschrecken ein. Und die Biedermänner beklagen den auftretenden Faschismus. Um es auf den Punkt zu bringen: Die Biedermänner sind die Brandstifter. Sie nehmen nur keine Molotow-Cocktails in die Hand, sie produzieren lediglich Flaschen und Benzin.

Über all das, was ich Ihnen hier so in wenigen Sätzen erzähle, und über einiges dazu schreibe ich gerade ein Stück. Ich bin in solchen Zeiten des Stückeschreibens unfähig, etwas anderes daneben zu machen. Ich kann Ihrer Bitte, ein paar Szenen für ein Programm zu schreiben, nicht entsprechen. Ich kann Ihnen nur sagen, wie sehr ich mich freue, daß Sie aus der allgemeinen Apathie heraustreten wollen. Tun Sie es mit der schönen Kraft, die Sie und Ihre Freunde haben, und halten Sie mir die Daumen beim Stückeschreiben. Ich halte sie Ihnen für Ihr Tun.

(Brief, 1992)

Die Wirklichkeit ist in der Kunst

Liebe Karin Kathrein!

Sie und viele Ihrer Journalistenkollegen fragen mich, ob ich etwas über den Krieg in Jugoslawien schreiben möchte, und ich antworte Ihnen ohne jede Unfreundlichkeit mit einem »Nein«. Ich kann keine Artikel mehr schreiben. Ich kann keine Essays mehr schreiben. Ich kann keine Reden mehr halten. In meinem Kopf wird alles zur Theaterszene. Ich habe gehört, daß in diesem Krieg auch Künstler mitschießen. Serbische auf kroatische und retour.

Stellen Sie sich vor: In zwei Jahren ruft Kärnten seine Unabhängigkeit aus! Wien erklärt Klagenfurt den Krieg! Die Front verläuft am Semmering, knapp unter dem Hotel Panhans. Auf der Seite der Wiener kämpfen die Künstler Heller und Blau, auf der Seite der Kärntner Lipuš und Turrini. Sie, liebe Karin Kathrein, die Sie alle Künstler lieben, versuchen zu vermitteln, doch vergebens. Um das Schlimmste zu verhindern, verraten Sie den Kärntnern die Wiener Stellungen und den Wienern die Kärntner Stellungen. Eine Semmeringmatahari!

Sie ermahnen mich, ernst zu bleiben, angesichts der vielen Toten in Jugoslawien? Ich kann Sie beruhigen, die sind nur im Fernsehen. Die Wirklichkeit ist in der Kunst! Ich grüße Sie sehr herzlich.

(Brief, 1992)

Je kürzer, desto besser

Sehr geehrter Herr!

Sie fragen mich, warum die Menschen mit Parteien sympathisieren, die kurze, griffige, zumeist blöde Slogans offerieren. Das läßt sich meiner Meinung nach mit dem Problem der Geschwindigkeit erklären. Unsere Gesellschaften haben die Länge, die Geschichte, die Kontinuität, das Dauern zerstört und zerstückelt und in kleine, schnelle Impulse verwandelt. Die Beziehungen sind kurz geworden, die Sätze sind kurz geworden, die Artikel sind kurz geworden, das Verweilen ist kurz geworden – warum sollte ausgerechnet die Politik die Länge der Argumentation behalten dürfen? Am besten läßt es sich an der verschwundenen DDR und an der heutigen BRD ablesen. Man hat der DDR zwar immer vorgeworfen, sie würde dumme politische Parolen produzieren, aber in Wahrheit produzierte sie vor allem politische Länge. Wenn Herr Honecker eine Rede hielt, dann war sie zumeist in ihrem vollen Wortlaut im »Neuen Deutschland« nachzulesen, dauerte mindestens eine Seite. Ob das, was er zu sagen hatte, blöd oder nicht blöd war, ist egal; es dauerte auf jeden Fall. Politik brauchte ihre Zeit.

Diese Zeit hat heute niemand mehr. Also braucht Politik nur noch einen Impuls, ein Zeichen. Je kürzer, desto besser. Und die Rechtsradikalen haben derzeit die kürzesten und griffigsten Zeichen. Entpolitisierung ist also auch eine Folge der zunehmenden Rasanz aller Bereiche.

Bei dieser Geschwindigkeit von politischen Zeichen und Nachrichten ist kaum noch jemand in der Lage, diese mit Neugier oder Anteilnahme aufzunehmen. Man gibt letzteres nur vor. Man mimt Entsetzen über den Krieg in Jugoslawien, man ist erstaunt über den zunehmenden Rechtsradikalismus, man ist zutiefst betroffen über brennende Asylantenheime, aber in Wahrheit liegt man in seiner Wohnung auf dem Rücken und hält die Augen zu und die Ohren zu und das Herz und das Gemüt verschlossen. Und so weiter.

Mit besten Grüßen.

(Brief, 1993)

Wie verdächtig ist der Mensch?

Sehr geehrte Menschen!

Ich denke mir, daß wir uns gegenseitig nicht mehr wahrnehmen, sondern einander nur noch verdächtigen können. Wir können keine Stellung zueinander einnehmen, wir können uns nur etwas unterstellen. Jeder verdächtigt jeden und alle haben einen Verfolgungswahn. Wenn es so etwas wie eine österreichische Seele gibt, dann ist sie mit Sicherheit paranoid. Junge verdächtigen Alte, Alte verdächtigen Junge, Männer verdächtigen Frauen und Frauen verdächtigen Männer. So nahe können wir uns gar nicht sein, daß wir wirklich nahekommen, denn zwischen uns nisten die Vorstellungen, wuchern die Bilder, türmen sich die Erwartungen zu solchen Bergen, daß wir uns nicht mehr sehen, auch wenn wir einander anschauen. Die Vorstellungen, die Bilder, die Erwartungen sind frei und grenzenlos, vereinigen alle Wunder, lassen uns das Bild von ewiger Jugend und Schönheit erreichbar erscheinen. Und doch sind wir so unförmig und so alt und so müde und so langweilig und haben womöglich noch einen Ausschlag. Wir sind, sosehr wir uns auch anstrengen und alles kaschieren, immer eine Enttäuschung. Wenn Männer und Frauen einander nicht mehr entsprechen, dann gibt es einen Ausweg. Die Waren entsprechen immer, sofern die Auswahl groß genug ist. So, wie die kosmetische Chirurgie jede denkbare Nasenform bietet, so bietet die Pornoindustrie, welche mit ihren Umsätzen gerade die Stahlindustrie überrundet, eine immer größere Auswahl an Surrogaten. Designer, welche früher in der Automobilindustrie gearbeitet haben, arbeiten jetzt in der Pornoindustrie an immer perfekteren Nachbildungen von Männern und Frauen – digital und in Latex, die sind unverdächtig und keimfrei. Und sollten Sie, die hier Anwesenden, keinen Umgang mit solchen Artikeln haben, dann muß, statistisch betrachtet, die

Bevölkerung außerhalb dieses Raumes im Dauerkonsum liegen.

Glauben Sie nicht, daß ich von der Warte des besseren Menschen aus argumentiere oder gar moralisiere. Als Dramatiker beschreibe ich die Konflikte zwischen den Menschen, das Glück und das Unglück in den Beziehungen. In meinen Stücken flüstern oder reden oder schreien die Menschen miteinander, aber was soll einer flüstern oder reden oder schreien, der mit einer aufblasbaren Latexpuppe verkehrt? Ein Leben lang habe ich Wortbrücken gebaut und Satzbauten errichtet und stehe daher ziemlich hilflos vor den stummen und abwaschbaren Surrogaten des Menschen. Und noch etwas, neben der chirurgischen und der Pornoindustrie boomt eine weitere Industrie, die Hersteller von allem, was abschließt und wegschließt, machen die allergrößten Geschäfte.

Da sitzt er nun, der autonome Mitteleuropäer, allein in seiner Wohnung, geschützt von Schlössern und Alarmanlagen, und lebt das Drama der neuesten Art, in dem es keine Auf- und Abtritte mehr gibt, kein Lieben und kein Hassen mehr, kein Reden und Gegenreden, sondern nur Surrogate von solchen Vorgängen – jede gewünschte Menge von Bildern und die Stille am Ende des Programms. Die aktuellste Ausgabe des Menschen ist das autonome Monster, Selbstdarsteller in einem Einpersonenstück voller Sehnsucht nach dem Anderen und voller Angst vor dem Anderen und voller Abwehr gegenüber allem, was den eigenen Vorstellungen nicht entspricht.

Am wenigsten entspricht das offensichtlich Andere, das Fremde, die Fremden, die Ausländer. Sie sind das Auffangbecken aller Verdächtigungen. An ihnen handelt jeder Dreckskerl seinen eigenen Dreck ab. Ich habe es oft gesagt und ich will es immer wieder sagen: In keinem anderen Land Europas ist der Fremdenhaß so verbreitet und so idiotisch wie in Österreich. Denn was man hierzulande dem Fremden unterstellt, was man an ihm ablehnt, wessen man ihn verdächtigt, das ist immer ein Teil von einem selbst. Ein Österreicher, der einen Tschechen oder Kroaten beschimpft, beschimpft sich selbst. Der ethnisch reine Österreicher ist eine Erfindung. Es gibt ihn nicht! Es gibt keinen österreichischen Bundespräsidenten, es gibt keinen österreichischen Bundeskanzler. Es gibt und gab jüdische und kroatische und tschechische Einwanderer und deren Nachkommen in besagten Positionen. Was man Österreicher nennt, ist ein europäisches Gemisch gleichen Namens. Eine Promenadenmischung, die den Glücksfall ihrer Mischung nicht wahrhaben will und sich immer wieder als deutscher Schäferhund ausgibt. Stellen Sie sich das einmal bildlich vor, eine Promenadenmischung setzt sich die Ohren eines Schäferhundes auf und bellt großdeutsch. Das macht die österreichischen Fremdenhasser so lächerlich und so unberechenbar.

Der Verdacht, allgegenwärtig, unersättlich, trifft einzelne Menschen, trifft Menschengruppen, trifft Klassen. Ist Ihnen aufgefallen, wie nachdrücklich das Wort »Arbeiterklasse« aus unserem Sprachgebrauch verschwunden ist? Und mit dem Wort sind die Menschen, die es bezeichnet, verschwunden. Wir wollen nichts mehr von ihnen wissen. Es sei denn, das Abflußrohr ist verstopft oder die Wohnung soll billig renoviert werden. Die Arbeiterklasse ist in den letzten Jahren ununterbrochen verdächtigt worden: der Faulenzerei, der Lohntreiberei, der Sozialschmarotzerei. Heute macht in vielen Betrieben die halbe Belegschaft die doppelte Arbeit. Vielleicht war dies das Ziel aller Verdächtigungen.

Die Verdächtiger gewinnen an Macht. Die Verdächtigten werden immer ohnmächtiger. Wer nicht zurückreden kann, weil ein anderer das letzte Wort hat, und sei es das dümmste, der verliert das Spiel. Es ist ja schon eine Binsenweisheit, daß die Medien, die Verbreiter des jeweils letzten Wortes, die Macht im Staate übernommen haben. Es ist daher nur konsequent, wenn die Medienzaren Ministerpräsidenten werden. Ich warte auf den Augenblick, und der ist nicht ferne, da Herr Dichand als Reinkarnation von Kim Il Sung am österreichischen Medienhimmel erscheinen wird.

Der Journalismus ist die meistverbreitete und bestorganisierte Form der Verdächtigung. Politiker regieren kaum mehr, sie reagieren nur noch auf Medien, längst verbringen sie mehr Zeit mit ihrer Selbstdarstellung, dem Ausräumen von Verdächtigungen oder dem Einräumen von Vorwürfen, als mit ihren Amtsgeschäften. Das Glück eines österreichischen Politikers besteht schon lange nicht mehr darin, einen Hochofen anzustecken, eine Autobahn zu eröffnen, sondern darin, drei Tage hindurch in keiner Zeitung verdächtigt zu werden.

Es ist völlig unerheblich, ob ein Verdacht ein Körnchen, einen Brocken oder ganze Massive von Wahrheit enthält. Entscheidend ist, daß in jener Geschwindigkeit, in der Aussagen und Berichte erscheinen und wieder verschwinden, Wahrheit und Unwahrheit nicht voneinander zu trennen sind. Das Ergebnis dieser Geschwindigkeit ist die Verdachtsgesellschaft. Jeder ist verdächtig, und selbst die Entkräftung eines Verdachtes ist machtlos gegen die Geschwindigkeit. Irgend etwas bleibt immer hängen! Die Geschwindigkeit ist der Feind der Tatsachen und des Tatsächlichen. Wie kann man begreifen, was eine Wiese ist, wenn man mit 150 Stundenkilometer an ihr vorbeifährt? Man sieht sie, aber man riecht nur das Benzin. Man braucht eine Panne, eine Pause, eine Rast, um ihr näher zu kommen. Welche Wahrheit sollte sich im Durchblättern erschließen, welche Meinung sich im halben Hinschauen, welches die moderne Form des Wegschauens ist, bilden? Das Weltgeschehen wird täglich vollständig veröffentlicht und man begreift gar nichts. Das einzige, was bleibt, ist das Gefühl der Verunsicherung, und daß alles und alle verdächtigt sind. Das einzige, was man empfindet, ist Angst, und daraus erwächst der Verfolgungswahn und aus ihm neue Verdächtigungen.

Die verdächtigen Eigenschaften, welche Menschen bei anderen Menschen wahrnehmen, schlummern zumeist in ihnen selbst. Die Ungeheuer, die man überall sieht, rumoren unsichtbar in der eigenen Brust. Die Vorstellung, die Hölle seien immer die anderen, ist die verbreitetste und unrichtigste. Die Kindesmißhandlungen, die Frauenmißhandlungen macht höchst selten der fremde Mann mit dem entblößten Zumpferl, sondern fast immer der eigene Vater oder Gatte hinter verdeckten Fenstern. Hinter den sichtbaren Taten von wenigen verstecken sich die Abgründe von vielen. Die meisten Menschen töten nicht, rauben nicht, vergewaltigen nicht, aber die meisten Menschen halten die meisten Menschen für fähig, solche Taten zu begehen, und wirken förmlich erlöst, wenn wieder einmal ein Tatverdächtiger dingfest gemacht wurde.

In einer Verdachtsgesellschaft muß einer tot sein, damit er unverdächtig wird. Ist Ihnen aufgefallen, mit welcher Massivität uns seit einigen Jahren Leichen vorgeführt werden – in Reih und Glied –, als müßte man sich versichern, daß Tote wirklich tot sind, daß sich keine Verdächtigungen mehr lohnen. Jede Zeit hat einen zentralen Gegenstand, an dem ihre Obsessionen sichtbar werden. War die Atombombe der Kultgegenstand der vierziger Jahre, der Mixer jener der fünfziger, die Fernbedingung jener der achtziger Jahre, so ist die Leiche, der unverdächtig gewordene Mensch, der Kultgegenstand unserer Zeit. Erinnern Sie sich an den Tod des Dichters Thomas Bernhard? Ein Leben lang war er äußerst verdächtig, und im Moment seines Todes war er äußerst beliebt. In Salzburg bekommt man demnächst neben den Mozartkugeln auch Bernhardkugeln. Sie sind nur etwas bitterer im Geschmack.

Sind Tote wirklich tot? Warum wurde Bernhard so heimlich begraben? Warum konnte er als Leiche nicht öffentlich begutachtet werden? Ist die irakische Fernsehleiche echt oder hat sie ein Reporter von CNN mit Ketchup drapiert? Sie sehen, es ist das Wesen des Verdachtes, daß er sich niemals satt fressen kann.

Was wäre angesichts dieser mißlichen Situation zu tun, werden Sie mich fragen. Und ich werde mich nicht auf die übliche Position des Schriftstellers zurückziehen, der zwar eine Analyse geben kann, aber keinen Rat. Ich werde Ihnen einen Rat geben, oder besser gesagt, ich werde Ihnen einen Vorschlag machen. Verfallen Sie Ihren Mitmenschen gegenüber – ab und an – in allerplumpstes Vertrauen und denken Sie ständig daran, daß es weniger Mörder gibt, als man nach dem Konsum des Fernsehprogramms annehmen würde. Ich wage mich manchmal, selten genug, an diese Übung heran, und ich habe dabei immer sehr schöne Erfahrungen gemacht. Der Schaden, der mir entstand, war zumeist gering und der Gewinn, der mir zufiel, war fast immer beträchtlich. Ich weiß, daß man sich in schwachen Zeiten solche Übungen nicht zutraut und anderweitig Trost sucht, beim Hund oder bei der Religion. Ich verstehe solche Fluchtversuche, denn in sehr ängstlichen Zeiten nehme auch ich Kontakt mit dem lieben Gott auf. Aber mein Verständnis endet, wenn es ins Fundamentalistische ausartet. In Österreich leben laut Statistik schon mehr Menschen mit einem Tier zusammen als mit einem anderen Menschen.

Die Menschen flüchten nicht nur zum Hund und zur Religion, sie flüchten auch in die Kunst, in die Veranstaltungen. Die Osterfestspiele und die Sommerfestspiele und die Herbstfestspiele und die Symposien schießen ja nur so aus dem Boden. Der Weg in die Kunst, vor allem in die reproduzierende, vor allem in die musikalische, kann auch ein Fluchtweg sein. Die Tendenz, alles zu besprechen, aber kaum etwas Veränderndes zu machen, wird zum zunehmenden Ritual einer angeblich aufgeklärten Gesellschaft.

Das künstlerische Wort, dem ich mit Leidenschaft anhänge, und die wissenschaftliche Erklärung, der ich mit Neugier lausche, können auch eine Falle sein. Sie können die Verstörungen der Menschen, die Entfremdungen, die Vereinsamungen, die Kluft zwischen den Generationen richtig bezeichnen. Aber das kann uns nicht davon entbinden, zu fragen, wie sich das Gesagte zu uns selbst verhält. Wie wir uns verhalten?

Wie gesagt, die Hölle sind nicht immer nur die anderen...

(Neufassung einer Rede aus dem Jahr 1994)

In Wien hängen Plakate

Geschätzte Anwesende! Liebe Menschen!

Verzeihen Sie, wenn ich meine Lese-Minuten dazu nutze, von etwas ganz Aktuellem zu reden. Ich habe mir diese Wortmeldung hin- und herüberlegt, aber Fritz Muliar, mit dem ich an diesem Abend die Garderobe und in dieser Sache die Überzeugung teile, hat mich bestärkt.

Seit zwei Tagen hängen in Wien Plakate, affichiert von den Freiheitlichen, einer Bewegung, die von bald einem Drittel der Österreicher gewählt wird und deren Führer man als Wegbereiter des Rechtsradikalismus bezeichnen kann. Auf den Plakaten werden meine Freundin, die Dichterin Elfriede Jelinek, der Theaterdirektor Claus Peymann und engagierte Kulturpolitiker öffentlich denunziert und zum Abschuß freigegeben.

Wenn dies eine Feierstunde der österreichischen Literatur in Frankfurt ist, dann muß man auch davon reden, wie sehr diese Literatur im eigenen Lande zunehmend beschimpft und denunziert wird. Ich rede nicht von übertriebener Beurteilung literarischer Texte. Ich rede von versuchter Existenz- und Menschenvernichtung.

Ich weiß genau, wie problematisch solche Wortmeldungen sind. Sie sind in hohem Maße unzeitgemäß. Sie können als Österreich-Beschimpfung mißverstanden werden und sind doch das Gegenteil: ein Versuch, Österreich, auch sein Ansehen im Ausland, vor seinen wahren Beschimpfern zu schützen, und außerdem hätte es mir mehr Freude gemacht, Ihnen etwas Literarisches vorzulesen.

Ich danke fürs Zuhören.

(Stegreifrede, 1995)

Liebe Mörder!

Geschätzte Anwesende! Liebe Freunde!

Ich kann nicht Geburtstag feiern, den Geburtstag einer Republik, ohne daran zu denken, daß in dieser Republik Menschen leben, die andere in die Luft sprengen. Ich wende mich an diese Menschensprenger, mit dem, was mir zur Verfügung steht: mit Worten.

Liebe Mörder!

Sie sind unauffindbar und doch sind Sie neben mir, ganz und gar gegenwärtig. Wären Sie nur ein paar vereinzelte Verrückte, ich würde kein Wort an Sie verschwenden. Doch ich fürchte, es ist einer großen Anzahl von Österreichern gleichgültig oder recht, wenn wieder einmal ein paar »Zigeuner« tot auf der Erde liegen. Ich frage Ihre vielen stillen und halblauten Zustimmer, und ich frage Sie, liebe Mörder, auf die naivste Art und Weise: Was haben Sie gegen diese Menschen? Ist es die Hautfarbe, das Andersartige, welches Sie so unendlich reizt, daß Sie zu Sprengsätzen greifen? Doch bedenken Sie: das Andersartige, das in Ihren Augen so Hassenswerte, das Fremde, könnte in Ihrer eigenen Familie sein, könnte von Großeltern oder Eltern an Sie weitergegeben worden sein. Es wird nicht weniger in Ihnen, wenn Sie es an anderen Menschen verabscheuen, diese Menschen in die Luft sprengen. Sie selbst sind das Gemisch, das Sie zu vernichten trachten.

Aber vielleicht irre ich mich, vielleicht haben Sie einen anderen Grund, Menschen zu ermorden. Vielleicht hören Sie die Stimmen der anderen Menschen nicht mehr: kein Geflüster, keinen Zuruf, kein Weinen und nicht die Laute der Ausgelassenheit. Vielleicht ist alles in Ihnen taub und nur ein großer Knall, so denken Sie, kann diese Taubheit lösen. Vielleicht, so denken Sie, müssen Sie jemanden töten, damit Sie sich endlich wieder lebendig fühlen. Aber Ihre Hoffnung ist trügerisch, Ihre Sehnsucht uneinlösbar. Mit jedem Toten vermehrt sich das Tote in Ihnen. Was ein Befreiungsschrei werden sollte, wird zu einer Vermehrung der Stille. Keine Fröhlichkeit, keine bleibenden Freundschaften werden Ihnen aus dieser Tat erwachsen. Niemand wird gerne mit Ihnen reden wollen, selbst Ihre Mitmacher, die einzigen, die Ihnen noch nahe sind, müssen mit Ihnen schweigen.

Ist es nicht nur der Haß auf Menschen, ist es auch der Haß auf diesen Staat, der Sie so umtreibt? Wollen Sie anstelle dieser wankelmütigen demokratischen Einrichtungen etwas Starkes, Großes, Einmaliges setzen? Ist der Faschismus tatsächlich Ihr Ziel, denn denken Sie an das Ende des Dritten Reiches. Am Schluß war alles still, zerstückelt, getötet, auf dem Boden und unter der Erde. Das Große war kleiner denn je.

Oder haben Sie und Ihre Anhänger das Gefühl, man würde wegen vier toter Roma ein Riesenaufsehen machen, während niemand mehr von den hunderttausenden Kriegstoten redet, von Ihren gefallenen Verwandten? Zwei meiner Onkel sind als Soldaten gestorben, die Brüder meiner Mutter. In Zeitabständen nahm sie ihre Photos zur Hand, betrachtete ihre jungen Gesichter und schüttelte den Kopf. Ihre Trauer war eine stille, private. Sollten Sie es vorziehen,

Ihre Toten mit Kriegerdenkmälern und Gedenktreffen zu ehren, dann will ich versuchen, dies auszuhalten.

Liebe Mörder! Irre ich mit allen meinen Mutmaßungen über Sie? Sind Sie jung und voller Wut gegen alle, die sich viele Vorteile zu verschaffen wissen, während Sie keine haben? Hassen Sie die Bootsfahrer, die das andere Ufer erreichen und alles absperren und Sie drüben lassen ohne Arbeit, ohne Platz, ohne Wohnung? Halten Sie sich für Ausgeschlossene? Wenn das so ist, warum töten Sie jene, die wie Sie am Rande leben, am Rande der Dörfer und der Städte?

Diese Rede, liebe Mörder, ist ein Versuch, das Unfaßbare Ihres Tuns zu fassen. Da ich dies mit Worten tue, und Sie auf die Tat setzen, stehe ich ziemlich lächerlich vor Ihnen da. Ich beharre auf dieser Stellung. Letztlich bringen uns nur die Worte weiter, das Reden und nicht das Zuschlagen, das Streiten und nicht das Sprengen. Sie werden mit Ihrer Menschensprengerei nichts gewinnen, keinen neuen Menschen und keinen neuen Staat. Mit jedem, den Sie in die Luft sprengen, werden Sie ein Stück von sich selbst mitsprengen, bis Sie aufgelöst sind, verschwunden von der Erde. Egal, ob Sie in einem Gefängnis sitzen oder frei herumlaufen. Ich habe das einzige getan, was ich tun konnte, ich habe eine Rede an Sie gehalten. Reden Sie zurück!

Liebe Freunde! Liebe Anwesende!

Ich bitte Sie um Entschuldigung, daß ich meine Redezeit nicht für Sie verwendet habe, sondern für Abwesende. Ich danke Ihnen fürs Zuhören, und sollten die Abwesenden auch zugehört haben, dann danke ich auch ihnen.

(Rede, 1995)

Ein Freundschaftsdienst

Lieber Karl-Markus Gauß!

Sie kennen dieses Gefühl, welches einen befällt, wenn einen die Worte eines Menschen wirklich betreffen: Man will sofort zurücktreffen. Man vergattert und versammelt die eigenen Gedanken wie ein Abwehrbataillon, rüstet sie mit den besten Formulierungen aus, die man zur Verfügung hat, und kämpft denkend und schreibend zurück.

Doch seltsam: Je öfter ich Ihren Brief las, desto weniger hatte ich das Gefühl, daß ich mich gegen Sie wehren muß. Es ist die Offenheit Ihres Briefes, die mich dazu gebracht hat, mein eigenes Denken zu öffnen. Ich mußte mich nicht mehr gegen Sie wehren, ich konnte über mich nachdenken.

Es ist ein Satz in Ihrem Brief, der diesen Vorgang in besonderem Maße befördert hat. Er lautet: »Nicht nur die Mörder von Oberwart sind Österreicher, auch die ermordeten Roma sind es.« Diese ermordeten Roma sind mir plötzlich in vielerlei Gestalt wieder nahegekommen. In der Gestalt meines italienischen Vaters, der nicht ermordet, aber von den Dorfbewohnern verachtet wurde, über Jahre, bis er an dieser Verachtung viel zu jung starb. In der Gestalt eines versoffenen Bibliothekars, der im Zustande seiner Volltrunkenheit gegen die Dorfnazis redete, bis sie ihm auf den Kopf hauten. In Gestalt der »Roten«, die in Baracken am Dorfrand lebten und über die man nur Schlechtes redete. In Gestalt des Franze Kogler, den die allergrößte Abrakkerei und Mitsauferei nicht vom Odium des »Anderen« und Fremden befreien konnte. Die Gestalt des Gerhard Lampersberg, der die wunderschönsten Orgelkonzerte spielte und für die Dorfbewohner doch nur ein »Warmer« war. Ihr Brief hat mich darauf gebracht, wie sehr ich all diese Gestalten auf meine Flucht mitgenommen habe. Wie sehr ich sie außer Landes in Sicherheit gebracht habe. Wie sehr sie alle, die in Wahrheit Bewohner dieses Landes waren und sind, Bewohner meiner Phantasie, einer völlig landlosen, waren. Wenn ich fortan von Österreich redete, dann waren immer die Dorfbewohner gemeint, nie mein Vater, nie der Bibliothekar, nie der Franze Kogler. Sie hatten mit mir das Reich der Literatur erreicht, und das hieß nicht Österreich. Ich muß lernen, diese Menschen bei sich zu beheimaten und nicht bei mir. Ich muß lernen, daß im Gasthaus meines Dorfes heute die Enkel jener Bauern sitzen, vor denen ich mich damals so sehr fürchtete.

Lieber Karl-Markus Gauß, Sie haben mir einen großen Freundschaftsdienst erwiesen. Sie haben ein Loch in mein bisheriges Denken gegraben. Sie haben aufgewühlt, was ich planiert und geordnet hatte. Dieses Planieren hat zu meiner Sicherheit beigetragen, aber nicht unbedingt zur Wahrheit. Erhalten Sie mir diese Art von Freundschaft!

(Brief, 1996)

Die Welt und ein Wiener Eisenhändler

Ich empfehle Ihnen, das Buch »Die Globalisierungsfalle« von Harald Schumann und Hans-Peter Martin dreimal zu lesen. Und dies aus sehr persönlichen Gründen: Bei der ersten Lektüre dieses Buches fühlte ich mich schlicht und einfach erschlagen. Da haben zwei journalistische Fieberköpfe das Gesamte dieser Welt zum Thema eines Buches gemacht, alles zusammengetragen, was zwischen Rio de Janeiro, Eitorf bei Bonn und Tokio schreckliche Sache ist. Sie haben – sozusagen – das Sachbuch aller Sachbücher geschrieben.

Theaterdichter wie ich üben ja ein gegensätzliches Gewerbe aus: Sie schürfen wie Archäologen im Inneren einer Figur oder von zweien oder dreien. Bei Theaterstücken mit mehr als zehn Personen verliere ich leicht den Überblick.

Ein Buch, welches den Zustand der Welt und der auf ihr vorkommenden Gesamtbevölkerung beschreibt, ist für mich ein aberwitziges Unternehmen.

Als Sympathisant von aberwitzigen Unternehmungen habe ich das Buch noch einmal gelesen. Es lösten sich aus dem Übermaß von Fakten und Dingen und Menschen einzelne Figuren, die ich mir vorstellen konnte: Ein Elektriker aus Mexiko City, der in seinem Beruf immer besser und besser wird und sich plötzlich als Bettler auf der Straße wiederfindet. Ein Geldmensch aus New York, der in Sekundenschnelle das Finanzgefüge ganzer Länder durcheinanderbringt, und doch nur das Ersparte von Großmüttern vermehren will. Ein Experte der Wirtschaft, der ein Rundschreiben in die Welt schickt und alles widerruft, was er bisher erklärt hat. Der Lenker eines Konzerns, der mit der Kraft eines Titanen immer kleinere Löhne für seine Arbeiter erzwingt. Der Oberste der Vereinten Nationen, der nachdenklich und melancholisch vor seinem Interviewer sitzt und auch nicht so recht weiß, was er zu dem Ganzen sagen soll. Ich erinnerte mich an mittelalterliche Dramen, welche das Weltenganze im Menschenmaß vorführten, vom Bürger, Bauern, Bettelmann und vom König, Ritter, Edelmann erzählten. Ich entdeckte das Dichterische in diesem journalistischen Wahnsinnsunternehmen.

Beim dritten Lesen fand ich, was ich in der Dichterei am liebsten finde: die maßlose Übertreibung, die leidenschaftliche Einseitigkeit, das glühende Pamphlet, welche ich allesamt für Hervorbringungen der radikalen Menschenliebe halte. Nur Zyniker bleiben, angesichts dessen, was in der Welt Sache ist, sachlich.

Wir bewegen uns, schreiben die journalistisch-dichterischen Fieberköpfe in der Quintessenz ihres Buches, auf eine Welt zu, in der zwanzig Prozent alles haben und achtzig Prozent nichts oder fast nichts mehr, vor allem keine Arbeit. Für diese Habenichtse planen die Habenden das sogenannte »Tititainment«, ein Wort, welches sich aus zwei Wörtern zusammensetzt: aus »Tits« (Titten) und »Entertainment« (Unterhaltung). Achtzig Prozent der Weltbevölkerung sollen ein bißchen was zum Saugen kriegen und viel zum Schauen haben.

Gegen diese mögliche neue Welt setzen die beiden einen flammenden Aufruf, eine kämpferische Denkschrift, ohne jedoch die klassischen Methoden der Revolution in Anwendung bringen zu wollen: Sie wollen die Erfinder dieser perversen Idee, die Gewinnler dieses grausamen Spiels nicht am Laternenpfahl hängen sehen, sie wollen die Erleuchtung in ihre Köpfe bringen. Sie setzen auf die Macht der Vernunft, sie appellieren an die Einsicht der Machthaber, sie erwünschen die Solidarität der Entrechteten, sie pochen auf den Bürgersinn des untergehenden Mittelstandes, sie fordern staatliche Maßnahmen gegen grenzenloses Wirtschaften und vieles mehr.

Ich persönlich setze zusätzlich auf die Wirkung des Ungemütlichen. Es kann nicht angenehm sein, mit wenigen Gleichgesinnten und Gleichvermögenden in der Luxusklasse eines Schiffes zu sitzen, während diejenigen, die nichts oder nur noch ein paar Sparbücher oder silberne Kerzenleuchter haben, zuhauf bei den Fenstern hereinschauen.

In der Kleinstadt Retz an der österreichisch-tschechischen Grenze, in der ich wohne, wurde den sechs städtischen Briefträgern gerade mitgeteilt, daß vier von ihnen demnächst überflüssig werden. Die anfallende Post werde man größtenteils von Teilzeitjobbern und Studenten austragen lassen. Einer der betroffenen Briefträger, kein junger mehr, hat mir erzählt, er werde ein mittleres Verbrechen begehen, um ins Gefängnis zu kommen, dann müsse der Staat zumindest für seine Unterkunft und sein Essen sorgen. In Hollabrunn, der nächst gelegenen Stadt, baut sich ein Gewinnler der Grenzöffnung eine riesige Villa mit

Gegensprechanlage, Überwachungskameras, einer hohen Umfassungsmauer, und davor stehen dann Leibwächter. Der Unterschied zwischen einem österreichischen Drecksgefängnis und einer Hollabrunner Nobelvilla ist beträchtlich, aber gefangen sind sie beide: der Verlierer und der Gewinner.

Alle flüchten, jeder nach seinen Möglichkeiten. Es ist, als wäre die Welt, in der man lebt und arbeitet, Gutes oder Schlechtes tut, aufbaut oder zerstört, betrügt oder erleidet, ein verlorener Ort, ein aufgegebenes Terrain, moralisch und politisch aufgegeben. Nur die Enklave, in die man flüchtet, zählt. Alles wird privatisiert, selbst das Gewissen. Kein Wunder, daß sich die Verantwortlichen, die Täter, für unschuldige Menschen halten. Wie schön, daß dieses Buch gegen dieses Flüchten anschreibt.

Noch eine Geschichte zum Abschluß: Vor einigen Jahren traf ich einen Wiener Eisenhändler, der in seinem Garten einen Atombunker baute. Er glaubte, daß die Welt verloren sei, daß der Atomkrieg auf jeden Fall kommen werde. Sein ganzes Geld steckte er in diesen Bunker, ständig brachte er ihn auf den neuesten Stand der Bunkererrungenschaften. Immer wieder wechselte er die Vorräte aus und wartete. Mit der Zeit fürchtete er sich nicht mehr vor dem Eintreffen, sondern vor dem Ausbleiben der Katastrophe.

Solche Geschichten stärken mein Gemüt gegen den Fatalismus der Geschichte. Wie wir wissen, wartet der Wiener Eisenhändler noch immer.

(Artikel, 1996)

Ein Fressen für die Leser

Ich werde in der »Kronen Zeitung« in unregelmäßigen Abständen vorgeführt. Die Vorführung erfolgt zumeist gruppenweise: es ist von »Hrdlicka, Jelinek, Peymann, Turrini und Konsorten« die Rede. Von »subventionierten Österreichbeschimpfern«, von »Ostküstensympathisanten«, von »Linkslinken und stalinistischen Auftragskünstlern«, die ihren Judaslohn vorwiegend »zum Branntweiner« tragen. Manchmal wird einer aus der Konsortenreihe zum »Häfenpoeten« ernannt, und die anderen zu seinen Geistesbrüdern. Im Klartext heißt das: diese Künstler rauben den Staat aus, beschimpfen ihn dafür, sind ständig besoffen, rassisch nicht einwandfrei und haben einen Hang zum Kriminellen. Eine Auseinandersetzung mit unseren Werken und unseren Argumenten findet nicht statt.

Ich denke, das hat Methode: Man ächtet bestimmte Menschen und Menschengruppen und wirft sie den eigenen Lesern zum Fraße vor. Die Arbeiter, die Kleinbürger, die Mittelständler sind die Verlierer der rapiden Veränderungen. Sie sind real bedroht und sollen sich doch keineswegs gegen ihre Bedroher richten. Sie verlieren ihre Arbeit, ihre Identität, ihre gewohnte Umgebung und suchen einen Schuldigen. Sie brauchen jemanden, an dem sie ihren Frust, ihre Verzweiflung dingfest machen können. Die »Kronen Zeitung« bietet ihnen etwas: Ausländer, Juden, Sozialschmarotzer, Künstler. Man braucht nicht nachzudenken, sondern nur zuzugreifen.

Ich glaube nicht, daß die meisten Redakteure der »Kronen Zeitung« diese Methode in Übereinstimmung mit sich selbst betreiben. Sie wollen überleben und erfüllen den Geist ihres Herrn. In privaten Begegnungen äußern sie durchaus Sympathien für den einen oder anderen von uns. Das macht die Sache nicht weniger dreckig.

(Artikel, 1996)

Maßlos übertrieben

Sehr geehrter Herr!

Sie schreiben mir, ich würde in meinen Reden und Stükken maßlos übertreiben. Lassen Sie mich dazu ein paar Worte sagen.

Meine Generation hat ihre Ideen am vehementesten in den Endsechzigern formuliert, die Idee der Freiheit und die Idee der Freizügigkeit. Unter Freiheit verstanden wir die Befreiung von einem Staatswesen, welches wir als durch und durch verlogen verachteten. Zwar hatte man sich nach dem Jahre 45 mit dem Mäntelchen der Demokratie bekleidet, man hatte den Stahlhelm mit dem zivilen Hut getauscht, aber das hielten wir für eine Maskerade und nicht für ein neues Denken. Unter dem Deckmantel der Demokratie lebte das Diktatorische, das Faschistische fort, und unser Ruf nach Freiheit zielte auf die Zerstörung dieses Widerspruches ab. Wir wollten eine wahre Demokratie, keine maskierte, keine vorgegebene, keine verlogene. Wir wollten ein anderes Land.

Was ich über das Politische soeben sagte, galt ebenso für das Moralische. Eine Elterngeneration, die uns Anstand und Ehe als Tugenden vorsetzte und die gerade von den Schlachtbänken des Zweiten Weltkrieges gekommen war, schien uns auch moralisch höchst unglaubwürdig. Wie sollten wir denen etwas von der Liebe glauben, da sie gerade den Tod im Übermaße organisiert hatten. Wir forderten also eine andere Form der Liebe, eine freizügige, eine von keiner Ordnung begrenzte, eine, die sich nicht in ehelicher Zweisamkeit, sondern in grenzenloser Verliebtheit manifestieren sollte. Und wenn diese zu Ende war, dann sollte auch die Beziehung zu Ende sein. Keiner sollte mehr dem anderen auf Dauer gehören, jeder sollte sich dem anderen schenken können, für die Zeit und die Dauer der wahren Liebe.

Aus dieser Idee der Freizügigkeit ist ein industrielles Monster entstanden, das Jahrhundert des Fleisches, was sich als nackte Fröhlichkeit in unseren Phantasien manifestierte, kehrte als verkäufliches, nacktes Fleisch auf Plakatwänden wieder. Was sich als hingebungsvolle Liebe, als Verschenken an den anderen, vielleicht auch an mehrere andere, in unseren Sehnsüchten und manchmal in unserer etwas kindlichen und naiven Praxis abspielte, war plötzlich als industriell gefertigte Pornographie zu kaufen. Was als unschuldige Nacktheit auf Badestränden begann, hing plötzlich als millionenfaches Titelbild an allen Kiosken. Ein Traum war in tausend Scherben zerbrochen, und aus tausend Scherben entstanden tausend Waren und Produkte, aus allem wurde Kommerz, die völlige Vermarktung der Liebe.

Solche Dinge, solche Erfahrungen prägen eine Generation und prägen natürlich die ästhetische Widerspiegelung dieser Generation auf dem Theater. Alle unsere Stücke, alle unsere Bücher, kündigten vom geschändeten und verkaufbaren Menschen, von seiner Degradierung zur Ware, zum Fleisch, zum abgepackten Teil, zum Ersatzteil. Keine Empörung kommt ohne Übertreibung aus, und deshalb mögen Ihnen viele unserer Werke in der Tendenz richtig, in der Methode maßlos übertrieben erscheinen. Und vielleicht haben Sie sogar recht mit Ihrer Argumentation. Aber niemand kann einer Empörung, einer Verzweiflung ein Maß vorschreiben, denn sonst wäre es ja keine Empörung und keine Verzweiflung, sondern ein vernünftiges Dagegenhalten.

(Brief, 1997)

Die Frage nach der Gerechtigkeit

Natürlich freut es mich, wenn es in den ehemals sozialistischen Ländern demokratische Strukturen gibt oder solche entstehen. Aber ich glaube nicht, daß eine Demokratie viel wert oder von Bestand ist, wenn sie die Grundbedürfnisse der einfachen Menschen, ich meine die materiellen Grundbedürfnisse, nicht decken kann. Ich glaube, daß Armut, Elend, Ungerechtigkeit auch den Charakter der Menschen zerstören. Ein Leben in Freiheit und Demokratie ist erst möglich, wenn es ein Überleben im materiellen Sinne gibt. Ich weiß, daß es einzelne Menschen gibt, die trotz größter materieller Not in den ehemals sozialistischen Ländern Heroisches, Großartiges leisten. Aber ich weiß, daß auch viele ihre Kraft und ihren Mut verlieren. Ich glaube auch, daß der Westen zu vermehrter Hilfe aufgefordert ist. Vierzig Jahre lang hat man hier die kommunistischen Systeme verdammt, die Menschen bedauert, die in ihnen leben müssen, jetzt ist diese politische Phase zu Ende, und es scheint, als wäre der Westen an den Menschen aus diesen Ländern nicht sonderlich interessiert. Es werden hohe Zäune um den mitteleuropäischen Reichtum gezogen. Und dies ist eine neue Form der Aussperrung, der Mißachtung. Ich glaube auch, daß der Westen viel vom Osten lernen kann, daß es in kommunistischen Zeitungen nicht nur Untugenden, sondern auch Tugenden gab. Es ist einfach nicht wahr, daß der Geist in der kommunistischen Zeit gestorben ist. Im Gegenteil, er hat sich auch unter Schwierigkeiten behauptet. Von diesem Geist kann der Westen profitieren, von der Geduld der Menschen, von ihrer Neugier, auch von ihrem anderen Zeitgefühl. Ich habe oft den Eindruck, daß der Westen von seiner eigenen Geschwindigkeit aufgefressen wird, geistig aufgefressen wird. Und daß dieses andere Zeitgefühl, das viele Menschen in sozialistischen Ländern haben, ein Geschenk, eine Bereicherung für den

Westen wäre. Der Westen versperrt sich vor dem Osten, und der Osten übernimmt zu viel vom Westen. Das Ziel der Freiheit kann es nicht sein, eine brutal kapitalistische Gesellschaft im Osten entstehen zu lassen, das wäre nur die Freiheit des Marktes. Und mit ihr alle Ungerechtigkeit, alle Menschenverachtung, die diesem Markt auch anhaftet. Ich plädiere für eine Koalition der Intelligenz, für diese Koalition kann der Osten viel einbringen.

Ja, es stimmt. Ich bin und bleibe ein Linker, weil mich die Frage nach der Gerechtigkeit immer am meisten interessiert hat. Ich kann nicht in Zufriedenheit in der ersten Klasse fahren, wenn ich weiß, daß viele Menschen in der zweiten Klasse sitzen. Zum Marxismus habe ich in den sechziger Jahren gefunden, wie ein Großteil meiner Generation, und bin durch alle Enttäuschungen gegangen, wie ein Großteil meiner Generation. Offensichtlich haben wir vieles durch die Brille unserer Wünsche gesehen und unangenehme Realitäten verdeckt. Aber für meine Situation in Österreich hat das wenig Bedeutung. Ob der reale Kommunismus die Menschen betrogen hat, mehr oder weniger ausgebeutet hat, wieviel Schlechtes er ihnen gebracht hat und wieviel Gutes es in ihm auch gegeben hat, das ist für einen österreichischen Schriftsteller sekundär. Hier erlebe ich die konkrete Ausbeutung, die tatsächliche Ungerechtigkeit, die Zunahme von Reichtum auf der einen und von Armut auf der anderen Seite, die Arbeitslosigkeit, die junge Generationen hoffnungslos macht. Ich werde mich gegen diese Dinge immer mit den Mitteln der Sprache wenden, ob es nun eine organisierte österreichische Arbeiterklasse gibt oder nicht. Natürlich gibt es sie als soziale Klasse, sie sind lohnabhängig, arbeiten und verlieren zunehmend soziale Sicherheiten. Das gilt in besonderem Maße für die Ausländer, die in Österreich arbeiten.

(Brief, 1998)

Künstler an der Macht

Herr Haider, erzählt seine Schwester, wollte um alles in der Welt Schauspieler werden. Er habe tagelang Rollen geübt und sich so sehr nach einem Bühnenauftritt gesehnt. Herr Prinzhorn, von Haider für ein Ministeramt vorgesehen, liest im kleinen Kreise seine Gedichte vor. Herr Mölzer, Chefideologe der Haiderpartei, publiziert Romane. Herr Westenthaler, Fraktionschef der Haiderpartei, stellt seine Aquarelle in einer Galerie in Simmering aus. Herr Sichrovsky, Europaabgeordneter der Haiderpartei, schreibt Theaterstücke. Herr Morak, Staatssekretär für Kultur in der neuen Regierung, spielt Theater und ist Popsänger. Herr Schüssel, Bundeskanzler, spielt Klavier ... Künstler an der Macht!

Am Anfang jeder Künstlerkarriere steht die Machtlosigkeit. Künstler sind Menschen, die eine ästhetische Behauptung in die Welt setzen, auf welche die Welt keineswegs gewartet hat. Auf diese Abweisung reagieren die meisten Künstler mit einer Verstärkung ihrer Behauptung, mit Größenwahn. Zu Beginn des 20. Jahrhunderts war die Situation von Oskar Kokoschka und Adolf Hitler ziemlich ähnlich: der eine versuchte seine Ölbilder in Wiener Kaffeehäusern zu verkaufen, der andere seine Aquarelle in einem Männerheim. Beide verkauften nichts und träumten davon, große Künstler zu werden.

Wir alle sind Kunsttraumträumer, unabhängig davon, ob wir ein Talent haben oder nicht. Jeder, der einen Satz bilden kann, einen Pinsel in der Hand halten kann, verewigt sich auf dem Papier, pinselt auf die Leinwand, in der Hoffnung, eine unsterbliche Einmaligkeit von sich gegeben zu haben. Jeder Journalist dieses Landes bündelt sein Tagesgeschwätz zwischen zwei Buchdeckel, mit der Sehnsucht, es möge Ewigkeiten überdauern. Das Wiener Bürgertum, und nicht nur dieses, prügelt seine Kinder in den

Klavierunterricht und wünscht sich nichts sehnlicher als kleine Mozarts und Schuberts. Jeder Zeitungsherausgeber, der es sich leisten kann, bezahlt einen versoffenen amerikanischen Schriftsteller und läßt sich von ihm in die Literatur tragen. Jeder Fernsehredakteur zwängt seinen Namen zwischen die Titel des Filmabspanns, auch wenn er nicht mehr war als der Geldbote zwischen Fernsehanstalt und Filmproduktion. Jeder Verlagslektor hämmert seine längst überholten Deutschkenntnisse in das vorgelegte Manuskript, er möchte wenigstens ein paar Schnittwunden in den Leib des Schreibers ritzen. Jeder Politiker faßt die Summe seiner Verbrechen, seiner Unfähigkeiten, seiner Bestechungen, in Memoiren zusammen und verweist sich damit selbst in die Unsterblichkeit. Jeder Kleingartenbesitzer hofft, daß wenigstens der Gartenzwerg über ihn hinausragen wird, wenn er, der Kleingartenbesitzer, dereinst unter der Erde liegt. Und das ist gut so.

Wir werden Künstler, wir träumen den Kunsttraum, weil wir nicht verrecken wollen, weil wir Angst haben, der Grabstein, der unseren Namen trägt, könnte umfallen und seine glatte und namenlose Rückseite zeigen, in alle Ewigkeit. Wenn nichts von uns übrigbleibt, muß Kunst von uns übrigbleiben, und wenn nichts eigenes hervorgebracht wurde, dann muß der Mensch der Kunst zumindest nahe gewesen sein. Jeder Museumswärter fühlt sich bedeutender, der Unsterblichkeit näher, als der Bewacher einer städtischen Kläranlage.

Ich habe tiefstes Verständnis für diesen Mechanismus, ich halte ihn sogar für eine Notwendigkeit: Seit uns der liebe Gott keine Aussicht mehr auf Unsterblichkeit garantieren kann, seit der demokratische Gedanke allen Bedeutung verleiht und nicht nur den Gekrönten, sind wir auch gleichberechtigt im Anspruch auf das Ewige. Jeder darf sich selbst unsterblich machen, auch wenn es nur die Freunde und die Familie glauben. Es gibt keinen Unterschied zwischen der Statue der Pallas Athene und einem Gartenzwerg aus Großgöpfritz, außer einem qualitativen. Die Sehnsucht, der Kunsttraum, der hinter beiden steckt, ist der nämliche.

Wehe uns allen, wenn dieser Kunsttraum platzt, wenn der Kunstträumer sein ganzes Unvermögen erkennt, wenn er seine Erfolglosigkeit einsehen muß, wenn er seinem eigenen Untalent, seinem Halbtalent, ins Angesicht blicken muß. Seine Enttäuschung, sein Zorn, seine Angst vor dem Nichts und die daraus resultierende Paranoia, seine Rache sind unermeßlich. Es gibt keine größere Rache als die des Halbtalents, keine größere Strafe als die des Untalentierten am Talentierten, des Erwachten am Träumenden: Alle Kunstrichter agieren aus dieser Kränkung. Nachdem Adolf Hitler, der größte Kunstträumer, bei der Aufnahmeprüfung in die Wiener Kunstakademie durchgefallen war, vernichtete er später die halbe Welt, damit kein Kunsttraum mehr überleben sollte. Als er in Wien einmarschierte, ließ er zuallererst die Protokolle der Kunstakademie vernichten, in denen sein Scheitern verzeichnet war. Als Joseph Goebbels erkennen mußte, daß seine eher linken Stücke an den Theatern unanbringbar waren, entwickelte er Verschwörungstheorien und ging zu den Nazis. Als es Jörg Haider nicht gelang, ein Engagement am Linzer Landestheater oder am Stadttheater Klagenfurt zu bekommen, erkor er das ganze Land, ja die ganze Welt zu seiner Bühne. Als Herr Mölzer seine verschwitzte Männerprosa bei keinem Verlag, sondern nur im Selbstverlag herausbringen konnte, wurde er Haiders Kulturberater. Die Lust, sich an seinen erfolgreicheren Kollegen zu rächen, ist ihm anzusehen, und die österreichische Presse wird seiner Lust keine Grenzen setzen. Peter Sichrovsky, der sich bei Claus Peymann als Burgtheaterautor andiente und abgewiesen wurde, forderte daraufhin die Öffentlichkeit auf, das Burgtheater anläßlich der Uraufführung von Bernhards »Heldenplatz« zu stürmen. Welche Autoren sollen jetzt, mit der Staatsmacht im Hintergrund, gestürmt werden? Und Franz Morak, der talentierteste und tragischste von allen, der mit amtslastender Miene dreinschaut und doch bald ein Leihpolitiker auf Faschingsfesten sein wird? Und der ausgeträumte Schüssel?

Untalente, Halbtalente, Dreivierteltalente und Talent-verräter, jetzt sind sie an der Macht, echte Staatskünstler. Jetzt können sie ihr gekränktes Künstlerego, ihren zurück-gestauten Narzißmus, ihr kleingewordenes Künstlerselbst-bewußtsein endlich wieder aufrichten, ins Monumentale erhöhen, mit dem Staatssockel unter den Füßen in den Himmel ragen: frei für den Taubenschiß.

(Essay, 2000)

Ich bin ein Österreich-Vernaderer

Meine Damen und Herren!

Ich danke Ihnen für diesen Preis und für die lobenden Worte, die ihn begleiten. Ich versuche in meiner Literatur und in meinem Leben das Einordnen und das Verdächtigen von Menschen immer geringer zu halten, weil mir zuneh-mend auffällt, wie uns das böse Bild, das wir vom anderen malen, selbst häßlicher macht. Wir unterstellen dem ande-ren die ungeheuerlichsten Dinge und nehmen dabei selbst die Züge eines Ungeheuers an. Wir haben einen enormen Einfallsreichtum beim Aufzählen dessen, wer und was uns alles verletzt und gedemütigt hat, aber beim Beschreiben je-ner Dinge, die wir anderen angetan haben, gehen uns schnell die Worte aus. Die Hölle sind nur die anderen, und der Gedanke, wir könnten nicht allein Erdulder, sondern auch Entfacher dieser Hölle sein, fällt uns so schwer.

Was für Beziehungen zwischen den Menschen gilt, gilt auch für jene zwischen den Staaten. Dieses Land sieht sich derzeit in der Rolle der verfolgten Unschuld; ein Nachdenken darüber, ob es auch eine Täterschaft gibt, findet kaum statt. Alle starren auf die Sanktionen, ich starre mit, aber je länger ich starre, desto weniger sehe ich: Daß ein österreichischer Botschafter mit einer Königin nicht abschiedsessen darf, nehme ich nicht persönlich. Daß österreichische Geschäftsleute wegen der Sanktionen schlechtere Geschäfte machen, glaube ich nicht; Geschäfte funktionieren immer außerhalb der Moral, besonders der politischen. Daß eine österreichische Schulklasse ins Ausland eingeladen und dann wieder ausgeladen wird, finde ich schlimm. Aber die Art und Weise, wie österreichische Polizisten mit Schwarzen umgehen, die in unser Land kommen, finde ich ungleich schlimmer. Sie sehen, ich bin ein Österreich-Vernaderer.

Meine Damen und Herren von der Jury: Daß Sie – in Zeiten wie diesen – einem aus Kärnten stammenden Schriftsteller einen steirischen Literaturpreis verleihen, zeigt ein feines Gefühl für Dramaturgie. Ich danke Ihnen dafür und für das Geld, das mit dem Preis verbunden ist. Ich habe es mit einer jungen Autorin geteilt. Sie, eine noch Unbekannte, dankt Ihnen auch.

(Rede, 2000)

Wir, die Barbaren

Geschätzte Zuhörer!

Mein Diskussionsbeitrag ist eher religiöser Natur, er handelt von einer neuen Religion, einer äußerst erfolgreichen. Die alte Religion in diesem Lande, die christlich-katholische, gerät zunehmend ins Hintertreffen. Sie muß, um im Religions-Ranking nicht völlig abzustürzen, immer neue Events, wie beispielsweise »Die lange Nacht der Kirchen«, oder Skandale produzieren, wie jenen in St. Pölten. Wenn Manfred Deix zwei Monate lang keinen Priester beim Zungenkuß mit einem Alumnen zeichnet, gerät sie beinahe in Vergessenheit.

Nicht so die neue Religion. Ihre Geschichte gleicht in den letzten Jahren einem einzigen Triumphzug. Der Beginn dieser Entwicklung läßt sich historisch einigermaßen genau datieren: er fällt zusammen mit dem Untergang der sozialistischen Länder, des Sozialismus schlechthin. Bis zu diesem Zeitpunkt war diese neue Religion, von der ich hier rede, noch keine solche, sondern eine politische und vor allem wirtschaftliche Ideologie. Sie stand mit der sozialistischen Ideologie im Wettstreit, und es ist das Wesen eines Wettstreites, daß man Argumente vorbringen muß. Ich weine den sozialistischen Ländern hiermit eine Träne nach, denn wenn sie zu nichts anderem gut waren, dann waren sie es zu dem einen: sie zwangen die kapitalistische Ideologie zum Argument, sie hinderten sie an der unwidersprochenen Verkündigung.

Seit diese Auseinandersetzung eindeutig zugunsten der kapitalistischen Ideologie ausgegangen ist, hörte diese auf, eine solche zu sein, und wurde zur allein seligmachenden Religion. Sie argumentierte nicht mehr, sie dogmatisierte, sie verkündete.

Das oberste Dogma, sozusagen der erste Verkündigungssatz dieser neuen Religion lautet: »Geht es der Wirtschaft gut, so geht es allen gut.« Dieser Glaubenssatz wird vom ORF, einer Art Ashram der neuen Religion, tagtäglich verkündet. Der erste Teil dieses Konditionalsatzes ist ja auch wahr. Der Wirtschaft, oder genauer gesagt, ihren führenden Betreibern, geht es gut.

Mit der Erhebung dieser neuen Religion zur Staatsreligion unter Wolfgang Schüssel läßt sich dieses Wohlbefinden in Zahlen ausdrücken: in den letzten zehn Jahren sind die Gagen der Manager um mehr als das Hundertfache im Vergleich zu den Mindestlöhnen von Arbeitern oder gar Arbeiterinnen gestiegen. Diese Steigerung stellt nicht die Ausnahme, sie stellt die Regel dar. Solche Gagen werden bezahlt, weil die Gewinne der Firmeneigner in noch wesentlich größerem Maße gestiegen sind. 80 Prozent des Aktienkapitals befinden sich in Österreich derzeit in der Hand von zwölf Familien. Immer mehr Grundbesitz sammelt sich in der Hand von immer wenigeren an. 66 000 Mitglieder zählt in Österreich derzeit der Club der Auserwählten, der vielfachen Euromillionäre. Der allseits bekannte Satz »Die Reichen werden immer reicher« läßt sich nur noch durch ein Eigenschaftswort aus der Sportsprache erweitern: sie werden es immer rasanter.

Der zweite Teil des Verkündigungssatzes »Geht es der Wirtschaft gut, so geht es allen gut«, also die Feststellung, daß das Wohlbefinden von wenigen zum Wohlergehen aller führt, ist schlicht und einfach unwahr. Der Anteil der Löhne von Arbeitern und Arbeiterinnen am Volkseinkommen ist in den letzten zehn Jahren von 71 auf 58 Prozent gesunken. Laut jüngster Statistik gibt es in Österreich 475 000 Menschen, die von akuter Armut betroffen sind. Ihre Zahl ist in den letzten drei Jahren nicht kontinuierlich gestiegen, in gleichen Prozentsätzen, sondern dramatisch. Also rasant.

Ich finde es interessant, darüber nachzudenken, wie ein unwahrer Satz, den man bestenfalls als ideologische Zweckbehauptung qualifizieren kann, es schaffen konnte, sich in die Sphäre der unwidersprechbaren Verkündigung zu erheben. Warum glauben so viele Menschen an diese Lüge?

Wenn Sprache Bewußtsein schafft, dann schafft die Reduzierung von Sprache ein reduziertes Bewußtsein. Ist Ihnen aufgefallen, wie nachhaltig das Wort »Arbeiterklasse« aus unserem Sprachgebrauch verschwunden ist? Und mit dem Wort sind die Menschen, die es bezeichnet, verschwunden. Ihre Forderungen, ihre Nöte interessieren nicht mehr. Man will nichts mehr von ihnen wissen, es sei denn, das Abflußrohr ist verstopft oder die Wohnung soll billig renoviert werden. Die Arbeiter sind in den letzten Jahren ununterbrochen verdächtigt worden: der Faulenzerei, der Lohntreiberei, der Sozialschmarotzerei. Heute macht in vielen Betrieben die halbe Belegschaft die doppelte Arbeit, für weniger Geld. Dies war das Ziel und ist das Ergebnis einer über Jahre gehenden sprachlichen Denunzierung.

Ein paar Sätze, die ich in den letzten Tagen in der Umgebung von Salzburg aufgeschnappt habe, die man gleichwohl überall zu hören bekommen könnte: »Keiner will etwas leisten, alle wollen nur verdienen«, »Heutzutage fährt ja schon jeder Prolet einen Mercedes«, »Das Personal wird immer frecher«, oder, wie es Herr Andreas Kohl, ein hoher Würdenträger der neuen Religion, mit zwei Worten so trefflich auf den Punkt gebracht hat: »Rote G'frieser.« Da ist der Satz vom Ungeziefer, das man vertilgen muß, nicht mehr weit.

Selbstverständlich gibt es die Ausnahme von der Regel: Ab und zu hört man von einer Putzfrau, die einer Perle gleiche, oder von einem besonders tüchtigen Polen, der für wenige Euro Tag und Nacht schufte. Auch die Nazis hatten ihren sympathischen Juden.

Die österreichische Sozialdemokratie weiß um die Irrationalität, um die Unmenschlichkeit dieser neuen Religion Bescheid. Sie verhält sich wie ein Familienmitglied, welches beim Familientreffen bestimmte Dinge lieber nicht sagt, um den Familienfrieden nicht zu stören. Gut erzogen lächeln die österreichischen Sozialdemokraten in den gemischten Gremien vor sich hin und werden erst wieder rabiat, wenn sie unter ihresgleichen sind.

Die neue Religion verfügt nicht nur über Dogmen, sie verfügt selbstverständlich auch über Gebote. Die wichtigsten heißen: »Sei mobil!« und »Sei flexibel!« Wer ihnen nicht nachkommen kann oder will, ist ein Sünder und soll sich schuldig fühlen. Darum geht es dieser Religion, wie allen Religionen: um Schuld und Schuldgefühle.

Wer ein Lohnempfänger ist, mußte sich in den letzten Jahren als Dauersünder empfinden und ständig Schuldgefühle haben, denn er war ein Verursacher von Lohnnebenkosten. Dieses Wort hat einen eindeutigen Inhalt bekommen: Lohnnebenkosten sind etwas Übles, für die Unternehmer Unzumutbares, dringend zu Reduzierendes. Wenn dies nicht alsbald geschieht, werden wir alle im Unglück enden. Ununterbrochen höre ich das Wort »Lohnnebenkosten«, lese in der Zeitung Vorschläge zu ihrer Verminderung, zu ihrer nachhaltigen Senkung. Das Haupt des Lohnempfängers und Lohnnebenkostenverursachers senkt sich mit. Das ist die tägliche Verkündigung zur Vermehrung der Schuldgefühle, und auch sie erfolgt über die Sprache der Denunziation.

Worüber Sprachlosigkeit herrscht, wovon ich nichts oder nur höchst selten lese, das sind die Gewinn-Nebenverschiebungen von jenen Millionen und Milliarden, welche größere Unternehmungen an der Versteuerung vorbei ins Ausland verschieben. Das sind, nach sehr vorsichtigen Schätzungen, jährlich fünf Milliarden Euro, nach alter Währung ca. 70 Milliarden Schilling. Aber auch Gewinne, die deklariert werden, werden von Großunternehmungen, von Konzernen, nicht versteuert. So beziffert (inoffiziell) eines der größten Wiener Finanzämter den Stand seiner uneinbringlichen Forderungen auf zehn Milliarden Euro. Auf meine Frage, warum es hier keine gerichtliche Verfolgung gibt, bekomme ich die (inoffizielle) Antwort, die Akten würden »nach oben« gehen und dort entschwinden. Dieser liturgische Vorgang ist nicht Teil der Verkündigung.

Ein weiterer Verkündigungssatz im Dogmenrang lautet: »Weniger Staat, mehr privat.« Er bedeutet im Klartext, daß der Staat sich in die Gaunereien, in die Gesetzesbrüche der

Wirtschaft möglichst wenig einmischen soll, damit die Bevorteiligten zu noch größeren Vorteilen kommen, und daß die Benachteiligten ihr Nachsehen, ihr Unglück für selbstverschuldet, für etwas Privates halten sollen.

Diese Leistung der neuen Religion, das Unglück zu privatisieren, wenige zu erhöhen und viele zu erniedrigen, und die vielen dafür auch noch zahlen zu lassen, ist tatsächlich historisch herausragend. Ich kenne nur einen vergleichbaren Fall in der Geschichte: den Ablaßhandel von Papst Leo X. Er bereicherte sich und seinen Hofstaat über die Maßen und redete den Gläubigen ein, sie seien allesamt Sünder und könnten sich bei ihm von ihren Sünden loskaufen. Da hat die neue Religion bei der alten eine gelungene Anleihe genommen.

Ein jüngeres Beispiel für eine weitere Anleihe habe ich vor kurzem im »Kurier« gefunden. Ein Journalist fragt den Finanzminister Karl-Heinz Grasser, was denn aus der Idee geworden sei, die Sozialleistungen für Reiche zu streichen, und bekommt darauf die Antwort: das sei nach wie vor eine Idee, aber keine aktuelle. Der Minister verwies auf das Hinkünftige, im Diesseits wohl nicht mehr Realisierbare, also auf das Jenseitige.

Die neue Religion frißt ihre Kinder, auch diejenigen, welche den Geboten Folge leisten möchten: wer effizient, firmentreu, mobil und flexibel sein möchte, selbst wer bereit ist, Lohneinbußen und unbezahlte Überstunden auf sich zu nehmen, hat noch lange keinen Garantieschein für einen Arbeitsplatz. Ich will Ihnen nicht die steigenden Arbeitslosenzahlen – die rasant steigenden – vorsagen, die meisten von Ihnen kennen sie. Ich will Ihnen nur eine Erfahrung wiedergeben aus dem nördlichen Weinviertel, jener Gegend, aus der ich komme. Dort braucht man ja schon die Protektion eines Landtagsabgeordneten, um einem jungen Menschen zu einer Lehrstelle bei einem Installateur oder in einem Büro zu verhelfen.

Die neue Religion, die zutiefst heidnisch ist, frißt nicht nur ihre Kinder, sie frißt auch ihre Priester. Herr Veit Schalle, ein Hohepriester dieser Religion, von dem man fast jede Woche hören oder lesen konnte, daß unbedingt wieder tausend oder mehr Menschen zu entlassen sind, ist, so lese ich gerade, selbst überflüssig geworden.

Mein Kollege Robert Menasse, ein begnadeter Polemiker vor dem Herrn – um es in der Sprache meiner Wortmeldung auszudrücken –, hat mit seiner Salzburger Rede einen wunden Punkt getroffen. Das hat man am Aufschrei gemerkt, der ihm entgegenschallte. Er appellierte an die Vernunft der Mächtigen, indem er ihnen vorhielt, daß auch ihre Kinder und Kindeskinder in diese zerstörerische Maschine geraten könnten, daß sie die Zukunft verderben würden, und ich füge hinzu: daß sie von den Warenbergen, die sie produzieren, verschüttet werden könnten, weil immer mehr Leute immer weniger Geld haben, um diese zu kaufen.

Ich glaube nicht, daß es sich um ein Problem der Vernunft handelt. Ich glaube vielmehr, daß dieser neuen, heidnischen Religion ein großes Maß an Todessehnsucht, an Vernichtungswut innewohnt, und damit befindet sie sich in einer großen, abendländischen Tradition, aus der eines zu lernen war: was man vernichtet, kann man notfalls in veränderter und profitabler Form wieder auferstehen lassen.

Seit die nordamerikanischen Indianer hinlänglich ausgerottet sind, nehmen die Schamanenseminare extrem zu. Seit unser Essen vergiftet ist, gibt es immer mehr Bioläden. Mozart mußte aus dieser Stadt vertrieben werden, damit man auf die Idee kommen konnte, alle seine Opern hintereinander aufzuführen.

Es ist der Tod, es ist die Auslöschung, es ist die Vernichtung, welche heutzutage die größte Magie ausübt, in der Politik, in den Nachrichten, im Film, im Theater. In dieser Haltung bekommt die allerneueste Religion Konkurrenz von einer sehr alten, von einer Gruppe wahnsinnig gewordener Islamisten, die ebenfalls nur auf Auslöschung fixiert ist. Denen winken 60 Jungfrauen im Jenseits, den hiesigen die Senkung der Lohnnebenkosten.

Mit meiner vorherigen Bemerkung über Mozart bin ich endlich dort angelangt, wo ich gerade bin: in Salzburg, bei den Salzburger Festspielen. Die Salzburger Festspiele sind – in ihrem Erscheinungsbild und unabhängig von der Qualität der künstlerischen Darbietungen – ein Hochamt der neuen Religion. Sie sind eine Textil-, Tuttl- und Talmishow der Gebenedeiten, und ich habe dagegen nichts einzuwenden. Jeder kann feiern, wie er will. Ich bitte Sie nur zu bedenken, daß das heurige Motto der Salzburger Festspiele, nämlich »Wir, die Barbaren«, keine philosophische Metapher ist, sondern eine Tatsachenmitteilung.

Die Zahlen und Fakten, die ich genannt habe, stammen vorwiegend aus Veröffentlichungen der Caritas und der Diakonie. Seit die christliche Religion mit der neuesten Religion nicht mehr so mithalten kann, vor allem, seit einige ihrer Teilorganisationen die Frage nach der Gerechtigkeit nicht mehr ins Jenseits verschieben, sondern ins Diesseitige herunterholen, hat sie zunehmend meine Sympathie.

Ich danke Ihnen fürs Zuhören.

(Rede, 2005)

Wir sind wir. Wer sind wir?

Kärnten ist für mich eine Wunde, die sich schließt, wenn ich mich von diesem Land entferne, und die sich öffnet, wenn ich mich ihm nähere. Ich kann die Versuche der Annäherung nicht lassen, immer wieder, schließlich bin ich in diesem Land geboren und aufgewachsen. Es ist auch mein Land.

An diesem schönen Septembersonntag fahre ich, nach dem Überqueren der Pack, dem Übersetzen vom Steirischen ins Kärntnerische, von der Autobahn ab, hinunter in die Kleinstädte und Dörfer. Was mich empfängt, sind riesige Plakate mit der Aufschrift »Wir sind wir«. Drei Herren im Kärntneranzug sind darauf abgebildet, der Landeshauptmann und zwei andere. Wir sind wir, aber wer sind wir, wir Kärntner?

In der Nähe von Wolfsberg liegt St. Margarethen, mein Geburtsort. Auch hier dasselbe Bild, oder dieselben Bilder: die drei Herren im Kärntneranzug. 1944 wurde ich hier geboren. Mein Vater, ein italienischer Einwanderer in den dreißiger Jahren, hat die österreichische Staatsbürgerschaft erst 1946 bekommen. Ich war also zwei Jahre lang, nach dem damals geltenden Recht, italienischer Staatsbürger.

»Das war bei meiner Tochter genauso«, sagt Christine Muttonen, mit der ich einige Zeit später in ihrer Villacher Wohnung zusammensitze. Ihr Mann, Pekka Muttonen, ein Finne, wurde erst Mitte der achtziger Jahre eingebürgert. Lena, die Tochter der beiden, war also einige Jahre lang Finnin. Sie ist zweisprachig aufgewachsen. Ein enormer Vorteil, wurde der Mutter von Nachbarn und Bekannten wohlmeinend beschieden. Wenn Christine Muttonen darauf antwortete, daß die finnische Sprache in Kärnten nicht gerade gebraucht werde, das Slowenische hingegen ein enormer Vorteil sei, verzog sich das Wohlmeinende.

Christine Muttonen ist Abgeordnete zum Nationalrat, ihr Wahlkreis ist Villach Stadt und Villach Land, sie ist Kultursprecherin der SPÖ. Ich habe das Gespräch mit ihr gesucht, weil mir etwas aufgefallen ist: Ihren Vorgänger, Josef Cap, habe ich fast nie bei einer Kulturveranstaltung gesehen, jedoch ständig in den Medien. Bei Christine Muttonen verhält es sich umgekehrt, ich sehe sie immer wieder bei Kulturveranstaltungen, fast nie in den Medien. Gibt es ein spezifisches Verhalten von Frauen in der Politik?

Christine Muttonens politisches Leben ist ein Leben mit »Projekten«. Als Personalvertreterin der HTL betrieb und organisierte sie einen anderen Umgang zwischen Lehrern und Schülern. Als Gemeinderätin der Stadt Villach versuchte sie das Kulturverständnis ihrer Mitbürger und auch ihrer Parteifreunde zu verändern. Ohne die landesübliche Vorsicht unterstützt sie – so höre ich von slowenischen Freunden aus Kärnten – die Slowenen und slowenische Kulturprojekte, vor allem solche von Frauen. Sie hat einen »Minderheitentick«, sagt ihr Mann Pekka lachend. Seit zwei Jahren bereitet sie als Obfrau des Kulturausschusses im Parlament eine Enquete zur »Lage der Musikschaffenden in Österreich« vor. Sie will die Auftrittsmöglichkeiten für junge Musiker verbessern, gegen die Einschränkungen des Urheberrechtes vorgehen und so weiter. Davon hört man wenig. Sind es die lauten Parolen der Männer in der Politik, welche die stilleren, Geduld und Mühsal verlangenden Projekte der Frauen zudecken?

Von Villach nach Rosegg, wo ich in der Galerie Šikoronja mit einer Gruppe von Frauen verabredet bin, fahre ich auf Nebenstraßen, immer begleitet von den drei Herren im Kärntneranzug und ihrer Parole »Wir sind wir«. Unterwegs weiß ich nicht mehr weiter und frage einen Mann nach dem Weg. Er ist sehr freundlich und wir kommen kurz ins Gespräch. Dieses Dorf, in dem wir uns gerade unterhalten, sei ein deutschsprachiges Dorf und daher brauche man keine zweisprachigen Ortstafeln. Außerdem könne er nicht zwei Ortsbezeichnungen lesen, ihm reiche eine, sagt er lachend. Das sollte ein Witz sein. Ich frage ihn nach seinem Namen, dieser klingt sehr slowenisch. »Der Großvater hat slowenisch gredet«, sagt er und lacht wieder, »aber der liegt am Friedhof und sagt nix mehr.« Am Ausgang des Dorfes sehe ich die Ortstafel dieser »deutschsprachigen« Gemeinde: sie ist eine Doppelgemeinde und heißt »Tschinowitsch-Turdanitsch«.

Im Garten vor der Galerie Šikoronja steht eine Ortstafel mit der Aufschrift St. Lamprecht/Semislavče. »So heißt dieser Teil von Rosegg«, sagt Maria Šikoronja, die Inhaberin der Galerie, »der Bürgermeister war am Anfang dagegen, aber mein Mann und ich haben darauf bestanden.« Sie zeigt mir einen Brief, ein Rundschreiben des Bürgermeisters von Grafenstein, Ökonomierat Valentin Deutschmann. Darin heißt es unter anderem: »Da die Gemeinde und ich als Bürgermeister aufgrund der gesetzlichen Situation nicht in der Lage sind, einen zweisprachigen Unterricht zu unterbinden, liegt es einzig und allein an den Eltern der Kinder, die sich zum zweisprachigen Unterricht angemeldet haben, davon Abstand zu nehmen.«

In der Galerie, beim Zusammensitzen und Reden, erzählt die Bürgermeisterin von Ludmannsdorf/Bilčovs, Stefi Quantschnig, daß die zweisprachige Ortstafel ihrer Gemeinde immer wieder heruntergerissen werde. Auf meine Frage, ob es sich bei den Tätern um Neonazis handle, reagiert sie mit einer wegwerfenden Handbewegung und einem kurzen Lachen. »Ach was«, sagt sie, »blöde Buben sinds, arme Tschappalan.« Die hätten zu Hause nichts Besseres gehört, die würden unter dem Einfluß von ein paar Flaschen Bier Mutproben veranstalten. Viel mehr störe sie, daß solches Treiben von der derzeitigen Landespolitik gedeckt werde und daß sie nachher immer den Bautrupp anrufen müsse. (Das Kärntner Wort »Tschappale« bezeichnet ein kleines oder größeres Kind, welches nicht ganz auf der Höhe seiner geistigen Möglichkeiten ist.)

Trudi Wieser spricht über die soziale Lage der Jugendlichen in Kärnten, über die hohe Arbeitslosigkeit unter ihnen. Sie ist Geschäftsführerin des Kultur- und Kommunikationszentrums in St. Johann im Rosenthal, bis zu 50 Veranstaltungen im Jahr gibt es dort, Theateraufführungen, Lesungen, Konzerte, aber auch sozialpolitische Projekte. Soweit es nur möglich ist, werden die Veranstaltungen in zwei Sprachen durchgeführt, Deutsch und Slowenisch. Vom Land Kärnten bekommt sie eine jährliche Subvention von 1 500 Euro. Das ist ein Zehntel dessen, was jeder Kärntner Trachtenverein bekommt.

Tatjana Pavcic-Kupper organisiert einen Kulturverein in Ferlach. Theateraufführungen, Singgruppen und jede Menge Projekte, immer zweisprachig. Auch für Maria Šikoronja, deren Galerie geradezu internationales Niveau hat, in der Etablierte wie Adolf Frohner, aber auch junge Maler und Malerinnen aus Slowenien und Kärnten ausgestellt werden, ist die Zweisprachigkeit wichtig: Jeder Katalog, jede Aussendung ist in zwei Sprachen verfaßt. »Wir alle bekommen von der derzeitigen Landesregierung nur wenig oder gar keine Unterstützung«, sagt sie. Offensichtlich sind die verantwortlichen Herren an Plakativerem interessiert, dem Ausstoßen von Parolen: »Wir sind wir.«

An diesem Sonntagnachmittag, der sich langsam dem Abend zuneigt, kommen wir auf die Vergangenheit zu sprechen. Der Vater von Maria Šikoronja wurde 1941 »im Rahmen der Isolierung Kärntner-slowenischer politischer Aktivisten und Intellektueller« eingesperrt und anschließend mit seiner Frau und den Kindern »ausgesiedelt«. Maria war damals zwei Jahre alt. Die Mutter schärfte den Kindern immer wieder ein, nur unter dem Bett slowenisch zu reden. »Nach dem Krieg sind wir zurückgekehrt, in unsere Heimatgemeinde, aber man hat uns sehr lange spüren lassen, daß wir hier die Fremden sind.« Die Galerie, die Zweisprachigkeit, ist ihr ganzer Stolz, das sichtbare und hörbare Zeichen ihrer Selbstachtung.

Die Mutter von Tatjana Pavcic-Kupper wurde als sechzehnjähriges Mädchen – sie hatte einer Gruppe von Freiheitskämpfern Essen in den Wald gebracht – nach Ravensbrück deportiert. Bis heute falle es der Mutter schwer, mit ihr darüber zu reden. Anna Gasser, eine schöne ältere Frau, erzählt von ihrer »Umsiedlung«: Am 14. April 1942 sei es geschehen, von heute auf morgen. Sie hätten in Ludmanns-dorf/Bilčovs eine kleine Gemischtwarenhandlung und ein Gasthaus gehabt. Die ganze Familie, die Eltern und die drei Geschwister, sei von Polizisten abgeholt und nach Deutschland gebracht worden, ohne Begründung. Anna Gasser war damals zwölf Jahre alt. Sie mußte in der Nähe von Nürnberg Zwangsarbeit verrichten. »Wie die Bomben auf Nürnberg gefallen sind«, erzählt sie mit ruhiger Stimme, »habe ich mir so gewünscht, daß eine auf mich fällt und alles vorbei ist.« »Nein«, sagt sie, »nach unserer Rückkehr im Juli 1945 haben wir keine Schwierigkeiten gehabt.« Ihr Mann und sie hätten einen Zimmereibetrieb aufgebaut, er sei immer der »windische Zimmerer« gewesen. Mit den Leuten seien sie immer gut ausgekommen, sie würden ja auch an das Gute im Menschen glauben. Nur einmal, beim Ortstafelsturm, sei die alte Angst hochgekommen.

Die Begegnung mit diesen Frauen, von denen ich mich spätabends verabschiede, hat mich sehr bewegt, aber ich will aus dieser Empfindung kein generelles Bild von den Kärntner Slowenen malen. Der menschliche Charakter ist eine vermischte Angelegenheit, und keineswegs befindet sich alles Gute auf seiten der zweisprachigen Kärntner und alles Schlechte auf seiten der einsprachigen. Was sie tatsächlich unterscheidet, ist die geschichtliche Erfahrung. Die Kärntner Slowenen, die sich in ihrer überwiegenden Mehrheit immer als ein Teil Kärntens fühlten, wurden im Laufe ihrer Geschichte – und besonders im Faschismus – diskriminiert, verfolgt, ausgesiedelt, deportiert. Viele von ihnen starben in den Gefängnissen und Lagern der Nazis. Was manche retten konnte, war die Aufgabe ihrer slowenischen Identität, ihrer Sprache, ihrer Kultur. Sie mußten alles »Unechte« an sich entfernen und verleugnen, um als »echte Kärntner« zu gelten. Sie mußten – und sollen es wohl schon wieder – zu jenen gehören, die »Wir sind wir« grölten und grölen.

Noch etwas muß ich sagen, immer wieder sagen: Kärnten ist 1945 nicht nur durch die Alliierten, sondern auch und vor allem durch die jugoslawische Volksarmee befreit worden. Mit ihr kämpften Kärntner Slowenen, meist einfache Leute, Bauern und Handwerker, für ein Ende des Faschismus. Die Geschichte der Befreiung Kärntens durch slowenische Kärntner ist bis heute nicht geschrieben worden, bis heute wird öffentlich nicht darüber geredet. Die Gräber dieser Menschen nehmen keinen oder einen versteckten Platz auf den Ortsfriedhöfen Kärntens ein, ganz im Unterschied zu den oftmals protzigen und schon an Ortseingängen sichtbaren sogenannten Kriegerdenkmälern.

Kärnten ist, wie jedes Grenzland, ein vermischtes Land. Heute stehen sich in Kärnten nicht die Kärntner Slowenen und die deutschsprachigen Kärntner gegenüber, die Vermischung geht durch die Familien, ist in den Menschen. Alle diese Volkszählungen und Minderheitenfeststellungen sind doch nur ein Versuch des Wegzählens, eine groteske Anstrengung, etwas zum Verschwinden zu bringen, was doch mehr oder weniger in jedem Kärntner ist. Es ist doch absurd und lächerlich, sich in einem zunehmend vereinten Europa darüber zu streiten, ob man nur eine Sprache sprechen soll oder zwei Sprachen sprechen darf. Die Zweisprachigkeit vieler Kärntner ist doch ein Anlaß zur Freude, ein Gewinn: phonetisch, kulturell und wirtschaftlich.

»Jeden Abend bete ich, daß dieser Streit aufhört«, hat Frau Gasser bei unserem Gespräch in der Galerie Šikoronja gesagt, »wir haben doch andere Probleme, das Leben ist doch für uns alle nicht leicht.«

Immer wieder tauchen auf der nächtlichen Heimfahrt diese Plakate wie Schemen, wie Gespenster an den Straßenrändern auf, mit ihrem »Wir sind wir«. Dieses ethnische Reinheitsgebot ist einfach zum Speiben.

Sehr spät, an diesem zu Ende gehenden Septembersonntag, lese ich in einer Autobahnraststätte eine Anzeige des BZÖ, mit dem Konterfei und dem Versprechen des Kärntner Landeshauptmanns: »Kärnten wird einsprachig.« Darauf kann ich nur noch – in der großzügigen Art der Frauen von Semislavče – eines sagen: »Armes Tschappale.«

(Artikel, 2006)

Mein blödes Gesicht

Lieber Freund!

Die Frage, was wir miteinander auf dem Theater treiben könnten, geht mir immer wieder durch den Kopf. Dein letzter Vorschlag war, daß ich selbst auf die Bretter hinausschreite und eine politische Rede halte. Solches hab ich ja früher am Heldenplatz und anderen historischen Örtlichkeiten getan.

Je länger ich über diese Idee nachgedacht habe, desto fremder wurde sie mir. Anläßlich der österreichischen Wahl mit ihrem fürchterlichen Ausgang und anläßlich des Todes von Jörg Haider haben mich einige Zeitungen gefragt, ob ich nicht einen Kommentar, einen Essay, einen Text schreiben könnte. Ich habe es versucht, es war mir einfach nicht möglich.

Die handelnden Akteure schauten mich mit ihren blöden Gesichtern an, und ich schaute sie mit meinem blöden Gesicht an. Es obwaltete eine gegenseitige Blödheit, die meinerseits von keinem Einfall, ja nicht einmal von einer gelungenen polemischen Bemerkung durchbrochen wurde. Ich werde immer unfähiger und letzten Endes auch unwilliger, auf das aktuelle Politische zu reagieren. Es kommt mir immer banaler vor, und in meinem literarischen Fieberkopf entzündet sich nichts. Was entsteht, ist Desinteresse, Langeweile, Distanzbedürfnis und der schale Geschmack, der sich bei der Wiederholung des Immergleichen einstellt. Es ist also sinnlos, wenn ich mich zwinge, etwas zu schreiben, was ich nicht kann.

Was mich jedoch sehr wohl freuen würde, das wäre etwas Ähnliches und doch zugleich anderes: Nicht ich trete mit einem politischen Aufsatz, einer politischen Rede vor ein Theaterpublikum, sondern ein Schauspieler, für den ich ein Theaterstück in Form einer Rede, eines Monologes, schreibe. Ähnlich wie in dem berühmten Stück »Bericht an eine Akademie« würde ein Schauspieler an ein Pult treten und eine ungefähr einstündige Rede an ein Publikum halten. Ich will ja nur noch für das Theater, für Schauspieler schreiben, sonst nichts.

(Brief, 2008)

III.
Über Theater und andere falsche Gefühle

äußerst verehrter kulturkunde!

bezugnehmend auf ihr allzumenschliches bedürfnis, dem untergang des abendlandes durch ein schönes theaterstündchen zu entrinnen, möchte ich ihnen mein produkt »rozznjogd« ans aufgeschlossene herz legen.

schon die formschöne verpackung garantiert eine entrükkung bis zu 82 %. im sanften samt des ehrwürdigen theatersaales versinkt das eiserne damoklesschwert kaltschnäuziger menschenentfremdung mit wehem seufzer. der himmel hat sie wieder. mein stück beginnt.

zum anfang öffnet sich der vorhang, zur mitte das herz und zum ende der hosenschlitz. alles irdische fällt zu den trümmern der welt, ihr schöner geist zieht garantiert kunstwärts.

hinzufügen möchte ich noch, daß das sehr WAHRE, besonders GUTE und wirklich SCHÖNE nicht die einzigen vorteile meines produktes »rozznjogd« sind.

mit ungewöhnlich freundlichen grüßen

ihr peter turrini, heimatdichter

ps: bitte entnehmen sie allfällige dankschreiben den innigkeitsspalten der demokratischen und überdemokratischen presse.

pps: für etwaige schäden oder mängel an meinem produkt sind betriebsfremde personen, wie briefträger, regisseure, verleger, armleuchter usw. verantwortlich zu machen.

(Text, 1971)

Was ist Volkskultur?

Liebe Freunde! Werte Kärntner!

»Das Maria-Saaler-G'läut, das hört man bis St. Veit«, heißt es in einem alten Kärntner Volkslied. Das klingt schön, aber es stimmt nicht. Die Glocke wird elektrisch betrieben, und ihr Klang wird überdröhnt von den Autokolonnen, welche über die neue Schnellstraße auf dem Zollfeld fahren. Ein Bauer mit fünfzehn Hektar, der sich einen Mähdrescher auf Schulden gekauft hat, blickt abends nicht »tiefbeglückt über die bestellte Scholle«, eher schaut er gramerfüllt auf die Mahnungen der Raiffeisenkasse, und bei dem Jäger, »vor dem Reh und Hirsch zittern«, muß es sich um einen deutschen Industriellen handeln, der es sich leisten kann, einen der letzten verbliebenen Hirsche abzuschießen.

Die Inhalte der alten Lieder, die Trachtenkapellen, die Holzschnitzereien, was immer so als Volkskultur bezeichnet wird, stimmt mit der heutigen Wirklichkeit nicht überein. Was bleibt, ist die Form, die Uniform, der Kitsch. Aber gerade weil diese Kultur nichts mehr bedeutet, weil sie nicht mehr Aufschluß gibt über die Lebensbedingungen, Hoffnungen und Wünsche der Menschen von heute, ist sie für die herrschende Ökonomie und die herrschende Politik so nachhaltig und beliebig ausbeutbar.

Sie dient der Fremdenverkehrsindustrie als folkloristische Ware, ob einzeln oder in Massenproduktion, und der Politik als Aufputz, als Beiwerk. Wann immer ein Politiker Bodenständigkeit demonstrieren will, dann marschieren hinter und vor ihm die Musikkapellen, und er selbst spricht, als wäre er ein tausendjähriger Tambourmajor. Die Volkskultur von gestern wird zur geblasenen und geschlagenen Leerformel von heute und verhindert damit, zum Nutzen der Herrschenden, die Auseinandersetzung mit dem Morgen.

Die Mehrheit der Bevölkerung steht dieser Volkskultur, oder besser gesagt dem, was davon als geschändete Form übriggeblieben ist, ohnehin gleichgültig gegenüber. Sie konsumieren sie, aber sie leben nicht in ihr. Sie haben zu dieser Kultur ein Verhältnis wie zu einem alten Trachtenanzug. Man nimmt ihn für bestimmte Gelegenheiten aus dem Kasten, um ihn nachher wieder dorthin zu verbannen. Wenn Kultur Ausdruck des Lebens sein soll, dann ist diese hohle Festtagskultur nicht ihre Kultur, denn ihr Leben ist kein Festtag. Ihr Leben ist voller Schwierigkeiten und Ungereimtheiten, auch wenn zu Wahlzeiten alles gereimt klingt.

Es gibt Alternativen, Gruppen, die sich ihren eigenen Reim auf die Verhältnisse von heute machen, die mit Liedern, Texten, Bildern und neuen Ausdrucksformen gegen die bestehenden und für bessere Verhältnisse kämpfen. Das ist für mich die neue Volkskultur, auch wenn sie von offizieller Seite ständig als pubertär, linksradikal, umstürzlerisch und was weiß ich vernadert wird.

Warum treten sozialistische Politiker, die ihre Fortschrittlichkeit so oft behaupten, nie mit einem kritischen Liedermacher auf, der etwas über die heutige Wirklichkeit – auch in Kärnten – zu sagen oder zu singen weiß? Sie hätscheln und beweihräuchern alles, was nach Gamsbart aussieht, und verhalten sich distanziert, wenn wirkliche Alternativen auftauchen wie beispielsweise das neue Kommunikationszentrum in Klagenfurt.

Man kann nicht offen deutschnational sein und nur im geheimen fortschrittlich. Tut man es, dann ist man schizophren oder unglaubwürdig.

(Rede, 1979)

Untröstlich

Nach einem Abendessen und einigen Cognacs fuhr ich mit
Bruno Kreisky durch das nächtliche Wien, über den Ring.
Auf der Höhe des Burgtheaters schaute er mit etwas trau-
rigem Blick zum selbigen und sagte, daß sein Leben ver-
pfuscht sei. Er hätte Schriftsteller werden wollen, zumindest Journalist, und was sei er geworden: österreichischer
Bundeskanzler. Es war mir unmöglich, ihn zu trösten.

(Tagebucheintragung, 1980)

Gemeindehoftheater

Zwei Frühsommer lang bin ich mit dem Dario Fo-Theater
durch die Innenhöfe der Wiener Gemeindebauten gezogen.
Seit zwanzig Jahren lebe ich in dieser Stadt, aber so ist sie
mir noch nie erschienen. Wir spielten Theater und wir er-
lebten Theater: den alten, in Einsamkeit verrückt gewordenen Pensionisten, der seinen Fernseher während unserer
abendlichen Vorstellung nicht leiser drehen wollte, weil er
darauf beharrte, daß es jetzt nicht acht Uhr abends, sondern acht Uhr morgens sei; die jugoslawischen und türki-
schen Kinder, die ihr Fußballspiel auf der Bühne fortsetz-
ten und die erst in der Mitte des ersten Aktes begannen, der
ihnen noch fremden Sprache zuzuhören; die geistesgegen-
wärtige Fortsetzung unseres Spieles aus einem offenen Fenster, nachdem zwei Darsteller vom Hausmeister irrtümlich
in die Garderobe eingesperrt wurden; die pietätvolle Un-
terbrechung unserer Komödie, weil gerade ein Sarg aus
einer Gemeindebauwohnung getragen wurde; die Rocker
in der Großfeldsiedlung, die auf die Bühne sprangen, um
ihr eigenes Stück zu spielen, und immer wieder das Her-
vortreten der sozialen Wirklichkeit hinter den offiziellen

sozialistischen Schönfärbungen: grölende Trunkenheit, anstehende Delogierungen, zerstörte Gesichter, beschmierte Hauswände.

Die Menschen in den Gemeindehöfen haben mein Stück »Die Wirtin« angenommen, manchmal skeptisch, manchmal still, oft mit Freude. Trotzdem habe ich mir immer wieder gedacht, das ist nicht »ihr« Stück. »Ihr« Stück spielt sich vor uns ab. Man müßte es nur noch auf die Bühne bringen.

(Essay, 1987)

Ich wünsche mir ein Theater
der fortgesetzten Geschmacklosigkeit

Werte Zuhörer! Liebe Freunde!

Die Eröffnung eines neuen Theaters ist ein Grund zur allgemeinen Freude. Es freuen sich die Geldgeber, weil es etwas Neues zu eröffnen gibt, es freuen sich die Schauspieler, die auf dieser Bühne spielen werden, es freuen sich – so hoffe ich zumindest – nicht wenige Linzer, daß aus dem Haus kein Supermarkt, sondern doch noch ein Theater geworden ist, es freuen sich die Theaterkritiker, daß sie wieder etwas zu belobigen oder zu vernichten haben, und ich freue mich, daß es die Spielstätter mit großer Schufterei und großen Schulden doch noch geschafft haben, dieses Theater fertigzustellen. Heute abend sind wir alle Erfreute.

Ich möchte Ihnen aber auch sagen, was – über den Tag der Eröffnung hinaus – meine fortgesetzte Freude ausmachen würde: dieses Theater möge ein Ort der Störung und der Zerstörung werden. Ich wünsche mir diese Störung – und an Geburtstagen kann man sich ja was wünschen – für alle Beteiligten. Für die Geldgeber, für das Publikum und für uns Theatermacher.

Ein solches Theater wäre natürlich ein einziger Widerspruch. Es beißt die öffentliche Hand, die es füttert. Es wünscht sich volle Häuser und stört die Besucher in ihrem Bedürfnis nach dem Schon-Gesehenen, dem Schon-Gehörten. Es kennt den Hang der Theaterleute zu Vorsicht und Feigheit und begegnet diesen Eigenschaften mit Selbststörung. Es kämpft gegen alles Abgelebte in und um uns und führt – in seinen herrlichsten Momenten – vor, wie es als Sieger aus diesem Kampfe hervorgeht. Welch eine wundervolle Anmaßung: das Theater als Ort der Zerstörung und der Wiedergeburt.

Diese Anmaßung braucht keinen öffentlichen Auftrag und kennt keine Grenzen. Die Störung von gestern ist der gute Geschmack von heute. Ich wünsche mir ein Theater der fortgesetzten Geschmacklosigkeit.

»Mein« Theater hat – so wie ich die Dinge heute sehe – zwei Feinde. Die Vorsicht zu vieler Theaterleute und den sogenannten kritischen Journalismus. Der letztere kritisiert die Welt mit solcher Geschwindigkeit und Oberflächlichkeit, daß nichts mehr im Kopf und nur noch Dumpfes im Gemüt hängenbleibt. Er ist das Fast food der kritischen Weltsicht. Wer am Montag zwei kritische Journale liest, glaubt, er habe die Welt begriffen, und weiß doch am Dienstag nicht mehr, was er eigentlich durchschaut hat. In Wahrheit gleicht der kritische Journalismus jener Politik, die er vorgibt, zu kritisieren: auch sie erschöpft sich in immer schneller wechselnden Ankündigungen.

Ein Theater, das ich mir wünsche, verzögert die Geschwindigkeit der Welt, ist ein Ort der Geduld, des genauen Blicks. Wenn wir gut sind, d. h. wenn wir wahrhaftig und nicht vorsichtig sind und Sie Geduld haben, dann ist in diesem Raum das Ereignis von Zerstörung und Wiedergeburt möglich, oder um es weniger dramatisch zu sagen: Es ist denkbar, daß Ihr bisheriges Denken gestört und etwas Neues gedacht wird.

Dramatiker sind, soweit ich sie kenne und soweit ich mich kenne, ungerechte, bodenlose und unbehauste Menschen. Sie rennen herum, schauen die Menschen an und entwerfen breite Bilder von ihnen: sehr gräßliche und manchmal sehr zärtliche. Sie sind unsteten Aufenthalts und leben – sofern man sie leben läßt – in Räumen wie diesen. Ich danke den Spielstätten für diesen Raum, für diese Behausung, für dieses befristete Zuhause, und Ihnen danke ich fürs Zuhören.

(Rede, 1989)

Lieber Havel!

Man hat mir gesagt, daß Du mich und ein paar andere österreichische Schriftsteller in Salzburg treffen möchtest, ganz privat, zu einem Gespräch unter Kollegen sozusagen. Das wäre eine schöne Sache. Ich würde versuchen, Dich auf einige Scheußlichkeiten im real existierenden Kapitalismus aufmerksam zu machen, und Du würdest mir vermutlich meine letzten Illusionen über den Sozialismus nehmen. Aber in Salzburg kann man kein Gespräch unter Kollegen führen. Dort ist alles öffentlich, dort wird alles vermarktet. Ich schlage Dir einen ruhigen Weinkeller in Retz vor, oder, wenn Du es lieber hast, daß wir uns auf Deiner Seite treffen, ich komme gerne nach Znojmo oder sonstwohin.

Salzburg, mein großer Kollege und armer Präsident, Salzburg ist Scheiße.

(Brief, 1990)

Staatsärsche

Sehr geehrter Herr Gesandter Doktor Rainer!

Ihr Mit-Diplomat, Herr Dr. Koller von der österreichischen Botschaft in Helsinki, hat mir vorgeschlagen, eine Woche durch Finnland zu fahren und an vier Universitäten Lesungen und Vorträge zu halten, das Ganze für ein Honorar von ÖS 7 000,-. Auf die Frage, ob dies nicht etwas wenig Geld für viel Mühe sei, antwortete er, mehr gebe es nicht für Schriftsteller und es habe sich noch keiner beschwert.

Über solche Mißachtung schriftstellerischer Arbeit habe ich bei meinem Auftritt im Parlament gesprochen. Sie schreiben mir daraufhin einen Brief, eine Art offizielle Stellungnahme des Außenministeriums, und überbieten dabei die Ignoranz Ihres Diplomatenbruders um einiges.

Auch Sie lassen mich wissen, daß bisher noch kein Autor aufgemuckt habe. Ist Ihnen nie der Gedanke gekommen, wie dreckig es einem österreichischen Schriftsteller gehen muß, daß er auf Ihre Schandhonorare angewiesen ist? Wußten Sie, daß es in Österreich dreitausend Menschen gibt, die schriftstellerisch arbeiten, aber daß nur ein Dutzend wirklich davon leben kann?

Stellen Sie sich einmal folgende Situation vor: In Österreich gibt es ganze zwölf Diplomaten, die von ihrem Einkommen leben können, der Rest wandert von Empfang zu Empfang, bekommt ab und zu einen kurzen Auftritt im Ausland angeboten, und wenn er dafür Geld haben möchte, dann antworten ihm die Rainers und Kollers, daß »die individuellen Zuschüsse beschränkt sind – im Interesse der österreichischen Auslandskulturpolitik«.

Ist Ihnen das Unmoralische dieses Satzes, den Sie mir als Begründung für die lächerlichen Honorare schreiben, eigentlich bewußt? Sie und Ihre Mitbrüder richten Beschränkungsappelle an Schriftsteller, welche kein fixes Einkommen, keine Pension, keine Altersversorgung haben, während Sie Ihre Staatsärsche in hohe Gehälter und lebenslange Absicherungen einzementiert haben. Können Sie das Unappetitliche Ihrer Haltung erahnen, wenn Sie und die anwesenden Diplomaten ein Vielfaches von dem, was Sie einem Schriftsteller für einen Auftritt im Ausland bezahlen, anläßlich dieses Auftrittes als Buffet verfressen?

Ich werde weiterhin Lesungen und Diskussionen machen, im In- und Ausland, wenn es sein muß, auch gratis, aber ich möchte Ihren wiederkäuenden Sätzen und Ihren kauenden Antlitzen nicht mehr begegnen.

Mit Grüßen

Kopien an:
Bundeskanzler Dr. Franz Vranitzky
Bundesminister Dr. Alois Mock
Bundesminister Dr. Rudolf Scholten

(Brief, 1991)

Sehr geschätzter Prof. Hans Mayer!

Sie sind gerade in einem Land, in einer Stadt, in welcher die Literaturbeurteiler den Gegenstand ihrer Beurteilung, die Literatur, im großen und ganzen hassen. Das ist eine erstaunliche Tatsache, denn ein Mensch, welcher Holz und Leim nicht mag, wird in der Regel kein Tischler. Ich könnte Ihnen einige Theorien zur Erklärung dieser österreichischen Merkwürdigkeit anbieten, aber der Herr Beil hat mir gesagt, ich soll nicht länger als drei Minuten reden, und deshalb erkläre ich gar nichts, sondern stelle es einfach fest. Ein österreichischer Stückebeurteiler schreibt seit Jahren in der »Frankfurter Allgemeinen« über Gegenwartsstücke und vernichtet sie alle, außer einem. Die österreichischen Literaturbeurteiler, welche alles niedermachen, haben immer einen Liebling, dem sie alles nachsehen. Das ist wie bei den Lustmördern, die haben auch immer eine Tante, der sie nichts antun können.

Dem Haß der österreichischen Literaturbeurteiler kann man auf drei Arten entkommen. Die erste Art, die beispielsweise Thomas Bernhard gewählt hat, ist der Tod. Vor seinem Tode war er für einen österreichischen Literaturbeurteiler »ein Wiederholungstäter, der uns mit jedem Stück mehr und mehr anödet«, und nach seinem Tode war er für den nämlichen Beurteiler »ein Originalgenie, ein Solitär, einmalig in der österreichischen Literatur«.

Die zweite Möglichkeit wäre, so zu schreiben, wie sich ein österreichischer Literaturbeurteiler die Literatur schon immer vorgestellt hat, nämlich völlig unverständlich oder ganz leicht faßlich. Generell kann man sagen: Je journalistischer ein Schriftsteller denkt oder schreibt, desto wohlgefälliger wird er den Literaturbeurteilern. Er beginnt ihnen zu ähneln, und das entspannt sie.

Die dritte Möglichkeit besteht darin, überhaupt nichts mehr zu schreiben. Der nichtdichtende Dichter ist in Österreich der beliebteste. Er lebt von Subventionen, die ihm ein Beirat zuspricht, in welchem lauter österreichische Literaturbeurteiler sitzen. Seine einzige Verpflichtung besteht darin, jenes Projekt, für welches er das Geld bekommen hat, unter keinen Umständen zu realisieren.

Geschätzter Hans Mayer! Ich erzähle Ihnen diese Dinge, damit Sie besser verstehen, warum wir uns so über Sie freuen. In all Ihren Urteilen über Literatur, selbst in den kritischsten, können Sie Ihre Liebe zur Literatur und nicht selten zu den Menschen, welche diese Literatur hervorgebracht haben, den Dichtern, nicht verleugnen. Sie sind ein Liebender. Diese Veranstaltung ist ein Versuch, Sie ein wenig zurückzulieben.

Ich danke Ihnen fürs Zuhören.

(Rede, 1992)

Ein unwürdiges Schauspiel

Sie schreiben mir einen so netten und freundlichen Brief, und ich möchte Ihnen umgehend darauf antworten. Es gibt zwei Gründe, warum ich kein Juror werden kann oder will. Der erste: Ich müßte mein Leben als Dichter aufgeben, wenn ich mich auf Symposien, in Jurys und sonstigen Kultur-Ersatzorten herumtreiben würde. Die Würde meines Lebens besteht im Schreiben von neuen Theaterstücken. Alles andere ist Kulturfolklore, die ich längst abgeschafft habe, weil sie mir die Konzentration und die Zeit für Wesentliches nimmt. Der zweite Grund, warum ich nicht mitmachen will, ist noch gravierender. Ich empfinde es als Zynismus und Schweinerei, wenn Sie einen Kulturpreis ausschreiben, der vom Land und von einer Bank und von der Stadt gesponsert wird, mit jeweils ÖS 15 000,-. Ein solches Budget verfressen Landes- oder Stadtpolitiker an einem einzigen Abend. Ein solcher Betrag wird von einer Bank im Monat für Putzmittel ausgegeben. Es ist mir eine qualvolle Vorstellung, wenn ich daran denke, daß sich Landes- oder Stadtpolitiker oder eine Bank damit brüsten können, etwas für die Literatur zu tun, und dies mit so lächerlichen Beträgen, die man nur als Herablassung empfinden kann. Und es ärgert mich und verletzt mich, wenn ich daran denke, daß junge Dichter oder Dichterinnen an einem solch unwürdigen Schauspiel teilnehmen.

Sie schreiben mir, daß Sie im Jahre 1991 keinen Preis vergeben konnten, weil die Qualitätsansprüche der Jury so hoch seien. Das finde ich schön. Aber wenn Sie so hohe Qualitätsansprüche an Autoren haben, warum erniedrigen Sie sich dann vor einer Bank oder vor einer Stadt oder einem Land? Wo bleibt da die Höhe der Ansprüche? Warum schlecken Sie die öffentliche Hand ab, anstatt sie zu beißen und ihr ins Gesicht zu schreien, wie verkommen sie ist, wenn sie so lächerliche Almosen als Preise ausgibt?! Ver-

mutlich stehen diese Stadt- oder Bankherren bei der Preisverleihung auch noch mit stolzgeschwellter Brust daneben.
Widerwärtig.

Ich grüße Sie und Ihre Freunde und bitte Sie, über Ihr
Verhalten nachzudenken.

(Brief, 1992)

Viel, viel Arbeit

Was mich betrifft: Ich habe das Schreiben durch das Schreiben gelernt. Ich stand als junger Mensch vor einem Berg
imponierender Literatur. Alle und alles war besser als ich,
aber anstatt vor diesem Berg in die Knie zu gehen und in
Apathie zu versinken, habe ich versucht, einen eigenen zu
errichten, der am Anfang ziemlich kümmerlich war, ein
Maulwurfshügel, aber dann zu wachsen begann. Ich habe
mich also nicht gefragt, ob es sinnvoll ist, einen Berg zu errichten, ob ich gut genug dafür bin. Ich habe mich der wirklich unendlichen Mühsal des Errichtens und damit des Auf-
richtens hingegeben. Ich habe nicht ein oder fünf oder zehn
oder zwanzig Gedichte geschrieben, sondern Hunderte.
Bevor mein erstes Stück, »Rozznjogd«, herauskam, gab es
bereits einen Berg von eigenen Stücken, entsetzlich schlechten, wie ich Ihnen versichern kann – wenn ich sie heute lese,
muß ich laut lachen über die Unfähigkeit des jungen Dichters von damals.

Künstlerische Arbeit hat vor allem mit Durchhaltever-
mögen zu tun, mit Quantität, mit Menge und Gewicht. Ich
bekomme ständig irgendwelche angefangenen Romane,
Entwürfe von Theaterstücken zugeschickt, die gar nicht so
schlecht sind. Aber was hilft es, eine Idee zu haben, eine
Vorstellung zu haben, einen Anfang zu haben, der nicht
weitergeführt wird? Theaterstücke dauern im Schnitt 100

Seiten, so banal ist das. Und Romane dauern 300 Seiten, und Gedichtbände dauern mindestens 120 Seiten. Literatur unter 100 Seiten und weniger als 1 Kilo gilt nicht. Es hat alles mit viel, viel Arbeit zu tun. Stellen Sie sich also keine großen Fragen. Setzen Sie sich an den Tisch und schreiben Sie. Selbst das schrecklichste Gedicht, die mißlungenste Geschichte ist besser als eine eingebildete und nie geschriebene.

(Brief, 1993)

Die Ibsensche Methode

Mit sechzehn Jahren hatte ich drei Idole: die Dominikus Irene, die ich unbedingt wollte, einen versoffenen Bibliothekar aus Klagenfurt, der bei uns im Dorf wohnte und den niemand wollte, und Henrik Ibsen, welchen die Irene nicht kannte. Ich erzählte ihr die Inhaltsangabe von Peer Gynt, langsam und ausführlich und ausschweifend, und versuchte dabei, meine Hand auf ihren Busen zu legen. So erlernte ich die Ibsensche Methode: Man muß Unwirklichkeiten erfinden, um dem Wirklichen nahezukommen.

(Text, 1994)

Die Schlacht um Wien

Um 10 Uhr sollen Peymann und ich uns in seiner Wohnung zum ersten Arbeitsgespräch treffen. Peymanns Chauffeur holt mich ab. Er ist in Wahrheit ein Philosoph, hat am besten Wiener Gymnasium, am Akademischen Gymnasium, maturiert und schreibt gerade an seiner Doktorarbeit. Und das bestätigt meine These, daß in Österreich grundsätzlich jeder Mensch ein anderer ist. Die Fleischhauerinnen sind Lyrikerinnen, die Taxifahrer Schauspieler, und die Chauffeure werden demnächst Doktor der Philosophie. Er hat keineswegs die Absicht, nach Beendigung seines Studiums den Posten eines Chauffeurs aufzugeben. Der sei ruhig und ohne Streß und ermögliche ihm zwei, drei Lesestunden am Tag. Ich betrete Peymanns Wohnung und verabschiede mich vom Chauffeur. Peymann fragt mich, woher ich den Chauffeur kennen würde, und ich erzähle ihm die Lebensgeschichte des Chauffeurs. Er wußte nicht, daß er mit einem Philosophen durch die Gegend fährt. Peymanns Wohnung beeindruckt mich. Sie ist vollkommen leer, wenn man von einem Blumenstrauß, einem kleinen Gartentisch und einer Sitzgarnitur absieht. Man hat einen wunderschönen Ausblick über Wien. Wir beginnen mit dem Lesen meines Stückes und geraten schon auf der ersten Seite aneinander. In meinem Stück tritt auf einer vollkommen leeren Bühne der liebe Gott auf und beginnt mit der Erschaffung der Welt. Wir haben eine gänzlich unterschiedliche Vorstellung vom lieben Gott. Peymann möchte diese Rolle mit Minetti besetzen, weil er einen würdigen, erhabenen Gott vor sich sieht. Ich hätte gerne Harald Juhnke, weil mein Gott einer ist, der aus einer psychiatrischen Klinik entsprungen ist und einen weißen Wattebart umgehängt hat. Wir vertagen das Problem, ob Minetti oder Juhnke der liebe Gott ist, und unterhalten uns ungefähr eine Stunde über die technische Möglichkeit, das erschaffene Paradies wieder von der Bühne zu bringen, und können natürlich auch dieses Problem nicht lösen. Wir beginnen das Stück mit verteilten Rollen zu lesen, und plötzlich läutet das Telefon, und Peymann bekommt die Mitteilung, daß »Die Presse« einen großen Artikel gegen ihn plant. Ein Denunziant, ein Schurke aus der Technik, habe »Die Presse« mit internen Informationen versorgt. Techniker hätten Möbel in die Wohnung eines Regisseurs transportiert, sozusagen auf Staatskosten.

Peymann sagt, die Techniker hätten dies freiwillig getan, in ihrer Freizeit, der Regisseur hätte ihnen das bezahlt, aber der »Presse« sei jede Gaunerei recht, um ihn zu vernichten. Er informiert den Generalsekretär der Bundestheaterverwaltung, läßt ihn vom Eßtisch wegholen. Der Generalsekretär der Bundestheaterverwaltung gerät in Rage und telefoniert mit dem Chefredakteur der »Presse«. Der Chefredakteur der »Presse« informiert den österreichischen Vizekanzler und Oppositionsführer, Erhard Busek. Peymann läßt sein Büro mit Kanzler Vranitzky Kontakt aufnehmen. Vranitzky und Busek streiten über die Sache und lassen die Koalitionsverhandlungen platzen. Haider übernimmt Österreich, ruft die Diktatur aus und führt das Land in den Abgrund. Österreich geht unter.

(Tagebuch, Mittwoch, 16. November 1994)

10 Uhr vormittag. Ich bin wieder in der Wohnung von Peymann. Österreich geht wieder auf. Peymann zeigt mir Briefe von Österreichern, Haßbriefe, die er täglich bekommt. Er hat sich ein Haus in Hietzing angeschaut, weil er überlegt hat, ob er in ein Haus ziehen soll. Ein Nachbar, der ihn wohl bei der Hausbesichtigung beobachtet hat, schreibt ihm einen Brief. Er ist laut Absender Adeliger und Akademiker. Peymann liest mir den Brief vor. Der adelige Akademiker haßt Peymann, weil er ihm sein österreichisches Nationaltheater geraubt hat. Sollte Peymann tatsächlich in das benachbarte Haus einziehen, würde er, der adelige Akademiker, ihn mit Haß und Zwetschkenknödeln, welche er zu Wurfgeschossen umfunktionieren würde, verfolgen. Peymann fragt mich, ob ich ihm die Mentalität solcher Leute erklären könne. Seit der Uraufführung von Elfriede Jelineks Stück »Raststätte« ist Peymann in besonderem Maße Aggressionen ausgesetzt, so als hätte er die Nation geschändet und nicht ein Theaterstück uraufgeführt. Aus all diesen

Briefen und Zeitungsartikeln blitzt die mühsam verdrängte österreichische Vernichtungslust. Ich verstehe diese Leute. Sie haben ja nur noch die Kultur. Der Erste Weltkrieg hat ihnen die Monarchie genommen, der Hitler hat ihnen die Gold- und Devisenbestände der Nationalbank genommen, nach dem Kriege haben die Amerikaner Österreich zum Hawaii Mitteleuropas erklärt, und die Deutschen sind wieder ins Land gekommen und haben die schönsten Plätze an den österreichischen Seen gekauft. Und jetzt nimmt ein Deutscher ihnen auch noch das letzte, was ihnen geblieben ist, das Burgtheater, weg. Peymann liest mir diese Briefe vor wie ein Liebender, der nicht versteht, daß man ihn nicht liebt. Nachdem wir den halben Tag über die Österreicher gesprochen haben und diese Unterhaltung endlos zu werden droht, schlägt er mir die Weiterarbeit an meinem Stück vor. Wir lesen das Stück mit verteilten Rollen und haben immer mehr Spaß dabei. Da sitzen zwei Herren über fünfzig, und der eine spielt ein zwanzigjähriges Mädchen und der andere eine Geschäftsfrau in Freizeitkleidung.

Und beide girren und lachen und schluchzen und jammern vor sich hin. Manchmal liest Peymann meine Texte so inbrünstig, so hinreißend, daß ich mir wünsche, seine österreichischen Feinde könnten ihn dabei sehen und hören. Vielleicht würde sie das versöhnen. Zwischendurch trinkt er Kaffee und ich Tee. Offensichtlich gehört es zum Minimalismus dieser Wohnung, daß man nichts zu essen bekommt. Wir debattieren über die Rolle des Theaterdirektors in meinem Stück und geraten dabei in die Nähe seines Charakters. Das ist ja das Schöne am Theater. Man landet immer wieder bei den wirklichen Menschen. In der Prosa kann man sich etwas vorstellen. Bei Gedichten kann man innig fühlen. Aber das Theater findet erst statt, wenn Menschen auf die Bühne kommen, wenn jemand erscheint. Das Theater ist eine ganz und gar äußerliche Kunst. Gott sei Dank.

(Tagebuch, Donnerstag, 17. November 1994)

Die zweimalige Erschießung des Gerald Szyszkowitz

Am 24. Dezember 1972, am Heiligen Abend, ließ Richard Nixon Hanoi bombardieren. An diesem Heiligen Abend lief im österreichischen Fernsehen die 26. Folge von »Daktari«, der Film »Das Geheimnis der alten Mamsell« und ein mehrstündiges Absingen von Weihnachtsliedern. In den Nachrichten wurde der Vietnamkrieg mit keinem Wort erwähnt. 1973 kam mit Gerald Szyszkowitz eine Generation an die Schalthebel des ORF, der die politischen Ideen der Endsechzigerjahre begegnet waren, die daher Schwierigkeiten hatte, die Wirklichkeitsverleugnung des Mediums Fernsehen weiter mitzutragen, zumindest vor sich selbst. Szyszkowitz, selbst ein Autor, lud Autoren und Regisseure ein, mit den Mitteln der Fiktion vom Tatsächlichen zu berichten. Geschichten über die eigene Geschichte zu erzählen. Aus dieser Idee entstand etwas Neues, der österreichische Fernsehfilm, den am Anfang niemand wollte, der bei Erstausstrahlungen heftig umstritten war und manchmal schon davor, der Preise und internationale Anerkennung bekam und der schließlich zum Aushängeschild des ORF wurde. Unsere Filmserie, die »Alpensaga«, wurde als Meilenstein der Filmgeschichte gepriesen.

Man kann unseren Erfolg sehr prosaisch erklären: Wir waren nicht der Meilenstein der Fernsehgeschichte, wir waren ihr Mühlstein. Wir zogen das Publikum, welches sich lieber an das Leichte und an das Lustige gehalten hätte, hinunter in die Tiefe der politischen Verdrängungen und führten es in die Breite unserer epischen Erzählweisen. Millionen ließen sich unsere Filme gefallen, weil sie keine andere Wahl hatten. Es gab nur FS 1, FS 2 konnte nur in flachen Gegenden, wovon es in Österreich nicht sehr viele gibt, empfangen werden. Die Leute waren uns ausgeliefert, und sie pfeifen auf uns, seit sie uns umschaltend und surfend entwischen können. Ich habe vom Fernsehen zum

Theater gewechselt, weil es die Theaterbesucher nicht wagen, das Theater zu verlassen, es sei denn, ein schweres Blasenleiden zwingt sie dazu.

1986, das hochgerühmte Fernsehen lebte bereits mehr von seiner glorreichen Vergangenheit denn von einer besonders produktiven Gegenwart, wurde Gerald Szyszkowitz vom gerade neu gewählten Fernsehintendanten stehend erschossen. Das ORF-Gebäude am Küniglberg, so hell es in ihm auch sein mag, gleicht dem dunklen Londoner Tower, dessen Wände alle Morde, alle Schreie, alle Intrigen schlucken. Nur die Dichtung gibt das Geschaute, das Geschriene, das Geflüsterte wieder preis, und deshalb erdichte ich die Geschichte vom tapferen Gerald, der sich gegen die drohende Absetzung unserer Filmserie »Arbeitersaga« aufbäumte und dafür gekillt wurde. Zwei Wochen später tauchte Gerald Szyszkowitz in der Musikabteilung des ORF wieder auf. Er wünschte sich von uns Autoren Geschichten mit musikalischen Einlagen, um wenigstens auf dem Umwege der Musik dem Fernsehspiel nahe zu sein. Er glich einem Süchtler, dem man den Stoff entzogen hatte und der sehen mußte, wie sich sein Nachfolger an den Beständen vergriff. Hätte ich nur das geringste musikalische Talent gehabt, ich hätte für ihn zu komponieren begonnen.

1990 kam Bacher wieder an die Macht und Szyszkowitz zurück in seine Fernsehspielabteilung. Bacher, der ja bekanntlich zwei Seelen in seiner Brust hatte, eine schwarze und eine etwas weniger schwarze, strich das Fernsehspielbudget radikal zusammen und erhöhte es bei nächster Gelegenheit etwas. Szyszkowitz, der dieses Hin und Her für die Wiederbelebung des Fernsehspiels hielt, merkte nicht, daß er der Abteilung für langsames Siechtum vorstand, denn außer ihm und einer Gruppe Getreuer brauchte nun wirklich niemand mehr das österreichische Fernsehspiel. Die Suche nach der eigenen Identität ist, selbst bei aufregenden Bildern und besten Schauspielern, immer auch eine mühsame. In nunmehr zwanzig Fernsehkanälen wurde Flotteres, Einfacheres und oft auch Spannenderes verheißen.

1994 ist alles anders. Heute wünschen sich selbst grüne Abgeordnete, die Amerikaner mögen in Jugoslawien Bomben fallen lassen. Das Fernsehen verschweigt nichts mehr, es zeigt alles: Bomben, Leichen, Fischstäbchen, Liebespaare, Polizeihunde, Wahlsieger, und wird genau dadurch zu jener Wirklichkeitsaufhebung und -verleugnung, welche schon 1972 stattgefunden hat. Neue Herren mit altbekannten Gesichtern ziehen in die Chefetagen ein, immer sportlich unterwegs, früher für die SPÖ gelaufen und heute die Quoten gestemmt, und verkünden das neue Fernsehen, welches das uralte ist, in vielfacher Vermehrung und sehr rasant geschnitten. Der Faschismus steht vor der Tür, und da muß es noch einmal so richtig flott hergehen. Das war in den dreißiger Jahren nicht anders.

Und Gerald Szyszkowitz? Der schreibt, aus Angst, die letzten Reste seiner Fernsehspielabteilung zu verlieren, eine garantiert nichtssagende Fernsehserie. Aber auch die tiefen Verbeugungen vor der neuen Zeit helfen ihm nichts. Er wird erschossen, ein zweites Mal. Heutzutage wollen Machthaber keine gekrümmten Gestalten vor sich sehen, sondern sportliche, fröhliche, innerlich gebrochene Burschen und Mädels um sich haben. Kurz vor Weihnachten 1994 fiel Gerald Szyszkowitz vom Küniglberg, eingewickelt in die üblichen Fallpolster.

(Essay, 1994)

167

Der gute Film hat mich ruiniert

Mein Kino begann im Jahre 1957, in Maria Saal im Gasthof Skrainig. Im Tanzsaal dieses Gasthofes fanden jeden zweiten Samstag Kinovorführungen statt. Der Kinovorführer und sein Vorführapparat waren im Saal, die Leinwand sah aus wie ein zu lange benutztes Leintuch, in den Filmen *regnete* es ständig, denn in mein Dorf gelangten nur die allerschlechtesten Kopien. Die Sitze, auf denen man saß, waren einfache Holzbänke, die man bei Kirchtagen verwendete, und die Filme, die man spielte, waren Kolossalfilme, »Ben Hur«, »Das Gewand«, »Die Gladiatoren« und so weiter. Mein Kino, das Kino eines damals Dreizehnjährigen, waren aber nicht die Filme, nicht die unerschrockene Art, mit der Victor Mature die vermeintlichen Mörder seiner Geliebten in der Arena von Rom erschlug, mein Kino war die Pause zwischen dem ersten und dem zweiten Teil des Filmes, welche drei bis fünf Minuten dauerte. In diesen drei bis fünf Minuten wechselte der Kinovorführer die Rollen, legte er die zweite Rolle in den Vorführapparat. Er tat dies mit einer Taschenlampe, und im Saal, im zumeist vollbesetzten, wurde kein Licht gemacht. Vielleicht aus Sparsamkeitsgründen, ich weiß es nicht mehr. In diesen drei bis fünf Minuten Dunkelheit brach eine akustische Anarchie aus: Man hörte ein plötzliches Aufkreischen, einen Schlag auf die Hand, das Rollen von leeren Bierflaschen unter den Bänken, ein unterdrücktes Kichern, ein schweinisches Wort, eine zornige Bemerkung und ein mehrstimmiges Gelächter als Antwort darauf. In diesen dunklen Minuten überschlug sich meine Phantasie, stellte sich alles vor, wozu ein Dreizehnjähriger noch keine Möglichkeit, aber schon genug Vorstellungen hatte, schlug mein Herz zum Zerbersten und ging plötzlich der Film wieder weiter. Die Menschen sahen wieder aufmerksam zur Leinwand oder taten zumindest so. Am Ende des Films, das

Saallicht ging an, verabschiedeten sich die Menschen mit den *üblichen* Floskeln voneinander und gingen mit *normalen* Gesichtern aus dem Raum. Nichts deutete auf die Geschehnisse in den dunklen Minuten hin.

Mit vierzehn Jahren war ich Hauptschüler in der Landeshauptstadt und saß, so oft dies möglich war, in der dreizehnten Reihe des Kammerlichtspiele-Kinos, gemeinsam mit meinen Schulfreunden. Wir kauften keine Kinokarten, sondern gaben der Kartenabreißerin ein paar Schillinge, die sie in ihre eigene Tasche steckte. Wir sahen Filme wie »Fluß ohne Wiederkehr« mit Robert Mitchum oder »Rächer der Enterbten« mit Robert Wagner. Der Inhalt dieser Filme hat uns nicht wirklich interessiert, wir machten ständig blöde Bemerkungen über die Anatomie der Hauptdarstellerin. Die käme für uns überhaupt nicht in Frage, sagten wir halblaut und zur Verärgerung anderer Kinobesucher, die sei viel zu klein, die hätte ja Hängetutteln und außerdem sei ihr Hintern größer als der Postkasten vor dem Hauptpostamt. Eine ganze dreizehnte Reihe voller Angeber, deren Angebereien nur eines kaschieren sollte: die himmelschreiende Sehnsucht nach einem weiblichen Busen und einem weiblichen Hintern, welcher Größe auch immer. Das angehende Saallicht beendete blitzartig unsere Ausführungen. Mit eingezogenem Kopf verließen wir möglichst schleunig das Kino.

Mit sechzehneinhalb Jahren war es dann soweit: Ich saß im Peterhofkino, einem Vorstadtkino von Klagenfurt, und sah gemeinsam mit einer Schülerin aus der Parallelklasse der Handelsakademie, in die ich inzwischen ging, den Film »Die Rache der Pharaonen«. Es hätte genauso gut »Frankensteins Rache« oder wessen Rache auch immer sein können, denn wieder ging es nicht um den Film, sondern um die Berührung meines Knies mit dem Knie der Parallelklasslerin. Eine Berührung, die einen Flächenbrand auslöste, der an meinem Knie begann, sich über den Körper, über das Kino, über die Leinwand, über die Stadt bis ans Ende des Universums ausbreitete. Und wieder, wie schon im Tanzsaal des Gasthofes Skrainig in Maria Saal, war das angehende Saallicht das Ende aller Ausflüge ins Grenzenlose, ins Unvorstellbare. Wir standen auf und sprachen über den Film, den ich in Wahrheit gar nicht wahrgenommen hatte.

1962, ich war inzwischen achtzehn Jahre alt, startete das Volkskino in Klagenfurt die Aktion »Der gute Film«. Der Initiator hieß Horst Sihler, und ich denke, die Stadt Klagenfurt sollte ihm ein Denkmal setzen, denn er war es, der der allgemeinen Volksverblödung durch schlechte Filme den guten Film entgegensetzen wollte. Aber mein Kino, meine Anarchie, meine Weltenbrände, meine Phantasieungeheuer hat der gute Film ruiniert. Fortan achtete ich wirklich auf das, was ich auf der Leinwand zu sehen bekam, »Faust«, »Außer Atem«, »Letztes Jahr in Marienbad«, »Jules und Jim«, und so ist es bis auf den heutigen Tag geblieben: Ich schaue mir die guten Filme an, aber ich erlebe mein Kino nicht mehr.

Manchmal kommt es wieder. Zum letzten Mal bei Brandauers großartigem Film »Mario und der Zauberer«. An jener Stelle, an der die Kellner mit einer Flasche Wein am Tablett und mit Spaghetti ein Wettrennen veranstalten, begann ich abzuschweifen. 1968 war ich Hoteldirektor in Bibione. Wir hatten einen Kellner namens Mario, der sich in ein Mädchen aus Biberach an der Ries, welches mit seinen Eltern in unserem Hotel Urlaub machte, verliebte. Sie wehrte ihn mit der Bemerkung, sie sei sich zu schade für eine flüchtige Urlaubsbekanntschaft, ab. Seine Liebe zu ihr sei ernst und grenzenlos, sagte er, sie reiche *fino alla fine dell'universo,* und er werde ihr dies beweisen. Er werde zu Fuß von Bibione nach Biberach an der Ries gehen und vor ihrer Wohnungstür erscheinen. Am Ende der Saison ging er tatsächlich los und wurde vierzig Kilometer hinter Bibione

bei der Autobahnauffahrt Latisana von einem Auto ange-
fahren und lebensgefährlich verletzt. Die Polizei hat mich im
Hotel angerufen, weil sie in seinem Koffer eine Hotelservi-
ette mit der aufgedruckten Telefonnummer fand. Einige
Minuten später bin ich wieder zum Film zurückgekehrt.
Ich entschuldige mich bei Brandauer für diese Abschweifung.

(Essay, 1995)

Liebe Tana, liebe Geburtstagsversammlung!

Ich möchte Ihnen eine kurze Geschichte erzählen. In meinem Stück »Tod und Teufel« gibt es die Figur einer alten
und versoffenen Frau. Sie geht durch die Branntweinhallen
der Stadt und erzählt jedem, der es nicht hören will, daß
man sie vor acht Jahren zu Unrecht entlassen hätte. Sie sei
Verkäuferin in einem Supermarkt gewesen und hätte keineswegs hundert Schilling unterschlagen. Diese Rolle wurde einer Dame des Burgtheaterensembles angeboten, und
als diese sie ablehnte, wurde sie einigen Damen des Burgtheaterensembles angeboten, und als diese sie ablehnten,
wurde sie allen Damen des Ensembles angeboten, und als
diese sie ablehnten, wurde sie allen Damen aller Wiener
Ensembles angeboten, und als diese sie ablehnten, wurde
sie einigen Damen des deutschen ... ich will aus dieser kurzen Geschichte keine lange machen und verrate Ihnen daher die Pointe: Tana Schanzara spielte die Rolle.

Die Dame, welche in Wien die Rolle abgelehnt hatte, zerriß sich das Maul über diese Besetzung. Und die anderen
Damen zerrissen sich auch das Maul, und am Ende zerriß
sich ganz Wien das Maul. Und noch drei Minuten vor der
Uraufführung sagte die Garderoberin, die keinen schlechten Charakter, aber eine tiefe Kenntnis der Wiener Thea-

171

terwelt hatte, daß dies nicht gutgehen könne: Eine Frau wie
Tana Schanzara kann am Wiener Burgtheater nicht gewinnen.

In der dritten Szene kam Tana zum ersten Mal auf die
Bühne. Sofort begannen sich die vorbereiteten Hustenrei-
ze zu entladen, verwandelten sich langsam in vereinzelte
Hüstler, welche schließlich ganz verebbten. Am Ende des
Stückes, bei Tanas letzten Sätzen, war es still im Theater,
ganz still. Es war jene Stille, von der man nicht weiß, ob es
in den nächsten Sekunden den größten Mißerfolg aller Zeiten oder das komplette Gegenteil geben wird.

Was soll ich Ihnen sagen? Die Schauspieler wurden akklamiert, ich wurde akklamiert und ein bißchen ausgepfif-
fen, aber als Tana hinausging, brach ein unvorstellbarer Ju-
bel aus. Die Hände, welche wild entschlossen waren, sich
nicht zu rühren, klatschten wie verrückt und die Münder,
die sich in vornehmer Süffisanz verziehen sollten, öffneten
sich. Die Menschen jubelten Dir zu, Tana, und als Du, ich
glaube, es war das zehnte Mal, in die Gasse zurückkamst,
in der wir alle standen, sagtest Du mit einem Gesichtsausdruck wie ein Kind: »Die lieben mich ja.« – »Ja, Tana, die
liebten Dich. Die Wiener lieben Dich, und die Oldenburger
lieben Dich, und die Mannheimer lieben Dich, und die
Bonner lieben Dich, und die Bochumer lieben Dich, und
könntest Du Deine Tiere etwas leichter und etwas länger
verlassen, würde man Dich auch in Paris, in London, in
Barcelona und in Philadelphia lieben.«

Wie kann man solches erklären? Bekannterweise stirbt
die Welt ja an Umweltverschmutzung, an berstenden Atom-
kraftwerken und an immer größer werdenden Ozonlö-
chern, aber ich glaube das nicht so recht. Vorher erstarrt sie
am Geiz der Gefühle, an den mickrigen Herzen, an der
Unfähigkeit zur Hingabe. Aber wenn ein Mensch daher-
kommt wie Du, Tana, mit einem Herzen wie dem Deinen,
welches kein Krämerladen ist, sondern eine Großhand-

lung, wo nur ausgefolgt wird und nie nachgerechnet, eine ständige und umfassende Herzensverschenkung stattfindet, im Leben wie auf der Bühne, wenn so etwas Seltenes geschieht, dann schauen viele, die doch böse und unberührt bleiben wollten, staunend hinter ihren Mauern hervor. Ich weiß nicht, warum Dein Herz nicht weniger wird bei all diesen Verschenkungen. Es wird wohl auch die Trauer gewesen sein, die es so groß und unzerstörbar gemacht hat.

Der Leander Haußmann und seine pfiffigen Leute haben Dein Herz zu ihrem Wahrzeichen gemacht, aber die Strahlen Deines Herzens gehen über jedes Briefpapier, über jedes Plakat, über jede Programmvorschau weit hinaus. Sie haben mich erwärmt, als wir uns zum ersten Mal in der Garderobe des Wiener Burgtheaters trafen und die Flasche Whisky, die wir miteinander tranken, war ein unwesentlicher Beitrag zu dieser Erwärmung. Sie haben mich erwärmt, als ich bei der Generalprobe tief gekränkt in der siebzehnten Reihe saß, weil der Regisseur schon wieder einmal nicht das gemacht hatte, was ich mir zwei Jahre lang ausgedacht hatte. Und sie haben mich gewärmt, als ich bei der Uraufführung in der Gasse stand und meinen unausweichlichen Theatertod erwartete. Und außerdem glaube ich, daß jeder Mensch, der in diesem Raume ist, schon mindestens einmal von diesen Strahlen erwärmt wurde.

Liebe Tana, dieses Fest, diese Rede sind ein Versuch, Dir ein wenig für diese Wärme zu danken. Ich danke Dir und Euch allen fürs Zuhören.

(Rede, 1995)

Über Ferdinand Raimund

In einer Kritik aus dem Jahre 1835 über Ferdinand Raimund lese ich, seine Werke seien die Verirrungen eines kranken Geistes, weil er seine Worte nicht in Einklang mit den Begriffen des Volkes bringen könne. 1850, 14 Jahre nach seinem Tode, schrieb eine Wiener Zeitung, Raimunds Werk sei der Höhepunkt, alles an ihm sei edel, wahr und natürlich. Er sei das Vorbild aller Volksdichter und die umfassende Liebe des Volkes sei ihm gewiß.

In der Schule habe ich gelernt, daß Raimund Feen- und Zaubermärchen geschrieben hat, daß er ein depressiver Mensch gewesen sei, daß er ewig verlobt gewesen wäre, daß ihn sein Hund gebissen hätte, und daß er sich – aus Angst, die Tollwut könnte auf ihn überspringen – im Zug nach Wien erschossen hätte. Da man in Österreich nie so genau weiß, wer wen aus welchen Motiven beißt, wage ich eine Neuinterpretation von Raimunds Leben und Werk:

Ferdinand Raimund hat ein paar Theaterstücke geschrieben, die vom Publikum und von der Kritik gleichermaßen abgelehnt wurden. Auf dem Höhepunkt seines Mißerfolges ist er von einem Wiener Theaterkritiker gebissen worden. Aus Angst, seine ewige Verlobte könnte die Spuren des Bisses entdecken und mißdeuten, erschoß er dieselbe und fuhr mit seinem Hund im Zug nach Wien. Seitdem ist ihm die umfassende Liebe des Volkes gewiß.

(Text, 1996)

Über den Teufel

Ihrem Ansuchen bzw. dem Ihres Direktors, für die nächste Ausgabe Ihrer Zeitschrift »Opernjournal« einen Artikel über das Auftreten des Teufels in Theater und Oper zu schreiben, muß ich mein vollkommenes Scheitern entgegensetzen. Ich bin sehr wohl mit gutem Willen an die Sache herangegangen, habe in den Restbeständen meiner Bildung und in den Beständen meiner Bibliothek gekramt und dabei zutage gefördert, was die gebildeten Leser Ihrer Zeitung ohnehin schon längst wissen: Der Teufel kommt nicht nur beim alten Goethe vor, sondern vor ihm und nach ihm in vielerlei Gestalt. Um über diese banale Erkenntnis etwas hinauszugelangen, habe ich in eigenen Teufelserinnerungen geforscht und erinnerte mich dabei an ein Bild, das ich als Jugendlicher im Dom zu Maria Saal des öfteren betrachtet hatte. Ein häßlicher Teufel, rot wie ein Engerling, umgarnt von hinten eine schöne, gotische Jungfrau.

An dieser Stelle meiner Arbeit für Sie und Ihr Opernorgan geschah etwas Merkwürdiges, Unvorhersehbares. Ich entdeckte eine unnatürliche Rötung meiner Haut, welche keineswegs von einem Solariumsbesuch stammen konnte, ich bemerkte Behaarungen an Stellen meines Körpers, die bis zu diesem Zeitpunkte definitiv unbehaart waren, und ich ertastete zwei symmetrisch angeordnete Beulen auf meinem Kopfe, ohne mich an ein Anstoßen an einem Türpfosten oder an einem anderen harten Gegenstand erinnern zu können. Es gab nicht nur äußere Anzeichen einer Verwandlung, auch mein vormals guter Wille wandelte sich zu einem bösen. Die Frage, welche Teufel in den Theaterstücken und in den Opern ihr Unwesen getrieben hatten, wurde mir immer gleichgültiger, und ich dachte nur noch an die gotische Jungfrau.

Sie bekommen keinen Artikel von mir. Und dies tut mir – auch ein Ergebnis meines verwandelten Wesens – nicht einmal leid. Nach Abfassung dieses Briefes eile ich oder besser gesagt: hinke ich ins Gotische.

Grüß Gott!

Ihr Peter Turrini

(Artikel, 1996)

Die Rede vom echten Kärntner

Sehr geehrte Zuhörer! Liebe Freunde!

Ein Theatertreffen, also ein Zusammentreffen von Theaterleuten, von Schauspielern, von Regisseuren, von Bühnenbildnern, von Theaterdichtern, ist eine Ansammlung von Lügnern. Die Vorstellung, die allabendliche, ist eine Verstellung. Die Geschichten, die wir Ihnen erzählen, sind von vorne bis hinten erfunden. Die Klinge, welche sich in die Brust des Helden bohrt, landet keineswegs in dieser, das Blut, welches effektvoll aus der Wunde des Gemeuchelten tropft, ist ein Gemisch aus Ketchup und Hagebuttentee, aber dies mindert keineswegs Ihr Entsetzen. Sie glauben an den Frühling, wenn eine gute Tonanlage Vogelstimmen in eine Landschaft zaubert, und selbst Ihr literarisches Wissen von der sicheren Tötung des Fräulein Desdemona durch Herrn Othello kann Sie nicht daran hindern, mit dem Fräulein zu bangen und doch noch auf eine Unterlassung der Erwürgung zu hoffen. Je eindrucksvoller wir Ihnen etwas vorgaukeln, desto beeindruckter sind Sie. Sie wissen ganz genau, daß an diesem Orte nichts echt ist, und genau deshalb sind Sie, wenn wir gute Lügner waren, echt ergriffen. Kurz gesagt: Sie glauben uns, weil wir Sie belügen. Wir fälschen die Wirklichkeit, und gerade deshalb kommt Ihnen am Theater sehr vieles so wirklich vor.

Die Bilder, welche außerhalb des Theaters, also im wirklichen Leben kursieren, die Medienbilder, die Bilder, die ein Staat, ein Land von sich prägt, jene Bilder, welche Menschen von sich haben und sich von anderen machen, betreiben etwas Gegenteiliges: sie pochen auf den Grad ihrer Echtheit, sind nicht gelogen, sind wahr. Sie berichten uns von den Schrecken des jugoslawischen Krieges, aber sie erzählen uns nichts vom schrecklichen Zwang des Berichterstatters, immer neue Bilder und immer schnellere Urteile herstellen zu müssen. Das Licht der Kamera erleuchtet jeden Ort, aber niemals das Dunkle im Inneren des Bildermachers. Was bedeutet ein Urteil, welches alles über den Verurteilten, aber nichts über den Verurteiler sagt? Menschen machen Bilder über Menschen, der Wahnsinn ist immer woanders, am Balkan, beim Nachbarn, er ist immer bei den anderen. Derzeit ist er in England bei den Rindern.

Wie soll man die menschliche Existenz, das Leben des einzelnen, mit solchen ständig wechselnden Bildern in Einklang bringen? Die Slowenen galten in diesem Lande immer als etwas Minderwertiges, diese Abschätzigkeit traf ihre Sprache und ihren Charakter gleichermaßen. Sind sie, nachdem sie einen Abwehrkampf gegen die jugoslawische Bundesarmee gefochten und einen eigenen Staat gegründet haben, plötzlich etwas Höherwertiges? Bemüht sich der Kärntner Kameradschaftsbund bereits um die Aufnahme der slowenischen Frontkämpfer? Wie hat man es bloß geschafft, die Flüchtlinge aus Jugoslawien, die doch vom Aussehen und vom Ansehen nichts als »Tschuschen« waren, in gute Bosnier und böse Serben einzuteilen? Sind die Kroaten, die man hier »Krowoten« nennt und damit etwas Hündisches meint, plötzlich ins Heldenhafte aufgestiegen, weil sich der oberste Kroate, Herr Tudjman, in der lächerlichen Pose des Kriegshelden gefällt?

Der Bilderwahn, das immer schnellere und willkürlichere Urteilen und Verurteilen fällt nicht nur in militärische Krisengebiete ein, es befällt auch unsere Beziehungen. Wir sperren Bekannte und Unbekannte, Nachbarn, Arbeitskollegen, Mitmenschen in einen Käfig unserer wechselnden Vorstellungen, und selbst jene, die uns sehr nahestehen, zwingen wir, unseren Bildern zu entsprechen. Am Ende sind wir allein, mit vielen Bildern und zwei Katzen.

Ich kann nicht in dieses Land kommen und kommentarlos an jenen Bildern vorbeigehen, welche für mich immer bestimmend waren. Das schlimmste Bild, welches mir in meiner Kindheit und Jugend vorgesetzt wurde, in Schul-

büchern, an Stammtischen, bei Aufmärschen, in Politikerreden, war jenes vom »echten Kärntner«. Dieses Wesen
beteuerte und besang seine Echtheit ununterbrochen. In
seinen Adern floß keineswegs eine Mischung aus Ketchup
und Hagebuttentee, sondern echtes deutsches Blut. In ihm
war überhaupt nichts Vermischtes: nichts Slowenisches,
nichts Italienisches, nichts Kroatisches, nichts Fremdländi-
sches. Alles war echt.

Aber um welchen Preis? Wieviel Fremdes in ihm und
um ihn mußte verachtet, verdrängt, verschmäht, vertrieben, vergast werden, damit jener Rest übrigblieb, der sich
für ein Ganzes hielt? Warum ist der Glücksfall einer Mischung, einer Vermischung, etwas Selbstverständliches in
einem Grenzland, ein solcher Unglücksfall für dieses Land
geworden? Wie viele verschiedene Sprachen und welch un-
terschiedliches Sprechen mußte verstummen, damit eine
Landessprache alles übertönen konnte? Wie viele alte Leute, welche die herrschende Sprache nicht so schnell in den
Mund und die Sprache ihrer Herkunft nicht so schnell aus
dem Gemüt brachten, mußten zum Schweigen gebracht
oder weggesperrt werden? Wie viele Kärntner Slowenen
sind Anfang der zwanziger Jahre und Ende der dreißiger
Jahre aus diesem Lande vertrieben worden, weil sie nicht
willens waren, ihre Sprache und damit ihre Geschichte und
ihre Erinnerungen aufzugeben? Wie viel Anpassung, wieviel Verstellung, wie viele Umbenennungen mußten vorge-
nommen werden, damit man sich halbwegs unentdeckt in
die Reihen der Echten einordnen konnte? In welches Grölen mußte man einstimmen, um endlich die Sicherheit des
Dazugehörigen zu erlangen, welche doch wieder brüchig
wurde, wenn einem ein fremdes und damit eigenes und damit falsches Wort entfuhr?

Von solcher Anstrengung war nicht nur gezeichnet, wer
in den Kreis der Echten wollte, sie galt auch für jene, die
schon drinnen waren: Wie zerrissen mußte sich einer füh-

len, der sonntags als Bauer unter Bauern saß, obwohl er längst ein Pendler, ein Abhängiger war? Wie frei und stolz konnte man sein, wenn man bei der Raiffeisenkasse verschuldet war, bis über beide Ohren und für alle Zeiten? Wie sollte man sein Deutschtum hochhalten, wenn das einzig wirklich Deutsche, das man in der Familie hatte, der Lohnstreifen einer deutschen Firma war? Wie hat man es geschafft, die heimatlichen Wiesen und Wälder zu besingen, durch die doch längst die Touristenströme marschierten? So viele Kasnudelvereine konnte man gar nicht gründen, damit das Widersprüchliche, das Zerrissene, zum Einen und Echten verschmolz.

Damit Sie mich richtig verstehen: ich habe nichts gegen Kasnudeln und Kärntnerlieder. Ein Lied, welches mir die Alltagsgeschichte und nicht das Sonntagsbild eines Landes näherbringt, schätze ich sehr, und die Kasnudeln schmekken ziemlich gut. Aber wenn man sein Lied und seine Nudel wie eine ideologische Standarte vor sich herträgt, dann wird man blind für sein Selbst und für das anderer Menschen.

In diesem Lande geschah und geschieht, was an vielen Orten stattfand und stattfindet: weil man das, was ist, nicht aushält, verdrängt und vernichtet man es, um es als Abklatsch, als Kitsch, als Ideologie, als Verein, als Fassade, als Bild wiederaufersten zu lassen. Nachdem die slowenische Kultur in diesem Lande verschwunden ist, darf sie am 10. Oktober als folkloristische Darbietung mitmarschieren. Seit die nordamerikanischen Indianer hinlänglich ausgerottet sind, nehmen die Schamanenseminare extrem zu. Der österreichische Heimatfilm feierte seine Blütezeit zu Beginn der fünfziger Jahre, als kein Förster durch den Silberwald schritt, sondern die Besatzungsmächte durch denselbigen mit ihrem Jeep fuhren. Die Trachtenvereine wurden zu jenem Zeitpunkt gegründet, als die Tracht, das Gewand der Dorfbewohner, durch industriell gefertigte, strapazierfähigere Stoffe abgelöst wurde. Seit unser Essen vergiftet ist, gibt es immer mehr Bioläden. Seit das spontane Musizieren aus den Bauernstuben und von den Kirchtagen verschwunden ist, stürmen die »Original Zillertaler« und die »Echten Griffner Buam« die Hitparaden. Die Seele der Ingeborg Bachmann mußte von diesem Lande verstört werden, damit das Land Kärnten einen Ingeborg-Bachmann-Preis ausloben konnte. Die Landschaft mußte verhunzt werden, damit sie auf den Hochglanzprospekten der Tourismuswerbung nach echter Kärntner Heimat aussehen kann. Die eigene Familie mußte geopfert werden, damit der zahlende Tourist den echten Kärntner Wirt so vorfindet, wie sich ein erschöpfter Gastwirt den echten Kärntner Wirt vorstellt. Das ganze Zollfeld mußte mit Schnellstraßen zerschnitten werden, damit der Herzogstuhl wieder im echten Glanz erstehen konnte. Das Echte, das echt Kärntnerische hat mich aus diesem Land getrieben.

Aber auch das ist nur ein Teil der Wahrheit. Es gab eine Zeit, da wollte ich diesen Bildern entsprechen. Ich wollte so gerne dazugehören, ein Erfüller dieser Bilder sein. Es gibt ein Photo aus dem Jahre 1952, ein sogenanntes Erstkommunionsbild, auf dem ich mit anderen Kindern in Reih und Glied vor dem Maria Saaler Dom stehe. Ich habe alles an mir, was ein Erstkommunionskind ausmacht: den reuigen Blick, die Kommunionskerze und einen echten Kärntneranzug. Der Dorfpfarrer nannte dem anwesenden Bischof (oder war es einer seiner Stellvertreter?) unsere Namen, und als ich an der Reihe war, sagte er: Das ist der Dorenig. Er verkärntnerte meinen italienischen Namen, ob aus Absicht oder Fahrlässigkeit, kann ich nicht sagen. Ich weiß nur, daß ich mich für meinen Namen geschämt habe, nicht für den falschen, sondern für den richtigen. Später hätte ich den Dorfmädchen imponieren können, wenn ich als echter Landbursche auf dem Kirchtag gesoffen und gerauft hätte. Das erstere konnte ich, zum letzteren war ich trotz meiner massiven Gestalt zu feige. Mein Weggehen aus Kärnten war also durchaus kein heroisches und mein Anderssein kein freiwilliges.

Noch einmal tauchte der Name Dorenig für den meinen auf: In einer Kärntner Tageszeitung stand zu lesen, daß man die Gedichte eines gewissen Peter Dorenig in einer Literatursendung des Rundfunks vernommen habe. Da war ich schon in Wien, ich schämte mich nicht mehr, ich lachte, wenn auch mit leichter Verbitterung. Ich habe versucht, aus meinem Anderssein, welches nicht nur für meinen Namen galt, eine Haltung, eine Würde, einen Beruf zu machen. Ich hatte begonnen, das Andersartige zu beschreiben. Ich begann, mich gegen das Echte auszusprechen.

Noch ein Versuch, genauer und wahrer zu sein: Ich gebe, mit mir selbst ins Gericht gehend, zu, daß es nicht nur einen Drang zum Heil, sondern auch einen Hang zum Unheil gibt. Ich möchte Ihnen dazu eine kurze Geschichte erzählen: Ich bin vor einiger Zeit mit einem jüngeren Freund durch jenen Ort gegangen, in dem ich aufgewachsen bin. Wir blieben vor einem Gasthaus stehen, er lud mich ein, etwas zu trinken. Da gehe ich nicht hinein, sagte ich, da sitzen die alten Nazis drin. Er schaute mich etwas fassungslos an und sagte: Hier tagen die Alternativbauern. Ich war im ersten Moment ein Überführter und bin jetzt ein Fragender: Breitet sich in diesem Land, seit meinem Weggang, nicht nur das alternative Gemüse, sondern auch das alternative Denken aus? Haben die Bilderstarrer abgenommen und die Bilderverweigerer zugenommen? Gibt es hier zunehmend Menschen, mutigere als ich einer war, die hierbleiben, vom Sein reden und nicht mit dem Schein grölen? Wird hier öffentlich darüber gesprochen, daß Kärnten die höchste Arbeitslosen- und Selbstmordrate hat und wer oder was dafür verantwortlich ist? Kann man inzwischen aussprechen, daß die katholische Kirche einen nicht unbeträchtlichen Teil dieses Landes ihr eigen nennt und dadurch

Gefahr läuft, die Frohbotschaft mit der Macht des Grundbuches zu verkünden? Ist diskutierbar geworden, wie sehr sich die Zeitungen, die Medien dieses Landes im Würgegriff der Politiker befanden und wie sehr sich dieser Vorgang gerade umdreht, weil man sich ein anderes als ein sadomasochistisches Verhältnis nicht vorstellen kann? Ist endlich davon die Rede, daß man hierzulande das Intellektuelle mißachtet und vertreibt, damit sich die einheimischen Zwerge nicht von größer Gewachsenen überschattet fühlen? Ist nachzulesen, wer hier alles verteufelt werden mußte, in der Geschichte und in der Gegenwart, damit die echte Kärntner Seele endlich den Weg zu sich selber findet, wo sie doch niemals ankommen wird?

Ich weiß es nicht. Ich bin zu lange aus diesem Lande weg und zu weit von ihm entfernt, um die Stimmen, die grölenden und die nachdenklichen, die befehlenden und die fragenden, wirklich auseinanderhalten zu können.

Ich bin nicht von diesem Lande in ein anderes gegangen, ich bin nicht von einer Stadt in eine andere gezogen, ich bin vom Echten ins Unechte gewechselt, ich bin ins Theater geflüchtet. Hier, wo alles Erfindung ist, Schimäre, Maskerade, Fiktion, falsch wie der Bart des Propheten, habe ich mich auf die Suche nach dem Tatsächlichen gemacht. Ich erinnere mich mit schönem Schaudern an ein Gemälde in der Maria Saaler Kirche. Ein gotisches Fräulein wird von einem Teufel, häßlich wie ein Engerling, von hinten umgarnt. Er ist kein slawischer Teufel, der über die Karawanken schaut, er ist auch kein Lustmörder von Seite zwei der »Kronen Zeitung«, er ist eine Figur der Kunst, eine Kunstfigur, eine Fiktion, ein theatralisches Unwesen, eine Abspaltung Gottes, ein auf den Kopf gefallener Engel. Ihn konnte man sich mit Kreuz und Weihrauch und ähnlichem Brimborium vom Leibe halten, und selbst wenn er in denselbigen fuhr, war er noch immer austreibbar. Wer aber verscheucht den Teufel von jenen Menschen und Menschengruppen, die heute verteufelt werden? Unsere Kultur hat den Teufel vermenschlicht und damit die Verteufelung des Menschen möglich gemacht, bis hin zu seiner industriellen Vernichtung.

Am Theater ist alles anders, und das schon am nächsten Tag. Hier ist der Teufel ein Schauspieler, der am nächsten Abend den Engel spielt und am übernächsten den Witzbold. Man kann den Menschen eingrenzen, einfassen, in Gefäße zwängen, in nationale, in mediale, in mentale, aber wirklich erfassen kann man ihn damit nicht. Unser Leben, wohl eher einer vielschichtigen Zwiebel vergleichbar denn einem kernigen Obst, ist kein begrenztes Bild, es ist ein Scherbenhaufen. Mit jeder Scherbe kann man verletzen, sich selbst und andere, und in jeder Scherbe kann sich das wunderbarste Licht spiegeln.

Sie, die Verantwortlichen für dieses Unternehmen, haben mich aufgefordert, die Theatertage mit einer Rede zu eröffnen. Das habe ich jetzt gemacht, und ich danke Ihnen für die Einladung. Sie haben ein Theaterstück von mir, auf dessen Aufführung in diesem Lande ich 25 Jahre gewartet habe, auf den Spielplan gesetzt, und auch dafür danke ich Ihnen. Sie haben mich gewissermaßen heimgeholt, aber zu Hause bin ich nur hier, wo ich gerade stehe, im Theater. Ich danke Ihnen allen fürs Zuhören.

(Rede, 1996)

Über das Häßliche und das Schöne

Was soll ich zu Ihren fast schwärmerischen Worten sagen? Es freut mich einfach, daß es Menschen wie Sie gibt, die hinter den Schreckensbildern der Kunst die Sehnsüchte empfinden, die einen Künstler bewegen, vorantreiben. In jedem Bühnenmord steckt ein Aufschrei, ein Aufruf an die

Wirklichkeit, ein solcher Mord möge nicht stattfinden. In jeder Grausamkeit, die die Kunst vorführt, steckt die flehentliche Bitte des Künstlers an seine Zuhörer und Zuseher, solch Grausames unter ihnen zu vermeiden. Wer in den Werken der Kunst nur das Schöne einfordert, der will sich der Wahrheit nicht stellen, daß der Weg zum Schönen nur über die Überwindung des Häßlichen, des Schrecklichen möglich ist. Wir bekommen das Paradiesische in uns nicht geschenkt, wenn wir das Mörderische um uns nicht bannen.

(Brief, 1996)

Lieber Walter Grond!

Jetzt verwickeln Sie mich in eine Debatte, die ich schon seit längerem mit mir selbst führe, und das ist gut so. Was Sie an den Computerfreaks beobachtet haben, daß sich Menschen immer weniger als Ganzes, sondern immer mehr in Anekdoten und Zeichen darstellen, in Einzelheiten zerfallen und nur noch Einzelnes vorführen, ist eine Tatsache. Menschenschilderer, die wir beide von Berufs wegen sind, können an dieser Tatsache nicht vorbeigehen. Aber was heißt das in der konkreten Arbeit?

Ich habe dieses Phänomen für mich die »Inseldramaturgie« genannt, daß sich Menschen wie Inseln in einem Meer fortbewegen, auf sich gestellt und vor sich hin schwimmend, und nur selten und wie durch einen Zufall beieinander anlegen, und dann auch nur für kurze Zeit. In meinem letzten Stück »Schlacht um Wien« wandern diese Inselmenschen durch einen Wald, getrieben von Gewaltphantasien, und berühren einander nur kurz und zufällig und manchmal gewaltsam. Ich habe also aus einem menschlichen Verhalten eine Dramaturgie gemacht, aber ich bin mir bis heute nicht sicher, ob das funktioniert. Es war für das Publikum über weite Strecken sehr schwer, diesen Figuren, von denen ihnen immer wieder nur Stücke, also Stückwerk, vorgeführt wurden, zu folgen. Als ich in den Diskussionen nach einigen Aufführungen im Burgtheater meine Figuren erklärte, taten sich alle leichter. Aber das Theater besteht ja in der Regel nicht aus einer Aufführung und einer anschließenden Erklärung, sondern aus der Begegnung zwischen Publikum und Stück, und die funktioniert im Moment oder nicht.

Vielleicht muß man am Theater etwas sehr Neues mit sehr traditionellen Theatermitteln erzählen. Vielleicht muß man den ganzen Menschen noch einmal vorführen, an das Gemüt des Publikums heranführen, damit sie seine Zerrissenheit, sein Zerteiltes, seine Bruchstücke besser erkennen können. Vielleicht hat das Theater (und ich rede nur von diesem) ein paar eherne Gesetze, die man nicht leugnen kann. Warum kehren in der Theaterliteratur immer die Geschichten wieder? Warum gibt es kein experimentelles Stück, keine neue Form, die wirklich geblieben ist? Warum landet alles immer wieder bei der Geschichte, bei der Kontinuität, bei der Chronologie? Warum wollen die Menschen im Zuschauerraum immer wieder mit einem oder mehreren Menschen mitgehen, mitleiden, ja sogar mitsterben?

Wissen Sie, lieber Walter Grond, ich liebe das Theater, diesen mehrtausendjährigen Brutkasten, über alles. Und ich möchte auf ihm Auskunft geben über den Menschen von heute, aber manchmal ist das schwer zu schaffen. Ich kann Ihnen also gar keinen Rat geben, sondern nur einen Vorschlag machen: Was immer bei Ihrem Stück herauskommt, ob eine großartige Aufführung oder ein mißlungenes Stückwerk, schreiben Sie auf jeden Fall das nächste. Ich stolpere seit dreißig Jahren von Niederlage zu Niederlage und bin zwar nicht im Leben, aber in der Theaterdichterei sehr glücklich.

Ich grüße Sie auch sehr herzlich und halte Ihnen alle Theaterdaumen für Sarajevo.

(Brief, 1997)

Lieber Otto Schenk!

Du bist einer der traurigsten Menschen, die ich kenne, und es gehört zum schönen Aberwitz des Lebens, daß ausgerechnet Du zum größten Verbreiter von Heiterkeit geworden bist.

Du bist der größte Narr dieser Stadt, dieses Landes und weit darüber hinaus. Die Menschen brauchen Dich ganz dringend, weil sie große Angst haben vor dem Anblick ihrer eigenen Verrücktheiten, vor dem Wahrnehmen ihrer Abgründe. Sie brauchen einen, der für sie hinschaut und hinuntersteigt. Einen, der von dem Schrecklichen, das er sieht, die lustigsten Sachen erzählen kann. Du bist der Tanzbär über den Abgründen der Menschen, und Du mußt tanzen, jeden Abend tanzen, damit sie etwas zum Lachen haben.

So ein Abgrundschauer wie Du hat selber Angst und möchte festgehalten werden: von seiner Frau, von seinen Freunden, vom Geld, von der Anerkennung. Wir bemühen uns ja redlich, aber ich fürchte, daß wir Dir alle nicht helfen können. In Wahrheit hält Dich keine Frau, kein Freund, keine Gage, kein Orden, keine Jubelfeier, sondern einzig und allein das Lachen Deiner Zuschauer. Wenn sie auflachen, ist ihre, aber auch Deine Trauer gebannt. Wenn sie ihr Unglück vergessen, vergißt Du auch Deines. Ihre offenen Gesichter in den Sitzreihen sind das Geländer, an dem Du Dich festhältst. Ihre gebannten Augen sind das einzige, was Du sehen willst. Du rennst von New York bis Langenlois, von der Josefstadt bis in die Mehrzweckhalle, damit dieses Lachen, dieses Schauen nicht aussetzen. Denn würde dies geschehen, für länger als einen Moment: Du würdest abstürzen, mit allen Orden und Titeln und wärest mausetot.

Hoch sollst Du leben!

(Rede, 1997)

Über Dario Fo

Über die Tatsache, daß Dario Fo den Nobelpreis für Literatur bekommen hat, habe ich mich sehr gefreut. Gefreut habe ich mich aber auch, daß alle diese kritisierenden Dummköpfe, vor allen in deutschen Feuilletons, sich darüber geärgert haben. Das Theater ist nach wie vor ein Stiefkind der »hohen« Literatur, man glaubt, daß alles, was zwischen zwei Buchdeckel gefaßt ist, edler, seriöser, literarischer sei. Und denkt vom auf der Bühne gesprochenen Wort durchaus minder. Das ist eine Blödheit, die sich durch die ganze deutsche Literaturrezeption zieht. Indem man einem wunderbaren Theatraliker wie Dario Fo den Nobelpreis gegeben hat, ist man dieser Blödheit ein bißchen zu Leibe gerückt.

(Brief, 1998)

Über Elfriede Jelinek

Sehr geehrte Zuhörer! Liebe Freunde!

Daß mich der Ivan Nagel eingeladen hat, eine Laudatio auf Elfriede Jelinek zu halten, ist bis zu einem gewissen Grad ein Fehler, ein Irrtum. Ich habe nämlich ein sehr widersprüchliches Verhältnis zu ihrem Werk. Es ist mir immer wieder fremd, und es zieht mich gleichermaßen an. Ihre dramatischen Methoden irritieren mich, und doch warte ich auf die nächste Irritation. Während ich mich mühsam am Erzählen festhalte, weil ich ohne klare Geschichte kein Stück schreiben kann, springt sie mit Leichtfüßigkeit in immer neue Assoziationen und Bedeutungen, längst die Chronologie einer Geschichte hinter sich lassend. Als ich das Manuskript von »Totenauberg« las und sie mich fragte, wie lange meiner handwerklichen Erfahrung nach ein Monolog dauern sollte, antwortete ich: »Fünf Minuten, länger nicht.« – »Dann soll meiner zehn Minuten dauern«, sagte sie, und ich war wieder einmal mit einer ihrer vorsätzlichen Regelverstöße gegen das dramatische Handwerk konfrontiert, mit denen sie mich seit Jahren nervös macht. Dieser meiner Nervosität folgte aber auch immer wieder Begeisterung. Als ich »Totenauberg« auf der Bühne sah, den besagten Monolog hörte, war ich wieder ein Elfriede-Jelinek-Fan, oder besser gesagt: ein Elfriede-Jelinek-Therese-Affolter-Fan.

Inzwischen sind ihre Monologe noch länger, aus ihren Stücken sind prosaähnliche Texte geworden, die ich mit Begeisterung lese, und es ist noch unerheblicher geworden, ob die Texte der Elfriede Jelinek meiner Vorstellung von Theater entsprechen oder nicht. Und doch muß ich jetzt eine Abschweifung ins Grundsätzliche machen: Ich möchte ihr und mir und den Theaterdichtern etwas ins Gemüt sagen: Wenn wir den Weg vom Stück zum Text gehen, schon wenn wir uns die Bezeichnung »Text« für eine Theaterdichtung gefallen lassen, laufen wir Gefahr, das Theater nur noch beim Hintereingang zu betreten – übernommen, sortiert, paketiert, vorgeführt und verkauft werden wir dann von anderen, von den diensthabenden Geschäftsführern der Theaterkunst. Ich rede nicht von deren großartigen und weniger großartigen Aufführungen, ich rede von ungleichen Machtverhältnissen. Es ärgert mich, daß

Regisseure, mit wenigen Ausnahmen, lieber zu toten Dichtern greifen, weil die lebenden zurückreden könnten. Es ärgert mich, daß sich das Theaterbild, der Theatereffekt immer mehr über das Theaterwort legen. Es ärgert mich, daß Theaterstücke zunehmend mit anderen Theaterstücken, mit Politikerreden, mit Wetternachrichten, mit Zeitungsartikeln vermanscht werden, weil in der Postmoderne angeblich alles von gleicher Gültigkeit ist. Was bald dazu führen wird, daß alles auf der Bühne Stattfindende gleichgültig ist, Hauptsache, es hat Effekt. Und es stört mich, daß Theaterregisseure, bei einer Produktion mit durchschnittlicher Aufführungszahl, grundsätzlich das Fünffache von Autoren verdienen. Das Theater ist eine gemeinsame, keine solistische Kunst.

Möglicherweise verkleide, ja kaschiere ich meine Ambivalenz zu Elfriede Jelineks Werk mit theaterpolitischen Abschweifungen, wo die Sache in Wahrheit tiefer liegt und einfacher ist: Ich tue mich mit Teilen ihrer Arbeit schwer, weil sie eine Frau ist und ich ein Mann. Sie nimmt die Welt wahr, wie sie viele Männer nicht wahrhaben können und nicht wahrnehmen wollen. Sie ist eine tiefe Bedrohung, auf höchster literarischer Ebene, und ich muß diese Bedrohung auch für mich einbekennen. Als ich das Buch »Lust« las, legte ich es immer wieder mit Abwehr weg, um es immer wieder mit Neugier hervorzuholen. Wenn ich bei meiner Elfriede-Jelinek-Neugier bleibe, tritt nicht selten ein sehr aufregender Vorgang ein: Meine Sichtweise, mein männlicher Blick wird trübe, und ich sehe die Welt etwas klarer. Jetzt verstehen Sie, warum ich auf ihr nächstes Stück, ihr nächstes Buch neugierig bin: wegen der Blickerweiterung. Es betrübt mich, wenn ich bei Leuten, hauptsächlich Männern, die über sie reden und nichts von ihr kennen, nur Abwehr und nicht selten offenem Haß begegne.

Jetzt erlaube ich mir die nächste Abschweifung: Vom Haß, vom vorschnellen Urteil, sind die Künstlermenschen ja keineswegs ausgenommen. Die Kärntner xenophobieren gegen die Slowenen, die Berliner gegen die Polen und die Künstler gegen die Künstler. Es scheint, als würden Premieren nur stattfinden, damit Künstlermenschen untereinander wieder einmal so richtig xenophobieren können, wobei die Verächtlichmachung des Gesehenen noch die mildeste Form ist. Die Mehrzahl der Vernichtungen, die ich in letzter Zeit vernommen habe, bezog sich auf Nichtgesehenes, Nichtgelesenes. Ich plädiere keineswegs für Toleranz zwischen Künstlern, Toleranz in der Kunst ist lächerlich, aber ich frage mich doch, auf welch schwachen Beinen eine künstlerische Existenz stehen muß, wenn sie ihren Halt nur im Tritt auf den anderen findet.

Jetzt beende ich meine Abschweifungen und sage endlich, was ich der Elfriede Jelinek seit zwanzig Jahren sagen wollte, was ich aber nie herausgebracht habe, was ich nur im Schutze der Salzburger Weltöffentlichkeit herausbringe, nämlich dieses: Daß mich ihr Werk verunsichert und gleichermaßen fasziniert, habe ich ja schon gesagt, daß ich ihren Mut in politischen Fragen bewundere, füge ich hinzu, aber daß sie eine schöne Frau ist, die mir sehr gefällt, sage ich hier erstmalig und einmalig.

Ich danke Ihnen und besonders der Elfriede fürs Zuhören.

(Rede, 1998)

Theaterglühen

Ich saß mit Renée und Otto Schenk in einem Gasthaus. Renée Schenk mußte gehen, Otto Schenk und ich tranken nach ihrem Weggehen ein paar Cognacs. Ich brachte Schenk zum Theater in der Josefstadt, er hatte Abendvorstellung, und ich fragte ihn, ob alles in Ordnung sei, ob er spielen könne. Er schien meine Frage nicht zu verstehen und antwortete, bis 40 Grad Fieber würde er immer auf der Bühne stehen. Ich sagte lachend, daß ich jetzt keinen geraden Satz herausbringen würde, verabschiedete mich von ihm und fuhr zum Burgtheater. Ich hatte einen Abendtermin mit Hermann Beil, meinem Dramaturgengevatter. Auf dem Gang der Direktionsetage kam mir Claus Peymann entgegen, voller Aufregung. Er sagte, der Hauptdarsteller meines Stückes »Alpenglühen«, Traugott Buhre, habe einen Kreislaufkollaps bekommen, ich solle an seiner Stelle spielen, die Vorstellung am Burgtheater beginne in einer halben Stunde. Kirsten Dene, die Hauptdarstellerin, sei bereits über alles informiert. Sie erwarte mich in der Garderobe. Ich solle nicht so fassungslos dreinschauen und mich professionell verhalten: ab auf die Bühne. Wie immer, wenn mich Angst und Bodenlosigkeit befällt, grinste ich und sagte, daß dies unmöglich sei, so gut würde ich mein Stück nicht kennen, außerdem hätte ich ein bißchen viel Cognac getrunken, und ohne Probe würde ich bestimmt nicht auf die Bühne des Burgtheaters gehen. Eine halbe Stunde später stand ich auf dieser, der Vorhang ging auf, und ich war nüchtern, in der Sekunde, vermutlich aus Todesangst. Ich las und improvisierte den Text. Kirsten Dene führte mich – der ich keine Ahnung von den Gängen hatte – mit sanfter Hand auf der Bühne umher. Man muß sich das vorstellen: Sie, die mindestens ebensoviel Text hatte wie ich, spielte ihren Text, ihre Monologe, in Richtung Publikum, drehte sich um und flüsterte mir zu, welcher Szenenabschnitt jetzt kommen würde und welche Gänge zu gehen seien. Da ich vor lauter Aufregung kaum etwas verstand, mußte sie mich, wie gesagt, an der Hand nehmen und führen. Wie sie das alles geschafft hat – mein Stück zu spielen, es mir auf der Bühne des Burgtheaters zu erklären und mich über diese zu führen –, weiß ich nicht. Ich weiß nur, daß ich Sekunden nach der Vorstellung in ihre Arme fiel und schluchzte. Seitdem ist sie für mich nicht nur eine große Schauspielerin, sondern eine Göttin.

Am nächsten Morgen rief mich Otto Schenk an. Er habe in den Frühnachrichten gehört, daß ich gestern abend auf der Bühne des Burgtheaters gestanden sei. Er könne sich das nicht vorstellen. »Ich auch nicht«, antwortete ich, denn ich hatte nach der Aufführung so viele Cognacs getrunken, daß ich morgens nicht mehr wußte, ob ich das alles nur geträumt hatte.

(Text, 1999)

Lieber Peter Pilz!

Ich lese, daß Du wegen Aufdeckerei zu höchstem Schadenersatz verklagt wirst. Da ich ziemlich sicher bin, daß Du keine 100 Millionen hast, und ich Dich lieber im Parlament als im Häfen sehe, mache ich Dir folgenden Vorschlag: Ich gehe für Dich ins Kriminal, »an Freundes statt«, wie es in der etwas in Vergessenheit geratenen kaiserlichen Gerichtsverfügung vom 15. Januar 1688 (dem sogenannten »Absitzerregular«) heißt.

Du besuchst mich immer wieder einmal und erzählst mir von den neuesten Schurkereien des Baukartells, und ich schreibe in Ruhe und Zurückgezogenheit mein neuestes Stück »Ich liebe dieses Land«.

(Brief, 1999)

Brief an einen Intendanten

Sie belehren mich, daß ein Theaterstück erst durch die Theaterleute zu Theater wird. Nichts anderes steht in meinem »Dialog«-Interview und in vielen anderen von mir: Theater ist eine gemeinsame Kunst, von der Regie bis zur Schminkerei. Zu dieser Gemeinsamkeit trage ich das Stück, die Vorlage bei. Ich habe niemals auf der Bühne gesehen, was ich mir beim Schreiben vorgestellt habe, und damit hadere ich nicht. Ich lasse mich von szenischen Lösungen, die nicht in meinem Kopf waren, überzeugen. Ich akzeptiere Streichungen und Umstellungen des Textes. Ich schreibe auf gute Argumente von Regisseuren, Dramaturgen und Schauspielern Sätze und Szenen um. Wenn mir aber mein Instrument, das Wort, aus der Hand und aus dem Mund genommen wird, wenn andere es umschreiben oder neue Figuren »hineindichten«, dann ist mein ureigenstes Gewerbe bedroht, die Grenze überschritten.

Daß diese Grenze nicht mit dem Lineal zu ziehen ist, habe ich erfahren. Ich habe »Endstation Sehnsucht« in Salzburg gesehen, es hat mich streckenweise fasziniert, was Castorf aus diesen Figuren machte, aber daß ich dies nur auf Kosten der Zertrümmerung eines Theaterstückes erleben kann, will und kann ich nicht annehmen. Es bedroht meine Selbstachtung als Stückeschreiber.

Sie sagen, Sie wüßten sich in Ihrer Überzeugung eins mit genügend Autorinnen und Autoren. Mit welchen? Mit Toten, die nicht mehr zurückreden können? Mit Jungen, die froh sein müssen, daß sie gespielt werden? Mit Etablierten, die es sich leisten könnten, sich zu wehren, und es doch nicht tun? Ich erinnere mich sehr genau an die Qualen von Elfriede Jelinek, Tage vor der Uraufführung ihres »Sportstücks«, die Qualen gingen im Presseerfolg und in ihr selbst unter. Lesen Sie das Interview mit Botho Strauß, im welchem er von der Unfähigkeit heutiger Theaterleute vor dem literarischen Text spricht. Alles Gebelle?

Ich weiß, daß diese Haltung Gefahr läuft, von reaktionär Gesinnten vereinnahmt zu werden. Aber auch Sie laufen Gefahr, daß sich Ihre Methode als vorbeiziehende Karawane erweist.

Sie erklären den Autoren Ihre Liebe, vor allem Shakespeare und Horváth, aber die Liebe kann auch töten. Solches geschieht ständig in unserem Leben, wir erklären einem Menschen oder einem Dichter unsere Liebe, wir geben ihm unser Bestes, ohne zu wissen, ob es auch das Beste für ihn ist. Woher wissen Sie, daß die Aufführung von »Endstation Sehnsucht«, welche – bei aller Faszination – die Schwächen des Autors gnadenlos preisgab, das Beste für Tennessee Williams war? Hier geht es doch nicht nur um Liebe, es geht auch um Macht.

Wenn Sie wirklich an einer Auseinandersetzung zwischen einem Theaterdirektor und einem Stückeschreiber interessiert sind, dann sollten wir ein Gespräch führen, bei dem einer dem anderen zuhört, anstatt mir einen herablassenden Brief um die Ohren zu hauen.

(Brief, 2000)

Stoppt das Kulturgeschwätz

Meine Damen und Herren!

Der Grund, warum ich hier stehe, liegt zehn Monate zurück. Ich traf Herrn Wagner, dessen Buch über das »Kulturgeschwätz« heute vorgestellt wird, zum ersten und einzigen Male in der Wohnung des Verlegerehepaares Sabine und Ulli Schulenburg. Herr Wagner schwieg, ich redete oder besser gesagt, ich las mein soeben fertiggestelltes Libretto »Der Riese vom Steinfeld« vor, und Herr Wagner hörte mir mit jener Art zu, die man von Kindern kennt, wenn man ihnen etwas vorliest: Erst sind sie ein bißchen unruhig, dann spielen sie Aufmerksamkeit vor und schließlich – wenn man Glück hat – schauen sie einen ganz durchdringend an und können nicht genug kriegen. Wer von Podien spricht, weiß, daß man sich immer eine oder einen aussucht, an dem man sich festhält. Ich hielt mich am kindlichen Gesichtsausdruck des Herrn Wagner fest.

Nachher sprachen wir miteinander: Er teilte mir seine Freude über das soeben Gehörte mit, und ich freute mich über seine Freude. Doch dieses Aneinander-Freuen schien uns nicht zu genügen, wir verließen den Gegenstand, der Herrn Wagner so nahegekommen war, der zwei Jahre meines Lebens bedeutet hatte, und begannen *über* Libretti zu reden. Wir bedeckten den Gegenstand der Freude mit unserem jeweiligen Wissen.

Ich erzähle Ihnen diese Geschichte so genau, weil sie mitten in das Thema dieses Buches führt. Herr Wagner und ich liefen Gefahr, die Freude an einem Werk, deren Kern die Nähe zu einem Werk ist, auszuspucken, indem wir immer mehr Sätze formulierten, immer mehr Wissen nachwiesen. Wir näherten uns dem Kulturgeschwätz, und für diese Krankheit sind Geistesmenschen wie Sie und ich besonders anfällig. Wir können unsere Kunstliebe so lange bereden, bis sie von einem Worthaufen zugedeckt ist.

Dieser Mechanismus, daß wir so lange über etwas reden, bis vom Gegenstand keine Rede mehr ist, daß uns die Nähe, das Unmittelbare, die Unmittelbarkeit, die Liebe zu diesem Gegenstand, Angst macht und wir aus dieser Angst alles zudecken, alles ordnen, alles einsperren, dieser Mechanismus gilt für so vieles. Schon daß man eine Verliebtheit in eine Ehe überführt, diese mit einem Sakrament beschwert, und diese Beschwernis die nächsten fünfzig Jahre auf der Liebe liegen läßt, ist die reine Perversion. Die Liebe schwindet, das Ritual bleibt. Nur so kann ich mir das kopfverseuchte Treiben vieler Kunstvermesser erklären. Die Nächstenliebe, die ziellos verschenkte, wird eingefangen, in Altäre gesperrt, bekniet, damit sie nicht mehr heraus kann, und zur Theologie erhoben. Unsere Lust, frei zu sein, endet zu gestaffelten Preisen im Freizeitangebot. Wir haben vor den schönsten Dingen, die in uns beben und rumoren und flattern, soviel Angst, daß wir Institute, Instanzen und Internate errichten, bis es still wird in den großen Räumen, und der liebe Gott, die Liebe Gottes, die göttliche Liebe, verschwindet, und man nur noch den schlurfenden Schritt der Meßdiener und der Museumswärter hört.

Man sagt, die Liebe zu einem Menschen mache blind, und die Liebe zu einem Kunstwerk mache kritiklos, aber das glaube ich nicht. Ich finde, daß die Liebe scharfsichtig macht. Wann immer ich einen Menschen oder ein Kunstwerk zu lieben versuchte, konnte ich nicht genug vom Geliebten sehen, betrachtete ich unaufhörlich jedes Detail, und wenn mir ein solches mißfiel, setzte ich alles daran, das Mißfallende zu verstehen, es letztlich anzunehmen oder abzulehnen. Ich liebte das Geliebte und ich litt am Geliebten, alles andere ist unerheblich, ist Ritual, ist der dämmernde Blick, sind Verpflichtungen, ist unser aller Kulturleben oder der trostloseste Verwandte dieser Tante, das Kulturgeschwätz.

(Rede, 2000)

Die Kunst ist der Liebe nicht unähnlich

Ich glaube nicht an die Trennlinie zwischen alter und neuer Kunst, zwischen moderner und unmoderner. Ich glaube an eine Kunst, die uns berührt oder uns gleichgültig läßt, die gut oder schlecht ist.

Es gibt die Verwissenschaftlichung der Kunst, man muß

alles Mögliche studiert und gelesen haben, um sich vor ein Bild zu wagen, um als Kenner zu gelten. Solche Kunst läuft Gefahr, von einem Expertentum arretiert, eingesperrt zu werden. Draußen bleiben die Nichtwissenden, die Laien, die angeblich keine Ahnung von Kunst haben und die sich mit diesem Urteil abfinden.

Ich halte beides, das selbsternannte Expertentum, aber auch die freiwillige Selbstausschließung, für ein Unglück. Die Kunst ist für alle da, und die Pforten der Kunst sollen für alle offen sein: Wer den gebildeten und manchmal nur eingebildeten Türstehern der Kunst glaubt, sich selbst ausschließt oder sich ausschließen läßt, und mit dem Satz »Er verstünde ja nichts von Kunst« weitergeht, geht in die falsche Richtung.

Die Kunst ist der Liebe nicht ganz unähnlich. Auch diese, die Liebe, kümmert sich nicht um Wissens- und Standesunterschiede, sie schiebt, wenn sie wahrhaftig ist, alle Äußerlichkeiten zur Seite, weil sie auf das Innerste abzielt. Sie trifft nicht unseren Kopf, denn der hätte immer Einwände, Fürs und Widers, vorzubringen, sie zielt auf unser Herz, auf unser Gemüt, nichts anderes versucht die Kunst. Sie kann uns Trost, Freude, Glück, Schutz schenken. Oder sie kann uns mit Gleichgültigkeit erfüllen.

Lassen Sie mich den Bogen von der Kunst über die Liebe bis zum Wein spannen, und dies nicht nur aus gegebenem Anlaß. Alle Fachsimpeleien über den Wein, alle Debatten über Säure und Zuckergrade, über Lagen und Rieden, sind sekundär vor dem Ergebnis, dem Wein selbst. Vor einem guten Schluck Wein sind alle gleich, die Wissenden und die Unwissenden. Die Kunst, die Liebe und der Wein sind die wahrhaft demokratischen Einrichtungen unseres Lebens.

(Rede, 2000)

Über H. C. Artmann

Meine Damen und Herren! Liebe Freunde!

Man soll, was man liebt, nicht verschweigen. Als ich mit fünfzehn Jahren meine ersten, ziemlich wirren Gedichte schrieb, hat mich H. C. ermutigt, weiterzuschreiben. Als ich mit sechsundzwanzig Jahren mit meinem ersten Stück »Rozznjogd« erfolglos hausieren ging, hat er es zu einem Verlag und an ein Theater gebracht. Das allein begründet eine lebenslange Dankbarkeit, eine Liebe.

Aber es war nicht das einzige Geschenk, das ich von H. C. bekommen habe. Er hat mir und vielen von uns eine neue Art des Reisens gezeigt: in Landschaften, die es gar nicht gibt, in Worte und Sprachen, die man in keinem Diktionär findet, er hat uns auf poetischen Schwingen zu Dingen gebracht, die uns für immer verborgen geblieben wären.

Lassen Sie mich ein kurzes Beispiel erzählen: Als ich mit ihm und Qualtinger und Schulenburg auf Lesetournee in Amerika war, besuchten wir das Grab von Marilyn Monroe, in einem Drive-In-Cemetery. Wir fuhren mit dem Auto vor das Grab, H. C. stieg aus und rief: »Mitzi, ich komme!« Cornelius Schnauber, der Leiter des German Department, mahnte ihn zu angebrachter Ruhe. »Ihr habt alle keine Ahnung«, rief H. C. noch lauter, und seiner Stimme war eine tiefe Erschütterung anzumerken, »Marilyn Monroe hieß in Wahrheit Mitzi Machatschek, war die Tochter einer Milchfrau aus Floridsdorf am Spitz, aber die Bosse von Metro-Goldwyn-Mayer haben ihre Biographie umgeschrieben, amerikanisiert.«

Glauben Sie mir, wann immer ich seither von Marilyn Monroe höre oder lese, denke ich voller Freude an H. C. und natürlich auch an Mitzi Machatschek.

(Rede, 2001)

Über Helmut Qualtinger

Helmut Qualtinger ist am 29.9.1986 gestorben. Er liegt, begleitet vom skurrilen Brimborium eines offiziellen Begräbnisses und zugedeckt von gezählten 163 Nachrufen, in einem Ehrengrab der Gemeinde Wien. In der ersten Zeit nach seinem Tode hatte ich ständig das Gefühl, das Ganze sei eine von ihm inszenierte Real-Satire gewesen. Und ich hoffte und wünschte mir, ich würde ihn alsbald – diabolisch grinsend – in einem Wiener Lokal wiedersehen. Inzwischen habe ich diese Hoffnung aufgegeben.

Der Österreicher Helmut Qualtinger ist tot. Ob er dieses Land geliebt hat, weiß ich nicht. Ich weiß, daß dieses Land ihn geliebt hat, und ich glaube, daß diese Liebe von jener Art war, die Menschen zum Ersticken bringen kann. Helmut Qualtinger ist viele Tode gestorben, wovon sein letzter, der physische, nur der öffentliche und folglich auch der beklagbare ist. Man hat Qualtinger mit Nestroy verglichen, ich vergleiche ihn mit Bert Brecht. Das Böse, oder besser gesagt, das Bösartige und die Bösartigen hatten in Qualtingers Werken durchaus Name und Adresse. Als die Gemeinten mit den wohlklingenden Namen Ende der fünfziger Jahre seine Garderobe betraten, um ihn mit jener österreichischen Liebe zu umarmen, welche Zuneigung vorgibt und Erstickung will, verließ er das Kabarett. Je öffentlicher er wurde, desto umfassender kam dieser tödliche Mechanismus in Gang. Eine ganze Nation verlieh ihm – ungefragt – die kumpelhafte Bezeichnung »Quasi«, weil sie nicht hören wollte, *was* er sagte, sondern nur *wie* er es sagte. Sie liebte seine Erscheinung, sie verniedlichte seine Person, um den erschreckenden Inhalten seiner Sätze zu entkommen. Wenn ich mit ihm herumzog und ihn diese ungebetene Liebe buchstäblich umfing, und er nicht aufhörte zu saufen und sich selbst zu zerstören, hatte ich manchmal das Gefühl, er wollte das Objekt dieser Umarmung, seine

Erscheinung, seinen Körper, vernichten, um ihr endlich zu entgehen.

Es wurde immer gesagt, Helmut Qualtinger verkörpere das Österreichische, ja er sei die Inkarnation des Österreichers schlechthin. Auch dieses Urteil bedeutet eine Immunisierung, eine Erstickung. Helmut Qualtinger hat österreichischen Figuren seinen Körper, seine Stimme, sein Gesicht »geliehen«, aber sein Geist war von ganz und gar unösterreichischer Art. Er war unfähig zu vergessen, unfähig zu verdrängen. Wer ihn näher kannte, weiß, wie sehr sein Kopf ein einziges Lexikon war: angefüllt seit Jahrzehnten mit all der Niedertracht und den Niederträchtigen dieses Landes, aufrufbar in verzweifelten Tages- und Nachtstunden.

In den Kommentaren zu Helmut Qualtinger steht immer wieder: »Er wird uns unvergeßlich bleiben.« Das ist ein Satz wie ein Grab, in dem schon mehr verschwunden ist als ein Mensch. Was soll uns unvergeßlich, also lebendig bleiben? Jenes lieb gewordene Bild vom »Quasi«, an dem sich nun jeder bis zur absoluten Beliebigkeit bedienen kann, oder die Sätze des Schriftstellers Helmut Qualtinger, die treffen, ja verletzen wollen?

Helmut Qualtinger ist tot, und das ist mehr als traurig. Wenn wir den Schriftsteller Qualtinger wirklich leben lassen wollen, dann müssen wir endlich auf- und annehmen, wovon dieser Schriftsteller redet: das ganze Ausmaß jener politischen und menschlichen Schweinerei, die unter uns lebt und vielleicht auch in uns lebt. Ich wünsche Ihnen und mir die Bereitschaft dazu.

(Text, 2003)

Welcher Lesetyp sind Sie?

Außer Ratgebern lese ich alles. Mein Leseverhalten ist von Wahllosigkeit und Uferlosigkeit bestimmt. Ich lese alte »Asterix«-Bände ebenso wie literarische Neuerscheinungen, ich lese Zeitungsannoncen, Rilkes Gedichte und die Gebrauchsanweisung von Fleckputzmitteln. Ich lese sogar Texte in Sprachen, die ich nicht verstehe, weil mich einzelne Wörter faszinieren. Ein reines Suchtverhalten; vermutlich verstecke ich mich ein Leben lang hinter Geschriebenem.

(Text, 2003)

Lieber Dietmar Pflegerl!

Geschätzte Nestroyaner! Werte Damen und Herren!

An der Seite der Bühne des Stadttheaters Klagenfurt befindet sich ein Gang, ein relativ schmaler. An einer Wand dieses Ganges lehnte – kurz vor dem Ende der Uraufführung meines Stückes »Bei Einbruch der Dunkelheit« – Dietmar Pflegerl, und an der anderen lehnte ich. Dietmar hatte Schmerzen im Oberschenkel, ich hatte ein nicht zu bändigendes Zittern in den Knien. Dietmar sprach, auf eine aufgeregte Art und Weise, von blöden Politikeraussagen, auf die er unbedingt reagieren müsse, von neuen Projekten, die er unbedingt realisieren wolle, und von einem Stück, das ich unbedingt schreiben müsse. Wir sind zur Verbeugung beinahe zu spät gekommen.

Ich erzähle Ihnen diese kurze Geschichte, weil sie im Wesen beinhaltet, was diesen außergewöhnlichen Theatermenschen ausmacht: sein Mut, seine Leidenschaft gegen das politisch Widerwärtige und für das künstlerisch Neue zu kämpfen. Theatermenschen haben manchmal den fatalen Hang, sich mit Ewiggültigem zu beschäftigen. Bei Pflegerl ist es genau umgekehrt: Sein Temperament entzündet sich an dem unmittelbar vor ihm Liegenden, vielleicht schafft er gerade dadurch Bleibendes.

Mit dieser seiner Eigenschaft ist vieles entstanden: ein neuer Opernstil, ein wunderschön renoviertes Stadttheater, Ur- und Erstaufführungen, Karrieren von Regisseuren, Schauspielern und Sängern, ein neues und treues Publikum, und es entstand ein anderes Kärnten: möglicherweise nur in und um das Stadttheater Klagenfurt. Ich, ein Kärntenflüchtling, fühle mich in dieser Bannmeile wieder beheimatet.

Und es entstanden Freundschaften. Ich habe selten einen Menschen kennengelernt, der sie inniger und fürsorglicher zu pflegen weiß.

Ich nehme diese Preisverleihung zum Anlaß, um Dir, edler und mutiger Freund, für dies alles zu danken, und nehme weiters die Gelegenheit wahr, Dir jene Antwort zu geben, zu der ich im schmalen Gang des Stadttheaters Klagenfurt wegen zu großer Nervosität nicht fähig war: Ja, ich würde gerne über ein neues Stück mit Dir reden, sehr gerne sogar.

Lieber Dietmar, ich gratuliere Dir fröhlichen Herzens zu diesem Nestroy-Preis, und Ihnen, meine Damen und Herren, danke ich fürs Zuhören.

(Rede, 2006)

Sehr geehrter Herr Dr. Pechlaner!

Sie sind ein pfiffiger Kerl, und das sag ich durchaus mit Respekt. Daß Sie mich aus dem Reich der dichterischen Ausdenkung in den Tiergarten Schönbrunn zu einem Fototermin mit Giraffen holen wollen, verdient ja auch diesen.

Aber es ist ein Mißverständnis: Literatur ist nicht die Fortsetzung der Wirklichkeit mit dichterischen Mitteln, sie schafft vielmehr ihre eigene – poetische – Wirklichkeit. Für meine »literarische« Giraffe ist es schöner, wenn sie das erste Mal im Prater vorgestellt wird und nicht in Schönbrunn. Ähnliches gilt auch für die Figur des Theaterdirektors Carl Carl und für alle Figuren in dem Stück »Mein Nestroy«. Ich halte mich über weite Strecken nicht an das, was uns die Germanistik über jene Zeit und jene Figuren überliefert hat, sondern ich schaffe meine eigene Vorstellung von ihnen. Die germanistische Wissenschaft ist (wie vermutlich alle Wissenschaften) ja auch nur eine Mutmaßung. Von Nestroy beispielsweise sind ein paar Briefe vorhanden, und aus dem Inhalt dieser Briefe rechnet die germanistische Wissenschaft eine ganze Person hoch. Was aber stand in den verschollenen Briefen? Mein Gewerbe, die Dramenschreiberei, orientiert sich zwar an der einen oder anderen Vorfindung, aber sie fliegt sehr schnell ins Reich der Erfindung. Ob sie dabei einen Höhenflug oder eine Bauchlandung hinlegen wird, entscheidet das Publikum oder kommende Generationen.

Die Medienarbeit über Ihre zwei neuen »realen« Giraffen mit der Uraufführung meines Stückes zu verbinden, ist also aus meiner Sicht keine praktikable Idee, weil wir beide uns schlicht und einfach in völlig verschiedenen Gegenden bewegen. Sie in der realen Welt eines Tiergartens und ich im Freiflug der Ausdenkungen. Ich kann mir sehr wohl vorstellen, daß Ihre Arbeit (die eine großartige ist, soweit ich es aus den Medien mitbekomme) in der realen Praxis manchmal von großer Anstrengung gezeichnet ist, aber glauben Sie mir, auch Dichten ist hart. Und dann gibt es noch einen Grund, warum ich Ihren Giraffen fernbleiben muß: Als ich ein junger Schriftsteller war, habe ich darum gekämpft, ein öffentlicher Mensch zu werden. Inzwischen hat sich dieser Mechanismus umgedreht, ich scheue die

Öffentlichkeit, weil ich sonst überhaupt nicht mehr zum Schreiben komme. Manchmal habe ich das Gefühl, daß bei einem Schriftsteller, der bekannt geworden ist, alles getan wird, um ihn am Schreiben zu hindern. Wenn ich den vielen Einladungen, die ich täglich bekomme, zu Geburtstagen, zu öffentlichen Auftritten, zu Stellungnahmen, zum Verfassen von Vor-, Nach- und Zwischenwörtern, Folge leisten würde, wäre ich nur noch ein Verweser meines Namens und kein Schreibender mehr. Das ist ein schauerlicher Gedanke, denn das Schreiben ist das Einzige, was mir im Leben wirklich Halt gibt. Ich habe mich schon vor Jahren an die österreichisch-tschechische Grenze zurückgezogen, in einem kleinen Bauernhof mitten in den Weinbergen, und meide Wien und andere Örtlichkeiten außerhalb meines Schreibgefängnisses, so gut ich es nur kann.

Jetzt mach ich einen umgekehrten Vorschlag: Wenn es Sie einmal in die Gegend von Retz treibt, dann bitte ich Sie, mich anzurufen, und es wäre mir eine Freude und Ehre, Sie in einen hiesigen Weinkeller zu verschleppen. Dann könnten wir ja, mit den Restbeständen unserer jeweiligen Dialekte, dem Tirolerischen und dem Kärntnerischen, miteinander ein Glas trinken, oder mehrere.

Seien Sie herzlich gegrüßt und halten Sie mir trotzdem die Daumen für die Uraufführung in der Josefstadt, so wie ich Ihnen alle Daumen für Ihre Giraffen halte.

(Brief, 2006)

IV.
Die Theatralisierung Österreichs

Rede an die besoffene Nation

Freunde,
wir leben im Zeitalter der ungerechten Verteilung von
                                        Bosheit.
Kleine privilegierte Gruppen horten die Falschheit, .
Minderheiten besitzen die Lüge.
Während das Volk mit althergebrachten Tugenden sein
                                        Dasein fristet,
schwelgen die Auserwählten in den Genüssen der
                                        Schlechtigkeit,
laben sie sich an den süßen Quellen der Unmoral.

Ihrer ist Mord und Totschlag,
Haß staut sich in ihren erlesenen Seelen,
während die Liebe als Massenartikel Eure armen Herzen
                                        tröstet.
Aus Euren Därmen saugen sie das süße Brot der
                                        Verwesung,
aus den fetten Töpfen des Müßigganges fressen sie alleine,
sie erbauen sich an der Schönheit der Unterdrückung,
genießen die Freiheit des Quälens,
kleiden sich mit dem feinen Faden der Intrige,
während Ihr Euch in den groben Stoff der Aufrichtigkeit
                                        zwängt.

Das Schlechte macht das schöne Leben.
Euch sperren alle Ketten von der Lust des Bösen,
deshalb seid Ihr wahrhaftig,
weil Ihr die Süße der Lüge nicht kennt.
Ihr schöpft voll Schweiß aus dem Brunnen der
                                        Gerechtigkeit,
anstatt im Blute der Rache zu schwimmen.
Euch ist der Geschmack mit Wahrheit verdorben,
Ihr schlagt Euch die Zähne mit Redlichkeit ein,

Ihr verderbt Euch den Magen mit Tugend,
Ihr verkohlt Euch die Füße mit Ausdauer,
Ihr freßt Euch mit Fleiß durchs Leben,
Ihr geht mit Anstand zugrunde.

Das Schlechte macht das schöne Leben.
Warum steht Ihr hungernd am vollen Tische
der köstlichsten Todsünden?
Ihr wollt auch zugrunde richten,
aber man gibt Euch Nachrichten.
Ihr wollt auch morden
und dürft doch nur darüber lesen.
Ihr wollt auch betrügen
und werdet doch nur betrogen.
Ihr wollt auch falsch sein
und habt es nie gelernt.
Ihr wollt auch Schweine sein
und seid doch zu lange zur Schule gegangen.
Was Blut und Sperma sind, Ihr Leutchen,
werdet Ihr kleingedruckt nie erfahren.

Ihr stinkt nach Tugend,
wo Ihr nach Verbrechen duften könntet.
Ihr hinkt mit Geduld,
wo Ihr mit Bosheit treten könntet.
Ihr krümmt euch vor Achtung,
wo Euch die Verachtung doch so herrlich aufrichten würde,
und selbst im Scheißen seid Ihr noch pünktlich.
Oh Gott,
das Gute, das Wahre, das Schöne
hat Euch böse zugerichtet.

Arschkekse,
besoffene Medientrinker,
Fremdgänger der Sinne,

Falschheit ist schön,
sie macht Euch geschmeidig.
Dummheit ist gut,
sie macht Euch bedeutend.
Erpreßt, und Ihr seid unentbehrlich.
Tötet, und Ihr seid ein Beispiel.
Vergewaltigt, das gibt Euch Selbstvertrauen.
Mordet, das macht Euch attraktiv.
Lügt, und Ihr werdet gefragt.
Hurt, das macht Euch verwegen.
Schlagt, das macht Euch menschlich.
Zerstört, das bildet.

Schreit: der Mord ist Gemeingut!
Bosheit für alle!
Blut dem Volke!
Wir sind für gerechte Verteilung des Bösen!
Gleicher Haß für alle!
Brüllt: immer wieder Krieg!
Für eine gerechte Verteilung der Leichen!
Sozialismus fürs Töten, fürs Brennen, für das Morden,
für die Lüge, den Haß, die Bosheit, die Geilheit!
Brüllt, brüllt, brüllt
nach den Gütern der Schlechtigkeit!

Brüder, die Stunde des Heils ist nah.
Reißt alle Bücher, diese Lungenflügel der Begnadeten,
                                        aus den Läden,
reißt die Plakate, die Pamphlete, die Bibeln und Bischöfe,
nehmt ihnen die Luft aus den Beinen,
die Rinde vom Arsch,
hängt sie auf den höchsten Galgen,
den dicksten Henker,
verbrennt sie mit der keuchenden Weißglut Eurer Augen.
Zerbrecht die Telefone,

zerbrecht sie an ihren zähen Adern,
brecht die Gebildeten,
die Vorteilhaften,
brecht sie aus den Kleidern,
die Bedeutenden, die Unentbehrlichen,
brecht sie,
stampft sie unter die Lust Eurer glühenden Sohlen.

Herrgott, gepriesen sei das Rieseln
der zerrissenen Kataloge zwischen den Zehen.
Ein Weihelied auf den Rhythmus der zerstörenden Hände.
Alles, alles mordet, mordet,
schafft das Ludern an,
schafft die Liebe ab,
mit Euren Leisten werdet Ihr es schaffen.
Hurt und seid verwegen.
Erpreßt, seid unentbehrlich,
tötet, seid ein Beispiel,
schlagt, Ihr seid menschlich,
zerstört, Ihr seid gebildet.

Auf Wiedersehen.

(Text, 1972)

Manifest der österreichischen Kulturnebolution

1. Der österreichische Unterrichtsminister erklärt in kühnen Worten die österreichische Kulturpolitik – unter einer Gasmaske.
2. Die Subventionen fließen in die Donau. Die Talentierten gehen baden.
3. Die österreichischen Künstler erhalten ein eigenes Gehege in den Schladminger Tauern.

4. Beethoven-Konzerte und Blaskonzerte werden grundsätzlich synchron aufgeführt.

5. Alle Theaterbesucher werden in den Vorräumen geduscht und desinfiziert. Ihre Goldzähne wandern in die weitgeöffneten Taschen der Billeteure.

6. Kulturfunktionäre werden als Kunstdünger verkauft.

7. Journalisten, die unter den Einfluß der eigenen Meinung geraten, kommen durch Zufälle unter die Räder.

8. Das österreichische Pressewesen fusioniert mit der Toilettenpapierindustrie. Die Ärsche der Mitbürger werden gebildeter.

9. Ein Wiener Heurigensänger wird als Martin Bormann entlarvt und wegen Anmaßung verurteilt.

10. Die Trunkenheit wird als Gottesgnade erkannt. Grinzing wird Gnadenort.

11. Im Zuge des großen Andranges stellen die Krankenhäuser auf Selbstbedienung um.

12. Die Kanäle der Stadt Wien werden als Erholungsgebiet freigegeben.

13. Der Kampf gegen die Umweltverschmutzung wird auf Bundesebene organisiert. Jeder Österreicher erhält ein Schmetterlingsnetz.

14. Der menschliche Geist wird als rezeptpflichtig erkannt und kann nur in Apotheken abgegeben werden.

15. Der Mensch wird für frei und unabhängig erklärt, ebenso das Wild.

16. Der Arsch ist auch nur ein Mensch und als solcher verletzlich.

17. Alle Macht geht von dort aus, wo sie zu Hause ist.

18. Alle Österreicher sind professionelle Mörder, ausgenommen jene, die eine amtliche Bescheinigung vorweisen können.

19. Die Knüppel der Polizisten werden mit einem Präservativ überzogen.

20. Österreich erhält einen Klappsitz in der Liga für Menschenrechte.
21. Der Satz »Ich liebe dich« wird ersatzlos gestrichen.
22. Die Benutzung des Begriffes »Nächstenliebe« wird mit Strafmandaten geahndet.
23. Die Liebe wird als öffentliches Verkehrsmittel deklariert und nach Tarifpreisen entlohnt. Alle Koitierenden werden Mitglieder der Gewerkschaft.
24. Schamhaare unterliegen der Mode.
25. Im Rahmen der romantischen Welle avanciert der männliche Samen zum Eierlikör.
26. Der Bundespräsident wird gesalbt. Die Feierlichkeiten finden im Auge Gottes statt.
27. Der österreichische Bundeskanzler Kreisky nimmt das Äußere von Donald Duck an, um sich bei jung und alt noch beliebter zu machen.
28. Das österreichische Volk produziert in seiner Gesamtheit täglich 1750 Tonnen Scheiße und 7200 Hektoliter Urin. Diese Zahlen gelangen im Zuge der sozialdemokratischen Transparenz an die Öffentlichkeit.
29. Amerika feiert den 44. Mondflug. Österreich den 2. Weltkrieg.
30. In einem Tiroler Tal wird der längste Penis seit Jahren gemessen.
31. Die Abtreibung wird von rechts legalisiert und darf schon in frühester Kindheit erfolgen.
32. Die heilige Maria Mutter Gottes bekommt ein zweites Kind. Es hat einen schweren S-Fehler.
33. Jesus Christus, Lou van Burg und Adolf Hitler werden rehabilitiert.
34. Das »Wort zum Sonntag« wird in Zukunft von den Gewerkschaften bestritten. Der klerikale Ton bleibt.
35. Knorr ersetzt Gott. Der heilige Geist erscheint in Hinkunft mit den Worten: »Wer knorrt, hat's leichter.«

36. Omo und Persil werden unter dem Beifall der progressiven Priesterschaft getraut.
37. Der Bischof von Gurk wird knapp hinter St. Veit erschossen.
38. Beichtstühle werden als Verschleißstellen für Pornographie konzessioniert.
39. Der Papst nimmt die Pille. Während der Menstruation entfallen die Audienzen.
40. Die Nachrichtensprecher des Österreichischen Fernsehens onanieren bei ihrem Auftritt. Die Nachrichten bleiben gleich.
41. Salzburg wird angezündet. Jedermann verläßt die Stadt.
42. Für Mitglieder von Tierschutzvereinen wird die Todesstrafe wieder eingeführt. Sie erhalten eine Safari nach Südafrika mit garantiert tödlichem Ausgang.
43. An allen Schulen werden Hitler und Turnen als Pflichtfach eingeführt.
44. Kastrierte und präparierte Nobelpreisträger werden in den Schulen als Lehrmittel verwendet.
45. Die Haut der ländlichen Lehrerschaft wird zu Lampenschirmen verarbeitet.
46. Die österreichischen Heeresflugzeuge werden zum Abschuß freigegeben.
47. Die österreichischen Panzer stoßen nach der Parole »Dem Tüchtigen gehört die Welt« bis nach Zwettl vor. Sie werden vom dortigen Kameradschaftsbund mit allen Ehren empfangen.
48. Dem österreichischen Offizierskorps werden weibliche Hormone gespritzt. Die Offiziere gehen als Blitzmädel an die ungarische Grenze.
49. Der österreichische Heeresminister Lütgendorf verweigert den Gnadenschuß und geht heroisch zugrunde.
50. Um den Humanismus unters Volk zu bringen, werden Familienpackungen im Sonderangebot eingeführt.

51. Simmering erschlägt Kapfenberg in einem fairen und spannenden Fußballmatch.
52. Jochen Rindt wird exhumiert und veranstaltet unter dem Ehrenschutz des österreichischen Industriellenverbandes sein eigenes Memorial-Rennen.
53. Die Beherrschung der deutschen Sprache wird mit Rauschgiften behandelt.
54. Die Heimaterde kommt in den Lebensmittelhandel und wird als Gustostückerl verkauft.
55. Die Österreichische Volkspartei bleibt so lange die Österreichische Volkspartei, bis das Volk bei ihr zu bleiben hat. Erst dann nennt sich die FPÖ »Faschistische Partei Österreichs«.
56. Der soziale Fortschritt erhält die Rangordnung einer Prostataentzündung. Der Sozialismus wird als Wurmfortsatz der Tränendrüse demaskiert.
57. Betrug und Schiebung gelten als Steuerabzugsposten, sofern sie belegt werden können.
58. Der österreichische Sozialismus und der österreichische Faschismus schließen sich zur politischen Interessengemeinschaft zusammen. Kreisky begründet diesen Schritt mit der Feststellung, daß alles Irdische doch nur ein Gleichnis sei.
59. Um die Verwaltung des österreichischen Staatsbürgers zu rationalisieren, werden Körpernormen eingeführt. Normfremde Körper werden eingestampft.
60. Peter Alexander besucht das österreichische Parlament und erhält ein Denkmal schräg gegenüber.
61. Alle Ausländer, die in Österreich leben, werden für vogelfrei erklärt, Südländer werden als Singvögel exportiert.
62. Juden werden nicht vergast, aber höflich aufgefordert.
63. Der Marxismus wird als üppige Barttracht aus dem vorigen Jahrhundert definiert.
64. Kommunisten werden ausgestopft.

65. Auch der Krebs hat seine schönen Seiten.
66. Alles, was schön ist, soll bleiben. Zur Durchsetzung dieser Forderung werden das Bundesheer und die gesamte Polizei mobilisiert.
67. Schießübungen sind gestattet. Patronenhülsen und Tote müssen von den Übenden selbst weggeräumt werden.
68. In Amstetten wird der letzte Dichter standrechtlich erschossen.
69. Alles wird dem Erdboden gleichgemacht und mit Endiviensalat und Löwenzahn bepflanzt.
70. In Chile wird das 1000. Wienerwaldlokal eröffnet.
71. Schwechater überlebt die Menschheit.
72. Graz ist unsterblich.
73. Die Erfolgsgeneration trinkt Blut.
74. Österreich wird frei.
75. Das Wort »Scheiße« darf nur an Sonn- und Feiertagen und zu besonderen Anlässen in den Mund genommen werden.

(Text, 1972)

Kulturkritik

Sehr geehrte Anwesende!

Über mich und meine Stücke wurden bisher 1074 Kritiken geschrieben. Legt man diese Kritiken aufeinander, so ergibt das eine Höhe von 821 Millimetern. Stellt man diesen Stoß auf eine Waage, so wiegt er 612 Gramm. Zündet man ihn an, so brennt er 1411 Sekunden. Verpackt man die Kritiken und schickt das Paket expreß an einen beliebigen Ort in der äußersten Mongolei, so beträgt das Porto 412 Schilling oder 38 DM. Verwendet man einige Kritiken als Klopapier, so verstopft sich der Abfluß nach drei Tagen und acht Stunden. Die Reparatur durch den Installateur kostet in diesem Falle 250 Schilling oder 34 DM und 25 Pfennig. Natürlich kann man die Kritiken auch lesen.

Dabei ergibt sich folgendes Bild: Mein Stück »Rozznjogd« besteht aus 2318 Wörtern. Über dieses Stück haben die Kritiker 5841 Wörter geschrieben, also fast die dreifache Menge. Ein anderes Stück von mir, »Sauschlachten«, schneidet im Verhältnis 1:1 ab. »Rozznjogd« ist also dreimal so stark auf dem Markt vertreten wie »Sauschlachten«. Da nicht die öffentliche, sondern die veröffentlichte Meinung gilt, ist »Rozznjogd« dreimal so gut wie »Sauschlachten«. »Sauschlachten« ist aber sicherlich achtmal so schlecht wie »Change« von Wolfgang Bauer. Vergleicht man wiederum Bauer mit Handke, so dürfte Handke vierzehneinhalbmal so gut sein. Gegen Goethe ist jedoch auch Handke ein Armutschkerl. Die Sekundärliteratur über Goethe dürfte die Höhe von fünf mittleren Domen übersteigen, was als Maßeinheit für »genial« oder einfach »marktführend« gelten kann.

Vergleicht man jedoch Goethe mit Coca-Cola, Handke mit Margarine und beispielsweise Walser mit Groschenheften, so sieht das Bild schon wieder ganz anders aus. In Österreich essen 4312000 Menschen Margarine, und nur etwa ein Tausendstel von ihnen kennt Handke. Im deutschen Sprachraum werden jährlich 215 Millionen Groschenhefte gelesen, wie viele dieser Leser kennen ein Buch von Walser? Warum die Coca-Cola-Trinker so viel Margarine fressen und so wenig Handke lesen, kann man nur ergründen, wenn man sich fragt, für wen die Margarine und für wen Handke gemacht wird.

Margarine wird für die Margarinefresser gemacht. Sie soll wohlschmeckend sein, streichfähig und gut verdaulich. Ebenso die Groschenhefte, die Weißwurst, die Unterhaltungssendungen, die bunten Illustrierten und so weiter.

Weil die Mehrheit der Menschen diese Waren konsumiert, spricht man von Massenkonsum und Massenkultur.

Dann gibt es ein paar Menschen, die möchten mit dieser Masse nichts zu tun haben. Sie fressen weniger Margarine, lesen kaum Groschenhefte, und über bunte Illustrierte machen sie sich lustig. Diese, wie man sieht, schon etwas feineren Menschen lesen Handke oder konsumieren, ganz allgemein gesagt, Theaterstücke. In Österreich sind das ungefähr fünf Prozent der Menschen, in der Bundesrepublik wird es wohl so ähnlich sein. Welche Theaterstücke diese fünf Prozent konsumieren, bestimmen nicht sie, sondern ihr Vorbeter, der Kritiker. Er ist der Zerberus des Marktes, er bestimmt, was gut und was schlecht ist, was auf den Markt kommt und was nicht. Und sollte sich ein Stück, dank einem couragierten Intendanten, auf den Markt gezwängt haben, dann kommt der Kritiker und bestimmt, ob dieses Stück Dichte hat, Spannung hat, Relevanz hat. Er unternimmt, was man in der Industrie den Warentest nennt, und wehe dem Stück, das bei dieser Prüfung mit »Mangelhaft« oder »Ungenügend« abschneidet. Es wird zum Ladenhüter, zur Ausschußware, welche sich – wenn überhaupt – nur noch mit Sonderrabatt an eine Laienbühne verschachern läßt. Der eigentliche Konsument des Stückeschreibers ist der Kritiker, oder etwa nicht?

Wo sonst als in den Kritiken steht geschrieben, daß Handkes Innenleben bemerkenswerter ist als das meines Freundes Hansi Sattler, nebstbei ein sehr tüchtiger Maurer. Wer hat gesagt, daß die Schaubühne am Halleschen Ufer das bedeutendste Theater im deutschsprachigen Raum sei? Die Berliner Arbeiter, die es bezahlen, oder ein Kritiker, der dafür 500 Mark kassiert? Wer sagt eigentlich, daß Beethoven gültiger sei als Mick Jagger? Warum ist die Frage, ob ein gewisser Intendant Klingenberg nach Zürich übersiedeln wird, so wichtig, daß man darüber zwölf Zeitungsseiten vollschreibt, während ein Wiener Arbeiter mit fünf

Kindern überhaupt nicht weiß, wohin er siedeln soll, worüber natürlich keine Zeile zu lesen ist. Wer sagt eigentlich, daß Bremen unter Hübner besser war, während sich Hamburg erst unter Gobert entwickelt hat? Wer sagt das alles? Die Kritiker sagen es, und das ist auch gut so. Denn würde man beispielsweise die Margarinefresser über all diese Fragen entscheiden lassen, so wäre das Ergebnis katastrophal. Es fehlt ihnen nämlich an jeglicher Urteilsfähigkeit, sie haben keine Kultur, keinen Geschmack. Der Kritiker aber hat, was sie nicht haben. Warum die Margarinefresser keinen Geschmack haben, läßt sich am besten durch ihre Lebenssituation erklären. Die meisten Margarinefresser stehen zwischen sechs und sieben Uhr früh auf. Beim Frühstück raunzen die Kinder, und die Ehegattin schaut drein wie ein Pompfüneberer. Dabei läßt sich natürlich kein Geschmack entwickeln. Dann fährt er zum Arbeitsplatz und verrichtet dort acht Stunden lang mehr oder weniger stumpfsinnige Tätigkeiten. Wieder keine Gelegenheit, zu Geschmack zu kommen. Dann fährt er nach Hause und ißt Knackwurst mit gerösteten Kartoffeln, während ihm seine Gattin erzählt, daß die Margarine schon wieder um 50 Groschen teurer geworden ist. Wie soll man dabei Kultur entwickeln? Anschließend Fernsehen. Das Programm endet in Österreich mit der Bundeshymne. Auch nicht gerade ein Beitrag zur Geschmacksentwicklung. Anschließend Bettruhe, an Samstagen mit vorherigem Beischlaf. Fazit: Der Margarinefresser ist ein Banause und wird es wohl auch bleiben.

Nicht so der Kritiker. Er hat in den meisten Fällen ein germanistisches Studium hinter sich, wo man zwar alles über die Kunst, aber nichts über die Margarinefresser lernt. Mit solchem Rüstzeug betritt der Kritiker die Kulturredaktion. Da er nichts von den Margarinefressern weiß, kann er sich auch nicht um sie kümmern. Als unabhängiger Mensch hat er immer genug Zeit, um mit seinem Rüstzeug zu spielen. Er verändert und verfeinert seinen Geschmack immer weiter. Wer sich die Mühe macht und die letzten zehn Jahrgänge der Zeitschrift »Theater heute« – das Börsenblatt für Geschmackswendung und -verfeinerung – durchliest, wird dabei auf Kritiker stoßen, die es im angegebenen Zeitraum auf mehr als zehn Geschmackswendungen gebracht haben. Sie reichen vom Absurden Theater über das Realistische Theater bis zum Politischen Theater und wieder zurück. Jede Geschmackswendung teilt sich noch in eine Anzahl von Geschmacksverfeinerungen auf. Auf eine Wendung kommen in der Regel fünf Verfeinerungen. Damit ist der Kritiker nur noch einem hauptberuflich tätigen Onanisten vergleichbar, der es im Laufe von zehn fleißigen Jahren auf mehr als fünfzig Arten des Wichsens gebracht hat.

Unter den vielen Geschmacksrichtungen des Kritikers gibt es natürlich auch eine politische. Diese Geschmacksrichtung trägt der Kritiker in einer Art und Weise vor, daß der Margarinefresser damit bestimmt nichts anfangen kann. Wer sich einen Dreck um die Ausgangsposition derer kümmert, mit denen er eigentlich reden will, handelt nicht politisch, sondern idealistisch. Eine Haltung, die man übrigens bei einem Teil der Neuen Linken auch vorfinden kann. Die Politik ist zu einer Frage des Geschmacks geworden, und der Streit geht dann nur noch darum, wer politischer ist, d. h., wer den besseren Geschmack hat.

Ich habe den Kritiker mit einem Wichser verglichen. Nun muß man aber gerechterweise hinzufügen, daß Wichsen nicht immer angenehm ist, besonders dann, wenn sich die Kritiker untereinander wahre Wichskämpfe liefern. Kaum hat der Baumgart eine großartige Kritik in die »Süddeutsche« gewichst, schon wichst der Iden mit einem noch großartigeren Essay zurück, aber auch er bleibt nur kurze Zeit führend, denn jetzt setzt der Luft zu einem fulminanten Wichser an ... Wer die Ausscheidungskämpfe siegreich besteht und seinen Kollegen immer um zwei Tropfen voraus ist, der darf sich Großkritiker oder Großwichser oder Juror des Berliner Theatertreffens nennen.

Der Kritiker hat nicht nur Geschmack, er muß ihn sogar haben. Der wahre Wert der Kritik besteht in ihrem Warenwert, und wehe dem Kritiker, der seine Ware nicht auf den Hochglanz der Marktlage bringt! Man stelle sich einen Kritiker vor, der so geschmacklose Fragen stellt wie: »Wem nützt dieser Kulturbetrieb eigentlich? Was haben die davon, die ihn bezahlen? Wen interessiert das, ob Ophelia ins Wasser geht? Warum stehen vor und nach meiner Kritik die Anzeigen der Industrie?«

Die Antworten würden zwar kurz und bündig ausfallen, selbst einem Margarinefresser verständlich, aber vom Standpunkt des Marktes sind sie einfach nichts wert. Der Verleger würde diesen Kritiker vor die Tür setzen. Nicht etwa, weil man solche Fragen nicht stellen darf – wir leben in einer Demokratie, und jeder kann fragen, was er will –, sondern weil sie schon dagewesen sind, weil sie alt sind. Welcher Verleger hat schon gerne alte Waren in seinem Laden? Er würde dem Kritiker andeuten, daß es unter dem Aspekt solcher Fragen keine Kunstentwicklung gäbe, womit er natürlich seine Geschäftsentwicklung meint. Nicht, daß die Ware Kritik als solche dem Verleger eine Menge Geld bringt, keineswegs. Die paar Hanseln, die die Kulturseiten lesen, fallen überhaupt nicht ins Gewicht. Wichtig ist, daß das Feuilleton Niveau hat, was den Wert der Zeitung hebt und der Industrie die Möglichkeit gibt, für bestimmte Zielgruppen zu inserieren.

Auf der Kulturseite kann der Kritiker schreiben, was er will, solange er sich einen Dreck darum kümmert, was rundherum steht. Im »Kurier«, einer der beiden großen Tageszeitungen in Österreich, war durch Wochen hindurch eine Photoserie über James Bond abgedruckt. Diese Serie war der nackte Faschismus, dort wimmelte es nur so von ermordeten Negern, die mit ihren Leichen (Zitat) »einen

Beitrag zur Umweltverschmutzung leisteten«. Ich habe mit dem Kulturkritiker dieses Blattes, Paul Blaha, über die Serie gesprochen. Seine Antwort: Dafür sei die Werbeabteilung zuständig, nicht er. Die Werbeabteilung wiederum ist für die Industrie zuständig. Die Industrie ist für die Verhältnisse zuständig. Aber Herr Blaha ist für die Verhältnisse nicht zuständig. Das ist genau der Punkt. Der Kritiker ist für die Kunst zuständig, nicht für die Verhältnisse. Er ist Kunstkritiker, nicht Gesellschaftskritiker. In der Kunst kann er kritisieren, wie und was er will, aber wehe, er kritisiert die Verhältnisse, und seien es die nächstliegenden: die seines Arbeitsplatzes, die seiner Geldgeber und so weiter. Alles kann er werden, nur nicht konkret. Seine Abhängigkeit vom Verleger ist total, wie übrigens dessen Abhängigkeit von der Industrie, aber sonst ist der Kritiker frei, frei wie ein Narr in seiner Gummizelle.

Die Narrenfreiheit des Kritikers gleicht übrigens in vielen Punkten der des Stückeschreibers. Sofern der Kritiker darüber verzweifelt ist, fühle ich mich mit ihm durchaus solidarisch. Er kann nicht aufhören, ein Narr zu sein, weil es das einzige ist, wofür er bezahlt wird. Ich kann verstehen, daß er Angst um seinen Job hat, weil ich diese Angst auch habe. Mein Verständnis wird jedoch eingeschränkt, wenn ich mir überlege, daß der Kritiker sein Geschäft, sofern es sich nicht gegen seine Auftraggeber richtet, ohne jedes Risiko betreibt. Das Risiko des Stückeschreibers hingegen ist ein totales. Er hat kein fixes Gehalt, er ist nirgends fest angestellt. Mit jedem Stück geht er neu auf den Markt und ist dem Kritiker auf Gedeih und Verderb ausgeliefert. Wenn der Kritiker schlecht oder überhaupt nicht über ihn schreibt, so kann er ihn vom Markt verdrängen, auslöschen, ruinieren. Das Risiko des Regisseurs ist schon etwas geringer, er kann sich durch ein Engagement zumindest für die Dauer von ein oder zwei Jahren absichern. Ebenso der Schauspieler. Das Risiko des Intendanten ist noch geringer, er hat in der Regel einen Vierjahresvertrag mit seinem Geldgeber. Der Kritiker hingegen hat überhaupt kein Risiko. Er hat immer das letzte Wort, und sei es das dümmste. Er ist der Zerberus des Marktes. Er bestimmt, was rein darf, was oben bleibt und was nicht. Stückeschreiber werden unmodern. Schauspieler finden kein Engagement mehr. Intendanten werden abgesägt. Der Kritiker, Papst und Hure des Marktes, bleibt oben. Ihm kann nichts passieren. Er hängt seinen Arsch immer in den Wind, den er selbst erzeugt hat.

Schreibt ein Kritiker selbst Stücke oder Romane, so trifft auch ihn das volle Risiko des Autors. Baumgart und Sebestyén beispielsweise sind als Autoren ziemliche Ladenhüter, während sie als Kritiker wahre Bestseller sind. Ob sie jetzt schlechte Autoren, aber gute Kritiker sind, ist vollkommen unerheblich. Entscheidend ist, daß die Arbeit des Autors anderen Marktgesetzen unterliegt als die des Kritikers. Der Autor ist machtlos. Der Kritiker ist mächtig.

Die Macht wird meistens von denen bagatellisiert, die sie haben. So sprechen viele Kritiker davon, daß man ihre Macht weit überschätze. Sie zitieren einige Stücke, die trotz schlechter Kritiken gut laufen. Natürlich hat das einen konkreten Grund. Die meisten Theater verkaufen ihre Stücke schon im vorhinein an die Abonnenten. Das Stück wird so lange gespielt, bis alle Abonnenten durchgeschleust sind. Ein Theater, das dieses Stück nachspielt, wird sich schon schwerer finden.

Vielleicht haben die Kritiker recht, wenn sie das eine Stück gut, das andere schlecht kritisieren? Vielleicht ist mein Stück »Die Wirtin« wirklich schlechter als »Der tollste Tag«? Schlechter für wen? Für die Margarinefresser, für die ich schreiben möchte, oder für einen Kritiker, der gerade seine achte Geschmacksverfeinerung hinter sich hat? Bauers Stück »Change« wurde von den Kritikern in den Himmel gehoben und von mehr als vierzig Theatern nachgespielt. Sein Stück »Massaker im Hotel Sacher« wurde verrissen und von keinem einzigen Theater nachgespielt. Ist Bauer plötzlich ein so schlechter Dichter geworden? Viel schlimmer. Bauer hat nicht gemerkt, daß die Kritiker schon wieder um einen Schritt voraus sind, daß seine Art von Realismus durch ihre letzte Geschmacksverfeinerung überholt ist, er hat den schlimmsten aller Fehler gemacht: er hat die Marktlage nicht richtig eingeschätzt.

Das Urteil des Kritikers entscheidet nicht nur über den Marktwert des Autors, es beeinflußt auch die Beziehungen des Autors zu den Schauspielern, den Dramaturgen, den Intendanten. Auf diesem Gebiet habe ich in den letzten vier Jahren die traurigsten Dinge erlebt. Sind die Kritiken gut, dann ist alles in Ordnung. Für die Schauspieler war es die schönste Probenarbeit, die Dramaturgen lassen bei jeder Gelegenheit einfließen, daß sie dich eigentlich entdeckt hätten, die Intendanten klopfen dir auf die Schulter und stellen dir zum drittenmal ihre Gattin vor. Aber wehe, du hast schlechte Kritiken! Dann haben die Schauspieler schon bei der Probenarbeit gemerkt, daß aus diesem Stück einfach nichts werden konnte, die Dramaturgen lassen dich fallen wie eine heiße Kartoffel, und der Herr Intendant mußte dringend verreisen. Aber auch sie selber fallen übereinander her, jeder gegen jeden, und ich verstehe auch warum: Jeder hat Angst, seinen Marktwert zu verlieren.

Ich möchte jetzt gerne einen Vorschlag zur besonders sinnvollen Gestaltung dieses Symposions machen. Jeder der anwesenden Kritiker nimmt einen Zettel und schreibt einmal auf, wie viele Existenzen er im Laufe seiner Kritikertätigkeit schon ruiniert hat, wie viele ältere Autoren, die mit der schnellen Marktentwicklung nicht mehr so mitkommen, er vergessen oder totgeschwiegen hat, wie viele Schauspieler er mit einer kurzen, aber flotten Bemerkung der Lächerlichkeit preisgegeben hat und so weiter. Dann stellen sich die anwesenden Kritiker in der Mitte dieses

Raumes auf und lassen ihre Hosen herunter. Die anwesenden Autoren nehmen hinter den Kritikern Aufstellung. Dann liest jeder Kritiker die Zahl vor, die auf seinem Zettel steht, und erhält dafür von dem hinter ihm stehenden Autor die gleiche Anzahl von Tritten. Um dieses Spiel auch für die Kritiker halbwegs angenehm zu machen, liest der Leiter dieses Symposions, Herr Ernst Willner, laut und deutlich die Monatsbezüge der Kritiker vor.

Auch die Kritiker veranstalten Spiele. Jeden Herbst, mit Beginn der Theatersaison, startet das Große Autorenrennen. Die Autoren spielen die Läufer, die Kritiker die Zeitnehmer. Das Ganze läuft ab wie ein Hunderennen, nur gibt es ein paar fixe Regeln. Eine Jubelkritik bedeutet drei Längen voraus, eine mittlere Kritik gilt als Normalstart, wer verrissen wird, muß zwei Runden aussetzen. Wer totgeschwiegen wird, scheidet aus dem Rennen aus. Ist der Ausgeschiedene ein junger Mensch, so darf er Dramaturg oder Kulturfunktionär, in manchen Fällen sogar Kritiker werden. Ist er ein älterer Mensch, so darf er Sozialrentner bleiben. Die Rennberichte werden laufend auf den Kulturseiten veröffentlicht. Die Läufer, blind vor Anstrengung, beißen einander gegenseitig. Damit das Rennen nicht abflaut, werden Kleine und Große Staatspreise auf die Rennbahn geworfen. Der Jahressieger darf sich Autor des Jahres nennen, sein Stück wird zum Stück des Jahres. Wer dreimal hintereinander Jahressieger wird, ist ein Genie. Er braucht an den weiteren Rennen nicht mehr teilzunehmen und darf auf der Zuschauertribüne Platz nehmen.

Der Stückeschreiber strengt sich an, damit er dem Kritiker gefällt. Der Kritiker strengt sich an, damit er dem Verleger gefällt. Der Verleger strengt sich an, damit er der Industrie gefällt. Der Industrie gefällt das. Jeder hat seine Rolle in diesem Spiel, und es wäre nichts dagegen einzuwenden, wenn die Gewinnchancen nicht so verdammt ungerecht aufgeteilt wären.

Es gibt Stückeschreiber, die haben schon gemerkt, daß die Mächtigen mit gezinkten Karten spielen. Sie haben es satt, einer schlechten Gesellschaft das marktgerecht formulierte Gewissen zu liefern. Sie wollen raus aus diesem Kulturgetto, das sie zu progressiven Marktidioten erniedrigt hat, und sei es mit der hohen Ehre eines Literaturpreises. Sie haben begriffen, daß es sinnlos ist, eine Literatur zu entwickeln, mit der die meisten Menschen nichts anfangen können. Sie wollen nicht mehr denen nützen, die alles verwalten, sondern denen, die alles bezahlen. Mit diesen Kollegen möchte ich reden.

Ein paar angerissene Fragen: Wie können wir uns denen vermitteln, für die wir uns verantwortlich fühlen? Wie muß eine Kunst aussehen, die ihre Interessen vertritt? Was können wir von ihnen lernen? Was können sie von uns lernen? Was können wir außerhalb des Marktes versuchen? Was können wir innerhalb des Marktes erreichen?

Wenn es für den einen oder anderen Kritiker ähnliche Fragen gibt, dann sollten wir miteinander reden. Ansonsten habe ich mit Kritikern nichts zu besprechen.

(Rede, 1974)

Eine Viertelstunde im Leben des Obermachers

In einem zwanglos dynamisch progressiv konservativ eingerichteten Büro eines großen Hauses in der Kärntner Straße, der Parteizentrale der ÖVP. An den Wänden hängen Bilder Obermachers in der Siegerpose. Obermacher sitzt hinter seinem Schreibtisch und schaut angestrengt in die neueste Ausgabe des »Playboy«. Kuli, sein Sekretär, sitzt ihm gegenüber und blättert in einem Heft der Reihe »Souffleurkasten«.

KULI *zu Obermacher* Chef ...

Obermacher schaut angestrengt in den »Playboy« und reagiert nicht.

KULI *eindringlich* Chef ...

Obermacher schaut noch angestrengter in den »Playboy«. Sein Atem geht stoßweise. Seine Brillengläser beschlagen sich. Er reagiert nicht.

KULI *neckisch* Herr Bundeskanzler ...

Obermacher schaut auf und lächelt Kuli gütig an. Er fährt sich mit der Hand schwungvoll über die Haare.

OBERMACHER Net übertreiben. Alles zu seiner Zeit. Kuli, was gibt's?

KULI I lies da grad a Theaterstück von Peter-Turrini. Der schreibt da was von Tutteln ...

OBERMACHER *gepreßt* Der soll sich des Monatsdingsda im neuesten »Playboy« anschaun, dann kann er was schreiben.

KULI Die Sache ist ernst, Chef. Aus dem Tuttl kann man politisches Kapital schlagen. Denk an die Wähler.

Obermacher läßt den »Playboy« blitzartig verschwinden. Er putzt seine Brille, verschränkt die Arme vor der Brust und lächelt Kuli unschuldig an.

OBERMACHER Nächsten Sonntag geh i in drei verschiedene Kirchen zur Kommunion. Frühmesse, Kindermesse und Hochamt. Mir kann keiner was nachsagen.

KULI Aber es geht doch nicht um dein Tuttl, sondern um meines.

OBERMACHER *verwirrt* Net um meines, sondern um deines?

KULI Besser gsagt, um das vom Turrini.

OBERMACHER Also, um welches Dingsda geht's jetzt eigentlich?

KULI *geduldig* Bitte Chef, laß mich erklären. Die »Souffleurkasten«-Reihe bringt Stücke von österreichischen Dramatikern.

OBERMACHER Gekauft.

KULI Die Reihe wird vom Unterrichtsministerium subventioniert.

OBERMACHER Gekauft.

KULI Die Bücher werden an Deutschlehrer verschickt.

OBERMACHER Gekauft.

KULI Die Deutschlehrer können die Stücke an die Schüler weitergeben.

OBERMACHER Gekauft.

KULI In einem Stück vom Turrini kommt das Wort »Tuttl« vor.

OBERMACHER Gekauft.

KULI Denk an die zwölfjährigen Kinder.

OBERMACHER *sein Atem geht stoßweise, seine Brillengläser beschlagen sich* Da fallt ma was ein, wie i zwölf Jahr war. Da ham wir in unserer Schul a Turnlehrerin ghabt, die unterm Leiberl nie an Beha tragn hat. Immer, wenns uns des Schnurspringen vorgmacht hat, san ihre Dingsda …

KULI *eindringlich* Chef, ich bitte dich.

Obermacher putzt die Brille, legt die Hand auf die Brust und schaut drein wie ein Ministrant, der gerade beim Trinken des Meßweines ertappt wurde.

KULI Also. Stell dir vor. Ein zwölfjähriges Mädchen, niedlich anzuschauen, unschuldig im Gemüt, kriegt dieses Stück vom Turrini in die Hand, stößt auf das Wort »Tuttl« …

OBERMACHER … und legt des Büchl weg, weil wenns wirklich a Dingsda segn will, brauchts nur die »Neue Revue« von der Mutti lesen.

KULI Falsch. Ein Schaudern durchzuckt den jugendlichen Körper. Der kindliche Geist beginnt sich zu verwirren …

OBERMACHER *verdattert* Wie? Was?

KULI *immer aufgeregter* Schluchzend stürzt sich das verwirrte Kind in die Arme seiner Eltern. Fassungslos ste-

hen die Eltern vor der geistigen und körperlichen Auflösung ihres Kindes ...

OBERMACHER Kuli, wie wird dir?

KULI *voller Begeisterung* In ihrer grenzenlosen Not rufen
die Eltern in unserer Parteizentrale an, flehen um Hilfe,
und in diesem Augenblick erscheinst du ...

OBERMACHER I? Wieso?

KULI Du! Der Retter in der Not. Der Mann mit der weißen
Weste. Donnernd rufst du durch unseren Presseapparat:
»Schluß mit der Pornographie in den Schulen! Meine
Partei rettet die zwölfjährigen Kinder.« Taktisch genial,
was?

Schweigen. Obermacher denkt nach.

OBERMACHER *lächelt verlegen* Kuli, das is zu blöd. Das
nimmt mir kein vernünftiger Mensch ab.

KULI Denk an unsere Wähler.

OBERMACHER Du meinst wirklich, ich sollte ...

KULI Ich meine, du *mußt.*

OBERMACHER Aber Kuli, ich bin doch der linke Flügel der
Partei, i kann so was einfach net machen.

*Obermacher hebt seinen linken Arm und beugt ihn auf
und ab.*

KULI Wie ein Adler.

*Obermacher bewegt auch den rechten Arm auf und ab,
er lächelt.*

OBERMACHER Reichsadler ...

KULI *lächelt ebenfalls* Reichsschrifttumskammeradler.

*Eine siebzigjährige Sekretärin kommt herein, sie ist ge-
schminkt und gedreßt wie eine Freundin von John Tra-
volta. Obermacher läßt seine Arme blitzartig sinken.*

SEKRETÄRIN Herr Chef, der Doktor Knackwurst hat grad
angerufen und läßt fragen, was Sie zu folgender Formulierung sagen ...

OBERMACHER Ich höre ...

SEKRETÄRIN *liest von einem Zettel* »Wir wollen den eigenverantwortlichen Künstler, und die Freiheit des gestaltenden und schöpferischen Menschen muß immer unter dem Gesichtspunkt weitestgehender Offenheit gegenüber allen Richtungen, Schul- und Lehrmeinungen stehen.«

OBERMACHER Die nackte Anarchie. Mit solchem marxistischen Gedankengut wollen die Roten unseren Staat sukzessive ...

SEKRETÄRIN Aber das ist doch der Entwurf für unser neues Kulturprogramm ...

OBERMACHER Is der Knackwurst wahnsinnig worn?

KULI Aber Chef, beruhige dich, i find die Formulierung taktisch sehr gut. Wir sind eine dynamische Partei. Wir überholen links, bremsen in der Mitte und kommen rechts zum Stehen.

OBERMACHER Du meinst, wir sollten ...

KULI Denk an die jüngeren Wähler.

OBERMACHER *zur Sekretärin* Sagn S' dem Knackwurst an schön Gruß von mir, die Formulierung is gekauft.
Die Sekretärin geht ab. Obermacher greift instinktiv zum »Playboy«.

KULI Und was mach ma jetzt mit unsere Tuttln?
Obermacher läßt den »Playboy« blitzartig verschwinden.

KULI I hob a taktisch guate Idee. Wozu ham mir an rechten Flügel? I ruf den Wiener Schulsprecher unserer Partei, den Wörner, an und sag ihm ...

OBERMACHER Den mag i net. Der leiht sich immer meine Heftln aus, und wenn er's zurückgibt, san die Seiten ganz verpickt.

KULI Aber Chef, private Gefühle müssen in der Politik zurückstehen.

OBERMACHER Meinst wirklich, mir sollten ...

KULI Ich mein, mir müssen.
Kuli nimmt den Hörer und wählt.

KULI Hallo, Wörner? Ja, da is der Kuli, Büro Obermacher. Der Chef laßt dir sagn, du kannst Nationalratsabgeordneter unserer Partei wern, wennst eine Pressekonferenz einberufst und sagst: »Die Literaturreihe ›Souffleurkasten‹ ist Pornographie und fordert die Jugend zum Gebrauch von Haschisch auf!«

Am anderen Ende der Leitung hört man eine aufgeregte Stimme. Kuli legt die Hand auf den Hörer.

OBERMACHER *zu Kuli* Was sagta?

KULI Er fragt, ob er Bundesschulsprecher werden kann, wenn er noch mehr sagt?

OBERMACHER Was denn?

KULI »Die Literaturreihe »Souffleurkasten« ist Pornographie und fordert die Jugend zum Gebrauch von Haschisch und Kokain auf.«

OBERMACHER Gekauft!

Kuli legt auf. Im Büro Obermachers wird es langsam schwarz.

(Sketch, 1979)

»Das Pferd des Präsidenten«, © Rudolf Semotan

»Zu Beginn des Wahlkampfes hatte Kurt Waldheim, der in der Folge siegreiche Kandidat, bekanntlich bestritten, sich einer Reiterformation der SA angeschlossen zu haben, obwohl dies aus entsprechenden Dokumenten hervorging, und der damalige Bundeskanzler kommentierte das mit der Bemerkung, daß er zur Kenntnis nehme, nicht Waldheim, sondern sein Pferd sei bei der SA Mitglied gewesen.«

(»Frankfurter Rundschau«, 11. Juli 1986)

»Bildhauer Alfred Hrdlicka entwarf – nach einer Idee von Peter Turrini – ein ›Pferd, dem die Welt vertraut‹. Das 4,7 Meter hohe Holztrumm ist am Dienstag dieser Woche um 13 Uhr anläßlich Kurt Waldheims Angelobung zum Bundespräsidenten Star einer Dissidentengala auf dem Wiener Stephansplatz. Aus dem Bauch des (Trojanischen) Pferdes werden über Lautsprecher Texte von Elias Canetti, Erich Fried und Peter Handke gelesen. Turrini hielt eine Stegreifrede.«

(»Profil«, 7. Juli 1986)

Das Pferd des Präsidenten

Liebe Freunde!

Wir sind nicht im Auftrag des World Jewish Congress hier, wir sind weder seine Agenten noch sein Sprachrohr. Wir sind auch keine vaterlandslosen Gesellen und Antidemokraten, als die uns der Generalsekretär der ÖVP im heutigen Morgenjournal bezeichnete. Wir sind hier, weil wir eine der wichtigsten menschlichen Eigenschaften hochhalten wollen, nämlich die Fähigkeit des Erinnerns. Wir sind hier, weil wir Herrn Waldheim, der zur Stunde gerade unser aller Bundespräsident wird, zu dieser Fähigkeit verhelfen wollen. Wir möchten Herrn Waldheim daran erinnern, daß er gerade Präsident einer Republik wird, die nur wiedererstehen konnte, weil es im Unterschied zu ihm Menschen gab, die ihre Pflicht gegenüber dem Hitler-Regime nicht erfüllt haben.

Wir möchten Herrn Waldheim daran erinnern, daß dieses Pferd, das mein Freund Hrdlicka und ich hier aufgestellt haben, noch immer seinen Reiter sucht. Wir werden dieses Pferd zu allen öffentlichen Auftritten des Herrn Waldheim führen. Es soll Herrn Waldheim daran erinnern, daß man seine Vergangenheit nicht durch Lüge und Verdrängung loswerden kann.

Wir planen ab dem Herbst eine ganze Reihe von Aktionen, die alle dem Zweck dienen, das Erinnerungsvermögen des Herrn Waldheim zu fördern. Wir fordern alle Lehrer und Beamten in den österreichischen Amtsstuben auf, das Bild des neuen österreichischen Bundespräsidenten verkehrt aufzuhängen, bekanntlich hebt eine rasche Blutzufuhr zum Kopf das Erinnerungsvermögen.

(Rede, 1986)

»Petra Turrini«
Ausschnitt aus einer Karikatur von Manfred Deix, 1989

Strafanzeige und Beschlagnahmeantrag
gegen das Buch und Rollenbuch »Tod und Teufel«

An die
Staatsanwaltschaft Wien

An die
Staatsanwaltschaft beim
Landgericht München

An die Staatsanwaltschaft beim
Landgericht Frankfurt

Gegen: Peter Turrini, Verfasser des Stückes »Tod und Teufel«
Gegen: Claus Peymann, Direktor des Wiener Burgtheaters
Wegen: Herabwürdigung religiöser Lehren und Religionsverspottung, § 188 StGB
Wegen: Verstoß gegen § 1 Pornographiegesetz durch Druckwerke und Theater
Gegen: Den Verantwortlichen beim »Thomas Sessler Verlag«, Wien
Wegen: Beihilfe zu § 188 StGB und Verstoß gegen § 1 Pornographiegesetz
Gegen: Den Verantwortlichen beim »Thomas Sessler Verlag«, München
Wegen: Beihilfe zu § 166 Deutsches Strafgesetzbuch
Gegen: Den Verantwortlichen beim »Luchterhand Literaturverlag« in Frankfurt
Wegen: Verstoß gegen § 166 Deutsches Strafgesetzbuch durch Herausgabe und Verbreitung des pornographischen gotteslästerlichen Machwerks »Tod und Teufel«.

<u>Begründung der Anzeige:</u>
Turrinis Stück »Tod und Teufel« erschien in Buchform 1990 im deutschen Luchterhand Verlag in Frankfurt.

Das Buch »Tod und Teufel« wurde nach Österreich eingeführt und wird in vielen Buchhandlungen im ganzen Bun-
desgebiet vorrätig gehalten.

Das Buch »Tod und Teufel« entspricht dem Rollenbuch,
das für die Inszenierung des Stückes am Wiener Burgtheater Verwendung fand.

Das Stück soll am Samstag, den 10. November 1990, am
Wiener Burgtheater uraufgeführt werden. Die Probenar-
beiten sind abgeschlossen, so daß der taugliche Versuch einer Straftat angenommen werden darf.

Ablichtung der Strafanzeige
an den Heiligen Vater, Papst Johannes Paul I.
an die österreichischen Bischöfe
an die österreichische Presse
an Ämter und Behörden

(1990)

Bericht der Bundespolizeidirektion Wien

Da keine schriftliche Weisungserteilung der Kriminalbe-
amtengruppe beim VVM zugegangen war, sich eventuell
zwischenzeitlich jedoch eine Änderung der Umstände vor-
liegen bzw. ergeben hätte können, wurde am heutigen
Tage, den 10. November 1990, gegen 11 Uhr, mit dem Jour-
nalbeamten der Abteilung I, ORat Mag. Zander, Kontakt
aufgenommen und gab Mag. Zander an, daß der Ordnungs-
dienst beim Burgtheater verstärkt wurde und dem mündli-
chen Auftrag von ORat Dr. Hagen zu entsprechen sei.

Um 18.30 Uhr begaben sich Gr. I. Jakel und Gefertigter
von der Hs. Dienststelle zum Burgtheater.

Beim Eintreffen konnte wahrgenommen werden, daß die
Abendkasse bereits geschlossen war, und konnte in Erfah-

rung gebracht werden, daß die Vorstellung für das heutige Bühnenstück »Tod und Teufel« ausverkauft sei.

Über den Handlungsablauf auf der Bühne wurden, unter Bedachtnahme der in den Massenmedien bereits veröffentlichten Szenenausschnitte, handschriftliche Aufzeichnungen, soweit dies auf Grund der gegebenen Situation möglich war, angelegt.

Im Zuge der Vorstellung konnte von einem Billetteur ein Textbuch um den Betrag von Schilling 28,– angekauft werden und liegt diesem Bericht bei.

Bemerkt wird, daß im Zuge der Darstellung, durch überlauten (hysterischen) Vortrag bzw. zugehörige Geräuschkulissen, mehrfach diese Textstellen teilweise unverständlich waren. Die Vorstellung war gegen 22.15 Uhr ohne Zwischenfälle beendet und hielten die Beifallskundgebungen ca. 20 Minuten an.

(1990)

Anfrage

des Abgeordneten Pilz
an den Bundesminister für Inneres
betreffs Staatspolizei im Burgtheater

Am 10. November begaben sich zwei Gruppeninspektoren der Staatspolizei ins Burgtheater, um sich dienstlich das Stück »Tod und Teufel« von Peter Turrini anzusehen. Da sich die unterfertigten Abgeordneten freuen, wenn die Staatspolizei zur Kultur findet, richten sie an den Innenminister folgende Anfrage:

Hat den beiden Beamten das Stück gefallen?
Dürfen die Staatspolizisten nur Turrini oder auch andere Stücke sehen?

Welche Stücke haben sich unsere Staatspolizisten in den letzten fünf Jahren angesehen?

Wie viele Staatspolizisten sind in den letzten Jahren dienstlich im Theater gewesen?

Welche Theater sind in den letzten Jahren von Staatspolizisten dienstlich besucht worden?

Wie viele Exemplare umfaßt derzeit die Theatertextheftsammlung des Bundesministeriums für Inneres?

Was sind die Lieblingsstücke der Staatspolizisten?

Was konnte die Staatspolizei über die antiösterreichischen Passagen in »König Ottokars Glück und Ende« in Erfahrung bringen?

Was gedenkt die Staatspolizei gegen den »Volksfeind« zu unternehmen?

Darf sich Mag. Zander »Mein Kampf« ansehen?

Sind Sie bereit, die Theatermitschriften dem interessierten und fachkundigen Publikum zur Verfügung zu stellen?

(Stenographische Protokolle des Nationalrates, 1991)

Eine Wahrheitsrede

Geschätzte Feiernde!

Sie alle kennen den wunderbaren Satz von Ingeborg Bachmann: »Die Wahrheit ist dem Menschen zumutbar!« Wenn dieser Satz jene Gültigkeit haben soll, die wir ihm so bereitwillig einräumen, so gilt er auch für diese Zusammenkunft, für die Gefeierten dieser Stunde. Die Wahrheit über Claus Peymann und Hermann Beil ist zumutbar.

Beginnen wir mit Claus Peymann, mit der ganzen Wahrheit über ihn: Claus Peymann ist nicht Claus Peymann und heißt auch nicht Claus Peymann. Jener Mann, der in den Annalen und Journalen als Deutscher, ja geradezu als Inkarnation des Deutschen festgeschrieben ist, ist kein Deutscher. Claus Peymann ist Österreicher. Er wurde im Jahre 1937 als neuntes Kind des Keuschlerehepaares Hermine und Vinzenz Obernosterer in Maria Luggau in Osttirol geboren. Am 17. Juni 1937 wurde er in der Pfarrkirche des Ortes vom Pfarrer Hugo Prettenpichler auf den Namen Vinzenz Klaus getauft – nachzulesen im Taufbuche des Luggauer Pfarramtes – und fortan Klausi gerufen. Claus Peymann heißt also in Wahrheit Klausi Obernosterer und ist ein Kind der österreichischen Berge. Lassen Sie mich das Unglaubliche dieser Geschichte in Ruhe schildern. Seit drei Generationen bewohnten die Obernosterers eine Keuschlerhütte in den Luggauer Bergen. Dort sind die Winter viel zu lang und die Wiesen viel zu schräg, um eine einträgliche Landwirtschaft zu ermöglichen. Dort ißt der Bauer ein kärgliches Brot, und für die insgesamt neun Obernostererkinder blieben nur Brosamen übrig. In den dreißiger Jahren dieses Jahrhunderts kam in Osttirol der Tourismus auf, und manchmal verirrten sich ein paar Sommerfrischler, wie die Urlauber damals hießen, hinauf bis zur Obernosterer Keusche und brachten ein bißchen Abwechslung und durch den Verzehr einer frischen Milch oder einer Brettljause ein bißchen Zubrot ins ärmelnde Haus. 1933 führte Hitler die sogenannte »1000-Mark-Sperre« ein, jeder Deutsche, der in Österreich Urlaub machen wollte, mußte tausend Mark auf einer deutschen Bank hinterlegen. Mit dieser Methode wollte Hitler den österreichischen Fremdenverkehr ruinieren, was ihm wohl auch gelang. Kein Deutscher verirrte sich nach der Verfügung der »1000-Mark-Sperre« zu den Obernosterers. Mit einer Ausnahme: Im August 1937 wanderten die Peymanns, eine Bremer Kaufmannsfamilie, welche dem gehobenen Mittelstand angehörte und folglich keine Schwierigkeiten hatte, tausend Mark zu deponieren, wanderten also die Peymanns durch die Luggauer Berge und kamen dabei ein bißchen vom Wege ab und landeten schließlich bei der Keusche der Obernosterers, und es bot sich ihnen ein besonders trauriger Anblick. Die Familie Obernosterer, Mutter, Vater und neun Kinder, die schon lange keinen deutschen Touristen und damit auch kein Zubrot gesehen hatten, darbten vor sich hin. Die Kinder schleckten mit der Zunge den Rotz von der Oberlippe, wohl in Ermangelung einer sättigenden Nahrung. Die Peymanns, zutiefst gerührt von dieser bitteren Not, nahmen den kleinen und besonders hungrigen Klausi mit nach Bremen und an Sohnes Statt an. Die Adoptionsurkunde – einsehbar am Standesamt Bremen-Huckelriede – ist auf den 21. März 1941 datiert und vom Stadtamtsdirektor Knut Lüdders unterfertigt. Den Obernosterers in Maria Luggau wurde ein Sümmchen für die Überlassung des Kindes zugewiesen und dem Kinde selbst eine angemessene Erziehung garantiert. Von Stund' an trug Klausi Obernosterer den Namen seiner Adoptiveltern, hieß Claus Peymann und wurde im hanseatischen und protestantischen Geiste erzogen. Der Rest der Geschichte ist in groben Zügen bekannt. Peymann-Obernosterer gerät in die üblichen Unruhen seiner Generation, wird ein aufmüpfiger Achtundsechziger, anschließend ein geschmähter und umjubelter Theaterleiter und 1986 Direktor des Wiener Burgtheaters. Er, ein aus den Bergen wegadoptiertes Kind, kehrt zurück in das Land der Berge, nach Österreich. So wie ihm sein Österreich wiedergegeben wurde, will er den Österreichern das Österreichische wiedergeben. Er gibt sich schon in seiner ersten Pressekonferenz zu erkennen und erklärt, daß das Burgtheater fortan das österreichische Nationaltheater sein wird. Aber die Österreicher können und wollen ihn nicht begreifen und qualifizieren seine Erklärungen als die eines großmäuligen Deutschen ab. Peymann-Obernosterer steigert sein Outing, inszeniert ein Stück von Thomas Bernhard nach dem anderen, und als dieser stirbt, bringt er jedes neue österreichische dramatische Werk auf die Bühne, zeigt den Österreichern Österreich, um endlich als Österreicher erkannt zu werden. Aber sie verkennen ihn, sie nennen ihn weiterhin Peymann und schimpfen ihn einen Deutschen. Welch ein Schicksal, welch eine Tragödie!

Und nun zu Hermann Beil.

Ich kann Sie, nach der dramatischen Enthüllung der wahren Identität des Claus Peymann, im Falle Hermann Beils beruhigen. Hermann Beil ist Hermann Beil und heißt auch Hermann Beil. Von ihm heißt es, er sei der Mann hinter Peymann. Peymanns Eckermann sozusagen. Aber ist das wirklich wahr? Oder anders gefragt: Steht Hermann Beil, dieser sogenannte zweite Mann, nur hinter Claus Peymann? Oder steht er nicht auch hinter einer ganzen Reihe von sogenannten ersten Männern? Wer hat dem österreichischen Kultusminister davon abgeraten, das Finanzministerium zu übernehmen? Wer hat Jürgen Flimm die Oper erläutert? Wer hat Karl-Ernst Herrmann das Notenlesen beigebracht? Und wer hat den Autor dieser Rede überredet, gemeinsam mit der Vortragenden dieser Rede auf der Bühne des Akademietheaters ein Duett zu singen? Wer hat Dürrenmatts Ruhm als gestandenen Trinker vermehrt, indem er ihm geholfen hat, seine Rotweinbestände zu reduzieren? Als vor einem Jahr Peymanns Burgtheatervertrag auslief und sich die halbe Regierung, der Trabrennverein, die Gewerkschaften, das Kabelevidenzbüro und der Bauernbund gegen eine Vertragsverlängerung aussprachen, trat plötzlich Salman Rushdie auf den Plan und votierte für Peymann. Wer, so glauben Sie, hat diesen Coup ausgeheckt, und wer hat, so frage ich Sie, nach dem Eintreten Rushdies für Peymann, den iranischen Parlamentspräsidenten Rafsanjani dazu gebracht, seinen Zorn nicht auf Claus Peymann auszudehnen? Warum, glauben Sie, ist das Direktorium der Salzburger Festspiele noch immer zusammen? Diese zentrifugalen Herren wären doch längst zu den entgegengesetzten Polen dieser Erde gerannt, wäre da nicht ein ruhender Pol zwischen ihnen, ein besonnener Mann, der mit einem ausgewogenen Programm und mit selbstverfertigten Süßwaren die erbitterten Gemüter alljährlich beschwichtigt. Und wer hat, bitte sehr und quasi nebenher, eine Kleist-Renaissance ins Leben gerufen? Wer hat mit zwei Vorträgen die germanistische Fakultät der Universität Wien vor ihrem intellektuellen Abstieg bewahrt, zumindest bis Ende des Sommersemesters? Wer hat en suite zwölf Intendanzen abgelehnt? Wußten Sie eigentlich, daß am Tage der deutschen Maueröffnung, als die Ostmenschen in den Westen und zu den Bananen drängten, Hermann Beil in Berlin war? Natürlich nur zufällig.

Und wissen Sie, daß die Eröffnung einer weiteren Spielstätte des Burgtheaters, des Plenarsaals des österreichischen Parlaments, kurz bevorsteht? Das wissen Sie nicht, aber Sie beginnen zu ahnen, wer das und noch vieles mehr eingefädelt haben könnte!

Würde man alle Beils, die hinter kühnen Entscheidungen, großen Ereignissen und bedeutenden Männern stehen, zusammennehmen, sozusagen zusammenbeilen, welch ein alle und alles überragender Mann würde da zum Vorschein kommen. Hätten wir die Größe, der wahren Größe Hermann Beils ins Auge zu sehen?

Ein Preis, zwei Männer, zwei Schicksale, zwei Verkennungen. Die Wahrheit über Claus Peymann und Hermann Beil ist zumutbar! Es liegt an uns, sie anzunehmen oder in alten Täuschungen zu verharren.

Ich danke Ihnen fürs Zuhören!

(Rede, 1995)

Lieber Michael Boder!

Komm nach Wien! Wien ist aus mehreren Gründen eine ideale Stadt, weil es sie gar nicht gibt. Erstens gibt es keine Wiener, sondern nur Tschechen, Slowaken, Ungarn, Böhmen, Mähren, Slowenen, Italiener, Kroaten, welche schon so lange in Wien leben, daß sie vergessen haben, woher sie eigentlich kommen, also mehr als zwei bis drei Jahre. Zweitens gibt es Wien als Stadt gar nicht, der erste Bezirk wird gerade so hergerichtet, wie sich der Rest der Welt Wien vorstellt, was mit Wien jedoch sehr wenig zu tun hat. Es gibt auch kein Wiener Kaffeehaus, sondern deutsche Handelsketten, welche die meisten Kaffeehäuser aufgekauft haben und sie so herrichten, wie sich deutsche Handelskettenbesitzer Wiener Kaffeehäuser vorstellen. Dies alles und noch mehr solcher Merkwürdigkeiten und Irrsinnigkeiten schaffen ein ideales Lebensklima. Es ist alles so, als ob. Eine Fiktion, eine Theatralisierung, eine Kulisse. Ganz Wien und damit ganz Österreich befindet sich in einem theatralischen Dauerzustand. Jeder kleine Theaterskandal wird zur Staatsaffäre und umgekehrt, jede Staatskatastrophe wird als theatralisches Ereignis wahrgenommen. Die handelnden Politiker werden benotet und qualifiziert wie Schauspieler. Für einen Theatermenschen wie Dich, noch dazu für einen Opernmenschen, ein geradezu idealer Ort.

Um Dir die Theatralisierung Österreichs noch verständlicher zu machen, möchte ich Dir ein historisches Beispiel erzählen: Österreich wurde in den dreißiger Jahren vom Hitlerfaschismus, vom neuerstandenen und erstarkten deutschen Reich, auf das Schwerste bedroht. Österreich war ein kleiner Nachkriegsstaat, hatte zwar auch faschistische Tendenzen, aber der große faschistische Bruder in Deutschland (die braunen Faschisten) wollten ihre österreichischen Ableger (die grünen Faschisten) schlucken. Österreich suchte einen Beistandspartner und fand ihn in

Mussolini, lange bevor er mit Hitler paktierte. Der Beistandspakt zwischen Mussolini und der österreichischen Regierung aber war nicht gratis, Mussolini hatte gerade ein Stück geschrieben, »Die Herrschaft der hundert Tage«, und wollte es natürlich aufgeführt sehen. Das Burgtheater übernahm die Uraufführung, Werner Krauß spielte die Hauptrolle. Mussolini und Krauß trafen einander am Bahnhof von Venedig, von Mestre, und bescheinigten einander erhabenste Größe. Das Stück war in Wien ein Riesenerfolg, eine Woche später unterschrieb Mussolini den Beistandspakt, und so weiter und so fort. Habe ich Dir und Deiner Frau schon etwas Appetit auf Wien gemacht?

(Brief, 1998)

Karikatur zu »Tod, Beisetzung und Verklärung des Claus Peymann«,
»Frankfurter Allgemeine Zeitung«, 24. März 1999

244

Tod, Beisetzung und Verklärung des Claus Peymann
Ein Stufendrama

Erste Dramenstufe:

Am 30. Juni 1999 verläßt Claus Peymann Wien. Er nimmt, chauffiert von der Dramaturgin Jutta Ferbers, den kürzesten Autoweg nach Berlin, über Tschechien. Hinter den beiden fährt der Co-Direktor Hermann Beil mit seinem Wagen. Auf der Höhe von Zellerndorf, kurz hinter Hollabrunn, überfällt Peymann plötzlich der ganze Abschiedsschmerz von Wien und die ganze Angst vor Berlin. Er hält die Luft an, sein Gesicht wird immer röter. Jutta Ferbers fährt an den Straßenrand.

JUTTA FERBERS *eindringlich* Sag etwas, Claus! Bitte sag was, du sagst doch sonst immer was.

Claus Peymanns Gesicht wird noch röter. Er blickt in die Ferne, lächelt und stirbt. Jutta Ferbers schluchzt auf. Hermann Beil dirigiert in Gedanken die »Fantasie-Sonate« von Schubert, Deutsch-Verzeichnis 894, und merkt nichts vom Hinscheiden Claus Peymanns. Kurz vor Berlin fällt ihm auf, daß der Wagen von Jutta Ferbers und Claus Peymann nicht mehr vor ihm fährt. Er ruft den Berliner Staatssekretär für Kultur, Herrn Lutz von Pufendorf, an und teilt ihm mit, daß Claus Peymann auf dem Autowege von Wien nach Berlin abhanden gekommen sei. Herr von Pufendorf lacht, hält das ganze für einen Peymannschen PR-Gag und freut sich auf die Belebung der Berliner Theaterszene durch Peymann. Inzwischen verfügt der Gendarmeriekommandant von Zellerndorf die Aufbahrung Claus Peymanns im dortigen Feuerwehrhaus, welches den Zellerndorfern auch als Aufbahrungshalle dient. Jutta Ferbers verwehrt sich gegen diese Art der Unterbringung, schließlich sei Claus Peymann ehemaliger Burgtheaterdirektor und zukünftiger

Intendant des Berliner Ensembles. Der Gendarmeriekommandant von Zellerndorf antwortet, er könne die Bedeutung solcher Posten nicht ermessen, er würde sich die Kul-
turnachrichten im Fernsehen niemals anschauen, zwischen
den Weltnachrichten und den Wetternachrichten gehe er
immer aufs WC. Seine Blase funktioniere da völlig automa-
tisch. Jutta Ferbers schluchzt auf, ruft die ehemalige Refe-
rentin von Claus Peymann, Frau Christiane Schneider, in
Salzburg an und informiert sie über das Ableben von
Claus. Christiane Schneider ruft diverse Salzburger Mode-
geschäfte an, erkundigt sich nach schwarzen, aber nicht zu
schwarzen Kostümen und organisiert gleichzeitig die Überführung Peymanns von Zellerndorf nach Wien.

Zweite Dramenstufe:

Claus Peymann wird in der Säulenhalle des österreichischen Parlaments aufgebahrt. Die Totenwache übernehmen die Dichterin Elfriede Jelinek und die Dichter George
Tabori, Peter Handke und Peter Turrini. Abordnungen
der Wiener Bevölkerung: der Taxifahrerinnung, der Schlos-
serinnung, der Straßenbahner, der Hausbesitzer, des Al-
penvereins, der Burenwürstler, der Theaterkritiker, der
Hundefreunde, der Beiselwirte und die Freunde des Burgtheaters defilieren an Peymanns Sarg vorbei und nehmen
bewegt Abschied von ihm. Aus dem Stenographenzimmer
klingt das gedämpfte Schluchzen der Jutta Ferbers. George
Tabori schiebt ein Theaterstück in Peymanns Sarg und redet leise vor sich hin: Er, Tabori, gehe davon aus, daß Peymann auch im Jenseits ein Theater übernehmen werde, und
da könne er ja dieses Stück, sein allerletztes, zur Aufführ-
rung bringen. Er werde vermutlich bei den Proben vorbei-
schauen, aber spätestens bei der Premiere werde er anwe-
send sein. Elfriede Jelinek zieht eine Pistole aus ihrem
aparten Handtäschchen und sagt, daß sie Peymann nach
Berlin gefolgt wäre, und deshalb werde sie ihm jetzt auch

ins Jenseits folgen. Sie versucht, sich zu erschießen, es klappt aber nicht, rein technisch. Sie wirft die Pistole auf den Boden der Parlamentshalle und sagt entschuldigend, daß sie mit den praktischen Dingen des Lebens einfach nicht zurechtkomme. Peter Handke will die Pistole aufheben, läßt es aber im letzten Moment sein, da die Leute sein Bücken nach der Pistole für eine devote Verneigung vor Claus Peymann halten könnten. Turrini hebt mit großer Geste die Pistole auf und erschießt sich. Die Trauernden sind angewidert von solch vulgärem Realismus. Inzwischen kommen auch deutsche Staatsbürger nach Wien, um von Claus Peymann Abschied zu nehmen. Alle dreißig Minuten landet ein Airbus in Schwechat, voll mit Stuttgartern, Bochumern und Berlinern. Christiane Schneider trägt ein Kostüm in dezentem Witwenschwarz und sorgt für ein geordnetes Defilieren der Menschenmassen an Peymanns Sarg vorbei.

Dritte Dramenstufe:
Claus Peymann wird am Zentralfriedhof in einem Ehrengrab der Gemeinde Wien beigesetzt. Eine unübersehbare Menschenmenge steht erschüttert am Friedhof. Der österreichische Bundespräsident Klestil hält die Totenrede, wird jedoch nach einigen Sätzen von seinen Tränen übermannt und überträgt die Aufgabe des Redens an den Bundeskanzler Viktor Klima. Auch dieser wird nach kürzestem Reden von seinen Gefühlen hinweggeschwemmt und überträgt die Aufgabe an den Vizekanzler, aber auch dieser kann nur ein paar Sätze hervorstammeln und muß die Aufgabe an den Innenminister weitergeben. Ein Regierungsmitglied nach dem anderen scheitert, keiner kann die Trauerrede zu Ende bringen, alle werden sie vorzeitig von ihren Gefühlen übermannt. Auch ehemalige Regierungsmitglieder, die man schnell ans Grab holt, wie Erhard Busek oder Josef Hesoun, schaffen es nicht. Fritz Muliar tritt, in

schwarzem Frack und Zylinder mit Trauerflor, an das offene Grab und sagt, daß er neben Antifaschist, Sozialdemokrat nunmehr auch Peymannfreund sei.

FRITZ MULIAR *singt, mit verhaltener Stimme* »Ich hatt' einen Kameraden …«

Auch er wird von Rührung übermannt und fällt ins offene Grab, oder besser gesagt, er fällt auf Erika Pluhar, welche im offenen Grab steht, wo sie in den nächsten Minuten ein Abschiedslied singen wollte, und zwar aus der Grube heraus, um ihrer Stimme noch mehr Tiefe zu geben. Kurt Waldheim, Altbundespräsident, der unmittelbar hinter Muliar stand, tritt ebenfalls ans Grab, sagt, es sei mit Muliar vereinbart gewesen, daß sie das »Kameradschaftslied« gemeinsam singen würden, und springt in die Grube. Hans Dichand, der Herausgeber der »Kronen Zeitung«, welcher immer dort ist, wo Waldheim war oder ist, springt ihm ins Grab nach. Peter Marboe, der Kulturstadtrat von Wien, welcher das Ganze für eine neue Art des Kondolierens hält, springt vorsichtshalber mit. Er knallt dabei mit Bundeskanzler Klima zusammen, welcher gerade dem Zeitungsherausgeber Dichand nachgesprungen ist. Christiane Schneider stellt sich vor die Grube und organisiert die Entfernung der Herrschaften aus derselben. Die Kulturredakteurin Karin Kathrein und die ehemalige Kulturstadträtin Ursula Pasterk – beide tiefschwarz gewandet – beobachten sie dabei und fragen sich, wo die Schneider dieses dezente Witwenschwarz gekauft haben könnte. Sigrid Löffler, Kulturlady in zeitlosem Mausgrau, rauft sich in echtem Schmerz die Haare über Peymanns Hinscheiden, den sie so gerne in Berlin gesehen hätte. In ihrer Nähe stehen Hans Haider, Kulturabteilungsleiter der »Presse«, und Jörg Haider, Parteichef der Freiheitlichen.

HANS HAIDER *zu Jörg Haider* Was halten Sie von dem Ganzen?

JÖRG HAIDER *zu Hans Haider* Ich weiß nicht. Aber waren wir beide nicht per Du?

HANS HAIDER Entschuldige bitte. Verzeih.

Die beiden nehmen einander an der Hand. Helmut Zilk eilt zwischen den Trauernden umher und ruft, daß sie beide, er und Peymann, Verfolgte gewesen seien. Man hört es bis Prag. Gert Voss fliegt als krächzender Rabe über die Trauergemeinde. Hermann Beil steht am Rande der Trauergemeinde und hat eine rote Papiertasche mit der Aufschrift »Buchhandlung Leporello« in der Hand. Der Wind weht durch seine gekräuselten Haare. Er nimmt eine Piccolo-Sektflasche nach der anderen aus der Papiertasche, trinkt sie aus und kichert irre vor sich hin. Der Wind bemächtigt sich nicht nur seiner Haare, sondern auch seines irren Kicherns und trägt es über das ganze Land.

Vierte Dramenstufe:

Drei Jahre später, an einem Novemberabend. Aus dem Burgtheater kommt eine Gruppe von Menschen. Es sind die Freunde des Burgtheaters. Frühzeitig und verbittert haben sie eine Abendvorstellung der Ära Bachler verlassen. Sie gehen, gesenkten Hauptes, in den Volksgarten, zum Claus-Peymann-Denkmal, welches anstelle des Sisi-Denkmales errichtet worden war. Sie nehmen Aufstellung und verbrennen, aus Protest gegen das heutige Burgtheater, ihre Abos. Sie erzählen einander, mit leuchtenden Augen, von Aufführungen aus der legendären Peymann-Zeit. Im Hintergrund hört man ein sattes Klatschen. Klaus Bachler hat sich gerade aus dem Fenster seines Arbeitszimmers gestürzt. Im nächtlichen Wien läuten die ersten Telefone. Franz Morak ruft mit der Stimme von Georg Springer bei André Heller an und bringt sich als neuer Burgtheaterdirektor ins Gespräch. Emmy Werner ruft mit der Stimme von Lotte Tobisch bei Bundeskanzler Klima an und bringt sich als neue Burgtheaterdirektorin ins Gespräch. Karl-Heinz Hackl ruft Helmut Zilk mit der Stimme von Marcel Prawy an und bringt sich als neuer Burgtheaterdirektor ins Gespräch. Klaus Maria Brandauer ruft mit der Stimme von Klaus Maria Brandauer den ORF an und dementiert sein Interesse an der Position des Burgtheaterdirektors. ... und-soweiter.

(1998)

Nestroygala
Ein Schauspiel

Die Spitzenvertreter der Wirtschaft, der Medien und der Kultur sitzen im Zuschauerraum des Theaters an der Wien und harren der kommenden Ereignisse. Claus Peymann, der ehemalige Direktor des Burgtheaters, soll in den nächsten Minuten den Ehrennestroy für sein Lebenswerk erhalten. André Heller geht gemessenen Schrittes in die Mitte der Bühne und zieht ein Manuskript aus der Tasche. In diesem Moment torkelt ein dürrer, etwas angetrunkener Mensch auf die Bühne. Die Anwesenden, welche diesen Auftritt für eine Showeinlage halten, applaudieren heftig.

DER ANGETRUNKENE Das Gscheit'ste, was das Publikum machen kann, is das Klatschen. Das Dümmste, was das Publikum machen kann, is das Klatschen, noch bevor man was g'sagt hat.

Der Applaus bricht blitzartig ab. André Heller geht auf den Angetrunkenen zu und legt ihm mitmenschlich die Hand um die Schulter. Heller sagt ihm freundlich, daß er, der Angetrunkene, die Bühne jetzt wieder verlassen müsse, denn er, Heller, werde sogleich eine Rede auf Claus Peymann halten, ein Märchen erzählen, welches jedoch in Wahrheit eine beinharte Abrechnung mit der Regierung sei.

DER ANGETRUNKENE *laut* Die Obrigkeit macht a Gesetz nach dem andern, bis ihr die Gesetze aus der Hand fallen und zerbrechen. Sie erfüllt den Tatbestand der fortgesetzten Gesetzesbrecherei und sitzt ihre Straf' in goldene Zimmer und bei g'spickten Kapaun ab.

Das Publikum der Nestroygala wird unruhig. Claus Peymann eilt, viel zu früh, auf die Bühne, nimmt den Ehrennestroy vom Podest und fragt André Heller, was ein »g'spickter Kapaun« sei. Der Angetrunkene torkelt nach vorne an die Rampe und schreit ins Publikum.

DER ANGETRUNKENE Diese Regierung opfert sich so lange für das Volk auf, bis das Volk das Opfer is!

Ein anschwellendes Murren geht durch das Publikum. Monika Lindner, die Direktorin des ORF, steigt auf die Bühne. Die halbe Belegschaft steigt ihr nach. Frau Lindner fragt den Angetrunkenen, ob seine Aussagen mit der Rechtsabteilung akkordiert seien. Der Generaldirektor der Ersten Österreichischen Bank und mit ihm ein Großteil der anwesenden Unternehmer steigen auf die Bühne. Der Generaldirektor sagt barsch zum Angetrunkenen, daß er und seine Kollegen von der Wirtschaft nicht bereit seien, ihre Sponsorengelder für eine derart billige Politshow herzugeben. Dutzende von Menschen gehen auf die Bühne und drücken dem Angetrunkenen ihren Unmut aus. Sie ziehen ihre Handys und rufen Nichtanwesende an, um sie über das Vorgefallene zu informieren. Die Bildungsministerin, Frau Gehrer, und mit ihr mehrere Sektionschefs und Ministerialräte klettern auf die Bühne. Die Ministerin sagt zum Generaldirektor der Ersten Österreichischen Bank, daß sie bis jetzt schweigend und verbittert diesem unwürdigen Schauspiel beigewohnt habe, aber sein mutiges Auftreten habe ihr das Herz und den Mund geöffnet. Sie gibt dem Generaldirektor einen Kuß. Franz Morak steigt auf die Bühne und stellt sich dem Angetrunkenen, der schon schwer zu finden ist, als zuständiger Staatssekretär für Kultur vor.

DER ANGETRUNKENE *macht sich schreiend Luft* Steigt's alle auf eine Giraff, reitet's auf dem Himalaya-Gipfel herum und ihr werdet's, auch durchs Riesenteleskop betrachtet, noch immer niedrige Erscheinungen sein.

Franz Morak zückt sein Handy und ruft Wolfgang Schüssel an. Er sagt ihm, daß auf der Nestroygala ein Künstler rede, der schlimmste Parteipropaganda betreibe. Josef Cap, der hinter den Kulissen steht, zückt sein Handy, ruft Alfred Gusenbauer an und sagt ihm, daß auf der Nestroygala ein Künstler rede, der noch nicht für die Partei unterschrieben habe. Klaus Bachler, der amtierende Direktor des Burgtheaters, merkt, daß sich die Mehrheit des Publikums bereits auf der Bühne befindet. Er geht auf diese, sagt aber nichts. Elisabeth Orth und Andrea Breth treten auf die Bühne und aus der Jury des Nestroypreises aus. Zwei Ordnungskräfte, einer von der »Kronen Zeitung« und einer von der »Presse«, wollen den Angetrunkenen von der Bühne holen, können ihn jedoch in der Menge nicht mehr ausmachen. Der Innenminister Ernst Strasser, der inzwischen vom Bundeskanzler über Handy verständigt wurde, stürmt mit zehn neuernannten Spitzenbeamten die Bühne. Sie finden den Angetrunkenen und drücken ihm 40 Euro und ein Ticket in die Hand. Die Bühne ist brechend voll mit telefonierenden Menschen. Andrea Eckert, die Moderatorin des Abends, fleht die Umstehenden an, mit dieser Schmierenkomödie aufzuhören.

Sie wird von einem »Standard«-Redakteur niedergemacht. Karl Welunschek, der Leiter des Rabenhof Theaters, der schon länger auf der Bühne steht, ruft Heinz Sichrovsky, den Leiter der »News«-Kulturabteilung, der schon die längste Zeit auf der Bühne steht, über das Handy an und beschimpft ihn. Er, Sichrovsky, ein Mitglied der Jury, habe ihm, Welunschek, den Nestroy-Spezialpreis fix versprochen und jetzt sei er völlig leer ausgegangen. Sichrovsky verteidigt sich, daß auch er innerlich völlig leer sei. Landeshauptmann Pröll und Bürgermeister Häupl zwängen sich durch die telefonierende Menschenmenge auf der Bühne und schütteln jedem freundlich lachend die Hand. Sie kommen nur schwer weiter. Claus Peymann merkt, daß er völlig vergessen wird, und wirft mit dem Schrei »Ich verzichte!« den Ehrennestroy von der Bühne in den Saal. Der Ehrennestroy kollert vor die Füße von Hermann Beil, der als letzter und einziger im Zuschauerraum sitzt. Neben ihm stapelt sich die fünfzehnbändige Rommel-Ausgabe der Werke Johann Nestroys. Ab und zu blättert er in einem Band und beobachtet ansonsten den Ablauf der Ereignisse auf der Bühne.

(2002)

Der Weinbauer und der Dichter
Ein Endlosdrama

I.

Der Dichter sitzt in seiner Klause im nördlichen Weinviertel und dichtet. Der Weinbauer kommt vorbei.

DER WEINBAUER Gehst mit in den Weinkeller?
DER DICHTER Ich muß dichten. Ein historisches Drama, es spielt in London, im Jahre 1870. Ein Riese, der im Zirkus arbeitet, verliebt sich in eine Liliputanerin.

DER WEINBAUER Is schwer, das Dichten?

DER DICHTER Sehr schwer.

DER WEINBAUER Nur auf ein Glaserl ...

2.

Zwei Stunden später. Im Weinkeller hinter dem Retzer Friedhof. Der Weinbauer und der Dichter verkosten Weine.

DER DICHTER Ich hab's. Ich mach' kein Liebesdrama, ich mach' eine Kriminalstory. Der Riese trifft sich mit zwei anderen Riesen zum Gedankenaustausch im Hyde Park. Zwischen den dreien besteht ein Größenunterschied von jeweils einem Zentimeter und tiefste Abneigung. Nebel kommt auf. Als er sich wieder verzogen hat, liegt einer der Riesen tot im Gras. Wer war der Mörder?

DER WEINBAUER Wie schmeckt der grüne Veltliner?

DER DICHTER Bestens. So resch.

3.

Zwei Stunden später. Der Weinbauer und der Dichter verkosten Weine.

DER DICHTER Ich hab's. Ich mach' ein psychologisches Drama. Der Riese lernt den Erfinder des Waterclosets, Mr. Dorian Bosomworth, kennen. Der lädt den Riesen zu sich ein und sagt, daß er, Dorian Bosomworth, eigentlich eine Frau sei und Dorothy Bosomworth heiße. Aber eine Frau als Erfinderin des Waterclosets sei im viktorianischen Zeitalter undenkbar. Der Riese sagt, daß er eigentlich aus dem niederösterreichischen Weinviertel stamme und Mitglied des Retzer Knabenchors sei.

DER WEINBAUER Wie schmeckt der Neuburger?

DER DICHTER Bestens. So rund.

4.

Zwei Stunden später. Der Weinbauer und der Dichter verkosten Weine.

DER DICHTER Ich hab's ...
DER WEINBAUER Wie schmeckt der blaue Portugieser?

5.

Zwei Stunden später ...

(2003)

Die Eröffnung eines neu renovierten Theaterhauses

Kurz nachdem der Direktor des neu renovierten Theaters die mannigfachen und kostspieligen Renovierungen gepriesen hatte, löste sich eine der oberen Balkonlogen aus ihrer Verankerung und stürzte in die Tiefe. Es war just jene, in welcher die Politiker saßen, die im Laufe der Festmatinee mehrfach betont hatten, wie gerne sie des öfteren Theaterluft schnuppern würden, wenn es ihr übervoller Terminkalender nur zuließe. Dieselbige bekamen sie nun zu spüren, und zwar in der schärfsten und pfeifendsten Form, die man sich vorstellen kann, als säßen sie in einer Hochschaubahn und würden eine halsbrecherische Talfahrt absolvieren.

Ein Entsetzensschrei löste sich unisono aus den Mündern der festlich gekleideten Matineebesucher, der Balkon mit den Politikern schlug im Parterre auf, doch wie durch ein Wunder blieben die Balkoninsassen – von ein paar blauen Flecken abgesehen – unversehrt. Beschwichtigend hoben sie ihre Arme und lächelten dem erschrockenen Publikum zu. Ein Lächeln, welches sie bei Wahlniederlagen schon bestens geübt hatten.

Der Direktor des Hauses, ein graumelierter Herr in den besten Jahren, der in diesem Outfit schon diverse Verführer und Liebhaber gegeben hatte, war aufs äußerste erschrokken. Er stand hinter der Bühne, beim Inspizienten, faßte sich jedoch in erstaunlich kurzer Zeit und befahl dem Inspizienten, dem Publikum sogleich und ohne das vorgesehene musikalische Zwischenspiel das Herzstück der Renovierung, den vollkommen neu gestalteten, mit Dutzenden von zusätzlichen Zügen versehenen Schnürboden, vorzuführen.

Einem tanzenden Ballett gleich sollten die vielen Züge in Duetten und Terzetten aus dem Schnürboden herunterkommen und flugs in denselbigen wieder entschwinden. Ein kunstvoll gestaltetes Auf und Ab sollte es werden, wie von Geisterhand gesteuert, in Wahrheit jedoch von der allerneuesten Computertechnik. »Los«, schrie der Direktor dem kleinen, sensiblen und in die modernste Technologie bestens eingeschulten Inspizienten zu.

Nun muß vorausgeschickt werden, daß dieser kleine, sensible, hochqualifizierte Inspizient am Morgen dieses festlichen Tages eine tiefe Trübung seines Gemüts, eine schlimme Kränkung seines Herzens erfahren hatte. Am Ende der morgendlichen Probe, welche klaglos abgelaufen war, mußte er mitansehen, wie die von ihm heiß begehrte und figurmäßig »1A« gebaute Kostümassistentin einem über und über tätowierten Bühnenarbeiter Blicke zuwarf, die an Eindeutigkeit nicht zu überbieten waren.

Aufgrund des harschen Kommandos seines Direktors drückte der Inspizient, dessen rachsüchtige Gedanken in diesem Moment und schon den ganzen Vormittag beim Tätowierten waren, einen Knopf der Computeranlage und wußte schon im selben Augenblick, daß es der falsche war. Um die Katastrophe aufzuhalten, drückte er hektisch auf alle Knöpfe des Computers und löste gerade dadurch das Unheil im vollen Umfange aus.

Die Theaterzüge, an denen zum Teil bunte Vorhänge hingen, fuhren ziel- und planlos auf und ab, verhedderten sich ineinander, einige Vorhänge oder »Prospekte«, wie sie in der Theatersprache heißen, zerrissen, und wieder andere fielen – aus ihrer Verankerung gerissen – krachend auf die Bühne. Wenn es ein Ballett war, welches die Festgäste zu sehen bekamen, dann ein volltrunkenes.

Die graumelierten und verführungserprobten Haare des Theaterdirektors wurden bei diesen Vorgängen weißer und weißer, und als jene Stille eintrat, welche einer stattgefundenen Katastrophe zu folgen pflegt, konnte man sein Haar getrost als schlohweiß bezeichnen.

Doch er war nicht unterzukriegen. Er war eine Kämpfernatur, getrieben von dem alten Leitspruch aller großen Direktoren und Entertainer, daß die Show trotz eines eventuellen Weltunterganges weitergehen müsse, und zutiefst überzeugt von der Idee, daß etwas schauerlich Mißlungenem sofort etwas glanzvoll Gelungenes folgen muß. Er gab dem Lichtmeister ein kurzes und bündiges Zeichen, und dieser drückte den Knopf seiner Anlage, selbstverständlich den richtigen, denn er war ein ausgeglichener, glücklich verheirateter Mann.

Majestätisch langsam fuhr der um teures Geld renovierte und um Dutzende von fein geschliffenen Kristallen erweiterte Luster von der Decke herab. Genau 2,5 Meter über den Köpfen der Zuschauer sollte er zu stehen kommen, um damit von jedem Sitzplatz des Hauses in seiner neuerstandenen Pracht bewundert werden zu können. Als der Luster jene Marke erreichte, bei welcher er stehenbleiben sollte, setzte er jedoch seine majestätisch langsame Fahrt fort, erst zum Erstaunen und alsbald zum Entsetzen der daruntersitzenden Zuschauer. Genau 25 Zentimeter über den Köpfen der Festbesucher blieb er stehen. Der Computer, der eigens für die millimetergenaue Senkung und Hebung des Lusters angeschafft worden war, mußte sich um eine Dezimalstelle verrechnet haben, ein für den Lichtmeister im speziellen und für Computerfachleute im allgemeinen völlig unerklärlicher Vorgang.

Der Direktor mit dem schlohweißen Haar, dem wohl auch dämmerte, daß er sich in Hinkunft vom Fach des Bonvivants mehr in Richtung King Lear bewegen wird müssen, griff zu seiner stärksten Waffe. Er flehte den größten Schauspieler seines Hauses, der in zunehmender Besorgnis über den katastrophalen Verlauf der Matinee hinter die Bühne geeilt war, an, auf diese zu gehen und irgend etwas zu sagen.

Dies war kein unbilliges Ansinnen, denn der berühmte Schauspieler war sein Theaterleben lang immer zur Stelle gewesen, wenn etwas gesagt werden sollte. Ob bei Begräbnissen oder Geburtstagen, bei Bühnenjubiläen oder Ordensverleihungen, nie war er um ein Wort verlegen. Selbst bei Aufführungen, bei denen ihm ein Satz entfiel, fiel ihm etwas ein, das der Situation einigermaßen entsprach.

Der berühmte Schauspieler ging auf die Bühne, stellte sich vor dem Souffleurkasten auf, und es fiel ihm nichts ein. Absolut nichts. Er schaute hilfesuchend zu seiner Gattin, welche in der Direktionsloge saß. Sie hatte normalerweise immer ein Wort oder ein Widerwort zur Hand oder im Mund, doch diesmal brachte auch sie, in Anbetracht des unvermittelten und mit ihr nicht abgesprochenen Erscheinens ihres Gatten auf der Bühne, nichts heraus. In höchster Not wandte sich der berühmte Schauspieler mit einem flehentlichen Blick an die Souffleuse. Sie sollte ihm irgend etwas, was auch immer, soufflieren.

Der Direktor des neu renovierten Hauses – inzwischen war nicht nur sein Haupthaar schlohweiß, sondern auch sein Gesicht von der nämlichen Farbe – war von seiner Ernennung an bemüht gewesen, junge Kräfte ans Haus zu holen. Er hatte die junge Frau, welche im Souffleurkasten saß, überredet, ihr letztlich doch fruchtloses Studium der Theaterwissenschaft aufzugeben und gleich in die Praxis zu wechseln. Sie war diesem Ansinnen nach kurzem Bedenken gefolgt, denn die Chance, den berühmten Schauspielern dieses Hauses die großen Werke der Dramenliteratur soufflieren zu können, schien ihr doch reizvoller als der Magistertitel, den sie ja noch immer nachholen könnte.

Gerne, zu gerne, hätte sie dem berühmten Schauspieler, der sie immer flehentlicher anstarrte, ein Wort, einen Satz, einen Prolog, einen Epilog aus einem Stück souffliert, wenn sie nur gewußt hätte, aus welchem. So aber blieb sie stumm und der berühmte Schauspieler ebenso.

Möglicherweise war das gänzliche Verstummen des berühmten Schauspielers auch auf die Tatsache zurückzuführen, daß kein Mensch aus dem Publikum – von seiner Gattin abgesehen – auf die Bühne schaute. Der eine Teil des Publikums, der unter dem viel zu tief hängenden Luster saß, starrte mit angstgeweiteten Augen in diesen, und der andere, größere Teil des Publikums starrte auf den lusterbedrohten Teil des Publikums, in angespannter Erwartung eines weiteren Unglücks an diesem nicht gerade unglücksarmen Vormittag.

Es herrschte eine Stille, eine durchdringende Stille, im neu renovierten Theaterhaus, und auch der Direktor, mit weißem Haupthaar und ebensolchem Gesicht, wußte nicht mehr weiter, konnte nichts mehr sagen, verstummte. In diesem Zustande hätte er gewiß keine Verführer, aber auch keine Lears mehr spielen können, nur stumme Geister und das Raufen des Haupthaares wären ihm noch geblieben, aber das letztere besorgte der Stiftungsvorstand. Der Direktor besann sich des nestroyanischen Satzes: »Wenn alle Stricke reißen, häng ich mich auf« und dachte an jenen Strick, den er zu Beginn seiner Ära für den äußersten Notfall in der untersten Schublade seines direktorialen Schreibtisches verstaut hatte.

Just in diesem Moment und dem unerbittlichen Gesetz

der Serie folgend, löste sich einer der letzten noch in seiner Verankerung verbliebenen Scheinwerfer aus derselben, fiel einen guten Meter herab und blieb, verdreht wie eine peruanische Baumschlange, die vom Ast hängt, stehen. Das unkontrollierte Licht des Scheinwerfers brach sich in den Dutzenden Kristallen des viel zu tief hängenden Lusters.

Ein etwa zehnjähriges Mädchen, das von seinen bildungsbürgerlichen Eltern zu diesem Festakt verschleppt worden war und neben seinen nunmehr angsterstarrten Eltern direkt unter dem Luster saß, schaute in diesen und betrachtete das vielfarbige Funkeln der Kristalle, welches das Licht des herunterhängenden Scheinwerfers hervorbrachte.

Auf seinem Gesicht breitete sich ein Lächeln aus, eine tief empfundene Entzückung umfing sein Gemüt, und immer wieder, während es in das Funkeln sah, ging es durch seinen jungen Kopf: Nie hätte ich gedacht, daß Theater so schön sein kann.

(Text, 2007)

Horváths Gebeine

Beinahe jeder Literaturfreund weiß, daß der Dichter Ödön von Horváth im Jahre 1938 in Paris von einem herunterstürzenden Ast erschlagen wurde. Schon weniger wissen, daß sich in der Tasche seines Sakkos Pornohefte befanden. Offensichtlich ging es ihm damals finanziell so schlecht, daß er mit dem Verkauf der Heftchen versuchte, ein kleines Zubrot zu verdienen. Noch weniger wissen, daß Horváths Freund, der Dichter Joseph Roth, welcher die Totenrede auf Horváth hielt, beim Begräbnis so besoffen war, daß er in die offene Grube fiel. Nach seinem Tode geriet Horváth literarisch in Vergessenheit, erst in den sechziger und siebziger Jahren des vorigen Jahrhunderts wurde er eine Berühmtheit.

Da man in Österreich alles hochleben läßt, was hinlänglich tot ist, beschloß der Wiener Gemeinderat 1988, also fünfzig Jahre nach dem Tode Horváths, diesem ein Ehrengrab auf dem Heiligenstädter Friedhof in Wien zu errichten. Der Beschluß erfolgte einstimmig, auch die äußerste Rechte stimmte zu. Diese wußte zwar nicht, wer Horváth war, auch kam ihren Abgeordneten der Name »Ödön von Horváth« ziemlich ausländisch vor, aber das »von« machte sie doch etwas unsicher und erwirkte letztendlich ihre Zustimmung.

Die Österreichische Botschaft in Paris wurde mit der Exhumierung der Horváthschen Überreste – diese lagen auf einem Vorstadtfriedhof von Paris namens St. Ouen – und mit der Überführung der Gebeine nach Wien beauftragt. Da die Österreichische Botschaft zu diesem Zeitpunkt von allerlei bilateralen Geschäften sehr in Anspruch genommen war, übertrug sie diese Aufgabe dem französischen Übersetzer von Horváth, einem sehr verläßlichen Herrn, der zwar Österreicher war, aber schon einige Jahrzehnte in Frankreich lebte. Sie übergaben ihm eine Reihe von Vollmachten und drei Kisten der österreichischen Weinsorte »Grüner Veltliner« für die »freundliche Mühewaltung«, wie sich der erste Botschaftssekretär gegenüber dem Übersetzer ausdrückte.

Der Übersetzer sprach bei der Friedhofsverwaltung von St. Ouen vor, diese war jedoch von den Vollmachten und seinem Begehren wenig beeindruckt und verwies ihn an einen Totengräber, der eventuell gegen Überlassung eines Trinkgeldes bereit wäre, sich auf die Suche nach Horváths Gebeinen zu machen.

Der Totengräber erwies sich als veritabler Alkoholiker und war sofort bereit, für drei Kisten »Grüner Veltliner« alle möglichen Gebeine herbeizuschaffen, auch die von

Horváth. Der Übersetzer, der mehr dem französischen Rotwein als dem österreichischen Veltliner zugetan war, hatte ihm letzteren freimütigst angeboten.

Der Deal »Grüner Veltliner« gegen Horváths Gebeine fand am nächsten Tag statt. Der Übersetzer übergab dem Totengräber die drei Kisten Wein, und der Totengräber übergab dem Übersetzer ein paar Knochen, die in Zeitungspapier eingewickelt waren. »Mehr ist von diesem Horváth nicht übrig«, murmelte der Totengräber auf den fragenden Blick des Übersetzers und verwies ihn für alles Weitere an die Friedhofsverwaltung.

Sowenig Interesse die Friedhofsverwaltung von St. Ouen an irgendwelchen schweißtreibenden Grabungen gehabt hatte, so penibel und nachdrücklich beschäftigte sie sich jetzt mit dem Ergebnis der Grabung. Ein Beamter trug jeden einzelnen Knochen in eine Liste ein und versah ihn mit der jeweiligen lateinischen Bezeichnung. Oberer Schädelteil mit Kopfloch, ohne Unterkiefer. Dritter Halswirbelknochen, corpus columnae vertebralis cervicalis III. Linkes Schlüsselbein, os clavicularis sinistra. Schambein, os pubis. Rechter Oberschenkelknochen, femur dexter. Zweiter Mittelfußknochen, os metatarsale secundum. Die Speiche, radius. Neunte Rippe, costa IX. Das also waren Horváths Gebeine: Ein halber Schädel mit einem Loch und sieben vereinzelte Knochen.

In Anbetracht der geringfügigen Menge von Überresten reiche ein Kindersarg, sagte der Friedhofsbeamte, gab die paar Knochen in eine kleine schwarze Holzkiste und versiegelte diese. Er überreichte dem Übersetzer eine Transportgenehmigung mit sechs Stempeln und verrechnete für seine »Mühewaltung« einen enorm hohen Betrag, den er ohne Quittung kassierte.

Zwei Tage später flog der Übersetzer mit dem Kindersarg im Handgepäck nach Wien, versehen mit einem Begleitschreiben der Österreichischen Botschaft, daß alles

Rechtens und in Ordnung sei. Bei der Zollkontrolle am Flughafen Wien Schwechat mußte der Übersetzter routinemäßig sein Gepäck öffnen und erklärte den beiden Zollorganen, daß es sich bei diesem kleinen schwarzen Kasten um einen Kindersarg handle, in welchem sich die Gebeine des berühmten Dichters Ödön von Horváth befänden. Die Zollorgane sahen einander an und verständigten telefonisch ihren Vorgesetzten, einen Major der Zollfahndung, der alsbald mit einem Drogenhund erschien. Der Drogenhund schnüffelte am Kindersarg und fing sofort an zu bellen. Verzweifelt erklärte der Übersetzer dem Major, daß sich in diesem Kästchen keine Drogen, sondern Horváths Gebeine befänden, und daß er jederzeit ein Schreiben der Österreichischen Botschaft in Paris vorweisen könne. Dieses Schreiben wollte der Major gar nicht sehen. Er sagte, daß er schon viele Ausreden von Dealern gehört hätte, aber diese sei eindeutig die absurdeste. Er erbrach die Versiegelung des Kindersarges, öffnete ihn, der unaufhörlich bellende Hund steckte seinen Kopf in den Sarg, schnappte sich einen Knochen und rannte zufrieden jaulend davon. Es war übrigens das linke Schlüsselbein, os clavicularis sinistra, um welches die ohnehin nicht sehr zahlreichen Horváthschen Gebeine vermindert wurden.

Ungefähr eine Viertelstunde später und begleitet von dem sich ständig entschuldigenden Major der Zollfahndung betrat der Übersetzer mit dem Kindersarg unter dem Arm den Platz vor dem Flughafenausgang. Auf diesem Platz parkte der Prachtwagen der Wiener Städtischen Bestattung, ein großes Automobil im Stile der vierziger Jahre, in hochglänzendem Schwarz, mit blitzender Chromverzierung. Neben diesem städtischen Luxusmodell stand der oberste Bestattungsbeamte, ein wirklicher Hofrat, der nur erschien, wenn dem Toten ein Ehrengrab winkte. Neben dem Hofrat stand der Verleger der Horváthschen Theaterstücke, ein Mann mit einem besonders auffälligen Schnurrbart. Als die beiden Herren den Kindersarg unter dem Arm des Übersetzers wahrnahmen, verfielen ihre Gesichter. Von der Österreichischen Botschaft in Paris telefonisch verständigt, daß nunmehr die Überführung der Horváthschen Gebeine in einem Flugzeug der Austrian Airlines vonstatten gehen würde, hatten die beiden mit allem gerechnet: mit einem Zinksarg, auf dem die österreichische Fahne lag, mit einem schlichten, aber teuren Eichensarg oder was auch immer der Bedeutung des Toten angemessen wäre, aber sicher nicht mit einer kleinen schwarzen Holzkiste, die sich unter dem Arm eines Übersetzers befand. Der wirkliche Hofrat stieg wortlos in den glanzvollen Totenwagen, gab dem Chauffeur ein Zeichen und entschwand. Der Verleger nahm die kleine Holzkiste in Empfang, ließ sich vom Übersetzer alles erklären und nahm das Ganze von der heiteren Seite. Der Übersetzer war froh, Horváths Gebeine endlich loszuwerden, und nahm die nächste Maschine zurück nach Paris.

Der Verleger versuchte in den nächsten Tagen, von der Gemeinde Wien einen Termin für die offizielle Beisetzung von Horváth in einem Ehrengrab zu bekommen, aber die Beamten legten sich nicht fest. Der Bürgermeister der Stadt Wien erwäge sein Erscheinen, und da müsse man sich selbstverständlich nach ihm richten. Der Verleger stellte den schwarzen Kindersarg in ein Regal seines Büros. Nachdem jedoch einige Mitarbeiter und Besucher mit irritierten Blicken auf das schwarze Kästchen geschaut hatten, nahm er die Gebeine heraus und legte sie in eine unauffällige Schuhschachtel. Drei Tage später – der Verleger hatte täglich nachgesehen – war die Schuhschachtel leer und der Verleger in Panik. Es stellte sich schnell heraus, daß die polnische Putzfrau den Inhalt der Schachtel in eine Mülltonne geleert hatte, im guten Glauben, daß alte Knochen in einem Verlagsregal nichts zu suchen hätten. Der Verleger und die leitenden Angestellten untersuchten die Mülltonne auf das penibelste und konnten bis auf zwei Stück alle Horváth-

Gebeine wiederfinden. Nur das Schambein, os pubis, und der zweite Mittelfußknochen, os metatarsale secundum, blieben unauffindbar. Der Verleger urgierte auf das dringlichste bei den zuständigen Beamten der Gemeinde Wien, doch endlich einen Begräbnistermin zu nennen, aber die Beamten mahnten ihn zur Geduld und beschieden ihn, daß sich die Geliebte des Bürgermeisters, eine Balletteuse, kurz vor ihrer Premiere den zweiten Mittelfußknochen, os metatarsale secundum, verstaucht hätte, und in dieser Situation sei der Bürgermeister nicht ansprechbar. Der Verleger brachte die Schuhschachtel mit Horváths Gebeinen in die Verlagswohnung, in der immer wieder Gäste des Verlages nächtigten, und verstaute sie unter dem Bett.

Ein paar Tage später übernachtete der renommierte Germanist C. W. Stauber, ein ausgewiesener Horváth-Experte, in der Verlagswohnung. Der Verleger zeigte ihm das Gästebett und machte ihn mit einem Lächeln und einem Anflug von Angeberei auf das Besondere der Situation aufmerksam. Er, der berühmte Horváth-Experte, würde über den echten Gebeinen des Dichters nächtigen.

C. W. Stauber machte in dieser Nacht kein Auge zu. Immer wieder stellte er sich vor, wie er beim nächsten Horváth-Symposion, attackiert von seinen besserwisserischen Kollegen wegen einer angeblich unpräzisen Fußnote, in seine Tasche greifen und einen echten Horváth-Knochen triumphierend hochhalten würde. Die Kollegen würden vor Neid erblassen, und er wäre die unangefochtene Nummer eins der Horváth-Forschung.

Am nächsten Tage, C. W. Stauber war gerade abgereist, bemerkte der Verleger bei einem kontrollierenden Blick in die Schuhschachtel das Fehlen eines weiteren Horváth-Knochens, des rechten Oberschenkelknochens, femur dexter. Damit waren Horváths Gebeine, vom unvollständigen Schädel mit dem Loch abgesehen, auf drei verbliebene Stücke reduziert worden.

Nach drei Wochen – Horváths Restgebeine lagen noch immer in der Schuhschachtel unter dem Verlagsbett, die Verlagswohnung war jedoch abgesperrt worden und für absolut niemanden zu betreten – war es endlich soweit: Die Balletteuse des Bürgermeisters hatte ihre Premiere hinter sich, für den Einsturz einer Donaubrücke konnten höhere Mächte und nicht die Rathausmafia verantwortlich gemacht werden, und der Bürgermeister hatte Zeit für Horváths Begräbnis.

Es war ein ergreifendes Ereignis. Das sogenannte kulturelle Wien stand in unübersehbarer Zahl zwischen den Grabsteinen des Heiligenstädter Friedhofes, der prachtvolle Sarg mit den letzten drei Horváth-Knochen und dem halben Schädel wurde langsam in die Grube des Ehrengrabes gesenkt. Das Schluchzen der sogenannten »Witwe Horváth«, die Horváth nie gekannt hatte, weil sie erst Jahre nach seinem Tode den Bruder von Horváth geheiratet hatte, war über den ganzen Friedhof, ja über ganz Wien zu hören, und auch der Bürgermeister, dem alle Kunstsparten, Theater, Oper und Ballett, am Herzen lagen, ließ sich ein paar Tränen nicht nehmen.

Horváths Gebeine, oder jener Rest, der davon übriggeblieben war, fand nun seine ewige Ruhe. Oder ewige Unruhe: Denn Horváths Ehrengrab ist nur 16 Meter von einem Heurigen entfernt, in welchem sich vom frühen Nachmittag bis spät in die Nacht alles versammelt, die Lügner und die Spieler, die verstörten Frauenherzen und die angeberischen Verführer, die Hoffenden und die Hoffnungslosen, die Trinker und jene, die bald ertrinken werden. Es stimmt, was der Bürgermeister in seiner Grabrede sagte: Ödön von Horváth ist endlich zu Hause.

(Erzählung, 2008)

266

Nachwort

Liest man Peter Turrinis Wortmeldungen, dieses Kompendium von Reden, Essays, Polemiken, Briefen und Kurzdramen, so fällt vor allem eines auf: die Abwesenheit jeglichen Philosophierens. Der Dichter blickt nicht ins Weite, er schaut auf das Naheliegende, auf die Dinge, die vor ihm liegen. Turrini spricht von dem, was er gerade sieht und hört: von den politischen und menschlichen Schweinereien, die ihn umgeben.

Er redet und formuliert dabei mit einem Engagement, mit einer Aufgebrachtheit, als müsse er jetzt und heute eine Veränderung herbeiführen. Mit dieser ihm eigenen Leidenschaft tritt er als Redner im ganzen Land auf, an unterschiedlichsten Orten und vor unterschiedlichstem Publikum: Er spricht vor fünfzigtausend Menschen am Wiener Heldenplatz, adressiert abwesende rechtsradikale Attentäter mit »Liebe Mörder« und fordert sie auf, in den Kreis der Sprechenden zurückzukehren, denn jenseits der Sprache liege nur noch mehr Gewalt und Zerstörung. Er greift bei der »Woche der Begegnung« in Klagenfurt anwesende Großkritiker an, bezichtigt sie der geistigen Onanie, weil sie nur an der Verfeinerung ihres Theatergeschmacks interessiert seien, aber den Blick für die politische Realität verloren hätten. Er eröffnet im Stadtsaal von Retz eine Ausstellung und ermuntert die anwesenden Weinbauern, sich nicht vor der Kunst zu fürchten, denn sie gehöre auch ihnen. Hilde Spiel hat Turrini einmal einen »barocken Prediger« genannt.

Dieser oftmals polemische Redner und noch polemischere Briefschreiber – vor allem, wenn es gegen hohe und höchste Würdenträger der Republik geht – offenbart in seinen Texten aber auch eine ganz andere Seite: Mit endloser Geduld und über viele Seiten antwortet er auf die Fragen von Studenten, Lesern und Theaterbesuchern, erklärt ihnen sein dramatisches Tun; geradezu liebevoll schreibt er über andere Künstler, unermüdlich stützt und unterstützt er junge Talente. Und immer schreibt und spricht er mit Witz und Humor.

Jedes der hier versammelten Prosastücke ist aus einem unmittelbaren Anlaß entstanden. Einige Reden sind frei gesprochen und aufgezeichnet worden, etliche wurden in österreichischen und deutschen Zeitungen abgedruckt, manches wird in diesem Band erstmals veröffentlicht. Aus den Reaktionen des Augenblicks entsteht im nachhinein ein Panorama, eine Rekonstruktion der Zeiten, gesehen aus der Sicht eines leidenschaftlich engagierten Menschen.

Silke Hassler

Textnachweise

I.
Ich bin ein Gefangener meiner Biographie

Meine Geburt

Aus einem Brief an einen Dissertanten, 1988, leicht überarbeitet.
Erstabdruck in: Peter Turrini: Ein irrer Traum (Lesebuch I). Hg.
von Silke Hassler und Klaus Siblewski. München: Luchterhand
Literaturverlag, 1999, S. 11.

Biographie des Lesens

Essay, 1979, etwas gekürzt.
Gekürzter Vorabdruck in: heute. Politik. Wirtschaft. Kultur.
Nr. 11, 15. November 1979, S. 18.
Ungekürzter Abdruck in: Lesebilder. Geschichten und Gedan-
ken zur literarischen Sozialisation. Hg. von Dietmar Larcher,
Christine Spieß. Reinbek: Rowohlt, 1980, S. 36-41.

Frühes Dichten

Artikel, 2008, leicht gekürzt.
Unter dem Titel »Poetische Präsente der Mädchensehnsucht«
in: Der Standard, 6./7. September 2008.

Wie komme ich über die Runden?

Aus einem Brief an den Wiener Kunstfonds, 1970.
Erstabdruck in: Peter Turrini: Texte, Daten, Bilder. Hg. von
Wolfgang Schuch und Klaus Siblewski. Frankfurt am Main:
Luchterhand Literaturverlag, 1991, S. 12.

Umfrage

Zeitungsumfrage, 1973.
„Sieben neue Antworten auf drei uralte Fragen«. In: Illustrierte
Kronenzeitung (Wochen-Feuilleton), 21. April 1973, S. 3.

Heimat

Text, 1980, leicht gekürzt.
In: Wiener Morgen Kurier (Beilage), 11. April 1980, S. 2.
Vorwort zur Buchausgabe der sechsteiligen Fernsehserie »Alpensaga« von Wilhelm Pevny und Peter Turrini. Salzburg: Resi-
denz Verlag, 1980, S. 10-12.

Die neue Ordnung

Text, 1980, gekürzt und überarbeitet.

Erstabdruck unter dem Titel »Außerhalb der Ordnung – über Janko Messner« in: Extrablatt, Januar 1980, und auszugsweise in: Kulturkontakte, Nr. 9, Juni 1981, S. 5.

Ehrenmitglied der Freiwilligen Feuerwehr

Leserbrief an den »Kurier«, 1981, leicht überarbeitet.

Unter dem Titel »Ehrenmitglied der Feuerwehr« in: Kurier, 31. Januar 1981, (Leserforum, S. II).

Alphabet in Wien

Artikel, 1981.

Unter dem Titel »Alphabet Wien oder Karma kennt keinen Spaß« in: Transatlantik, Nr. 3, März 1981, S. 95-98.

Provinz

Rede, 1983, etwas gekürzt, anläßlich der Preisverleihung des Literaturwettbewerbs »Peter Rosegger und wir«, veranstaltet vom Kulturreferat Mürzzuschlag, Oktober 1983.

Erstabdruck in: Peter Turrini: Es ist ein gutes Land. Texte zu Anlässen. Hg. von Christa Binder. Wien, München, Zürich: Europaverlag 1986, S. 130-132.

Ich bin ein Gefangener meiner Biographie

Rede, 1986, etwas gekürzt und leicht überarbeitet, anläßlich der Veranstaltung »Künstler gegen Waldheim« im Wiener Volkstheater am 5. Juni 1986.

Leicht gekürzt in: Wienerin, Nr. 3, Sommer 1986, S. 72.

Unter dem Titel »Die Bewohner des Stammtisches« vollständig abgedruckt in: Peter Turrini: Mein Österreich. Reden, Polemiken, Aufsätze. Darmstadt: Luchterhand Literaturverlag 1988, S. 133-137.

Über Adolf Frohner

Text, geschrieben im Mai 1993 für ein Buch über Adolf Frohner, leicht gekürzt.

In: Frohner Malerei oder »Die gebrochene Leiter«. Wien: Wirtschaftstrend Zeitschriftenverlag 1993, S. 104-105.

In: Peter Turrini: Liebe Mörder! Von der Gegenwart, dem Theater und dem lieben Gott. Hg. von Silke Hassler und Klaus Siblewski. München: Luchterhand Literaturverlag, 1996, S. 71-74.

Über das Persönliche in der Literatur
Aus einem Brief an eine Leserin, 1993, bisher unveröffentlicht.

Engagement
Briefliche Antwort auf eine Anfrage, 1993, bisher unveröffentlicht.

Vernichtungslust
Aus einem Brief an eine Freundin, 1993, bisher unveröffentlicht.

Ehrenbürger, die Erste
Brief an den Bürgermeister von Maria Saal, 2000.
Erstabdruck in: Peter Turrini: Ich liebe dieses Land. Stücke und Materialien. Frankfurt: Suhrkamp Verlag, 2001, S. 72.

Ehrenbürger, die Zweite
Brief an den Bürgermeister von Wolfsberg, 2000.
Erstabdruck in: Peter Turrini: Ich liebe dieses Land, 2001, S. 74.

Es ist zuviel
Brief an Jörg Haider, 2000.
Erstabdruck in: Peter Turrini: Ich liebe dieses Land, 2001, S. 75-76.

Der liebe Gott
Vortrag anläßlich der Tübinger Poetik-Dozentur (19. bis 25. Januar 2003), leicht überarbeitet. Aus der 3. Vorlesung, »Politik und / als Theater«, 24. Januar 2003, bisher unveröffentlicht.

Der Abgrund
Vortrag anläßlich der Tübinger Poetik-Dozentur (19. bis 25. Januar 2003), überarbeitet. Aus der 3. Vorlesung, »Politik und / als Theater«, 24. Januar 2003, bisher unveröffentlicht.

Eine unglückliche Beziehung
Brief an einen Sozialdemokraten, 2008, bisher unveröffentlicht.

Sind mir blinde Kinder gleichgültig?
Aus einem Brief an den Verleger, 2008, bisher unveröffentlicht.

II.
Wie verdächtig ist der Mensch?

Über den Terrorismus
Essay, 1978.
In: Neues Forum, Heft 289/290, Januar / Februar 1978, S. 19 f.

Vielleicht bin ich ein Idiot
Rede, 1981, anläßlich der Verleihung des Gerhart Hauptmann-Preises der Freien Volksbühne Berlin am 23. November 1981.
Erstabdruck in: Bühne und Parkett, Nr. 1, 1982, S. 16-17.

Karl Marx
Brief, 1983, zum 100. Todestag von Karl Marx.
Erstabdruck als Faksimile, datiert: 14. März 1983. In: Basta, Nr. 1, April 1983, S. 63.

Zensur
Rede, 1984, etwas gekürzt, anläßlich der Veranstaltung »Trendwende & Zensur«, gehalten bei der Tagung der Grazer Autorenversammlung am 10. Mai 1984.
Gekürzter Abdruck in der Broschüre: Autorensolidarität »Nie wieder 1984!« (Enquete »Neue Medien und ORF« – Dokumentation einer Veranstaltungsreihe der IG Autoren und der ÖH), Nr. 5/6, Mai/Juni 1984, S. 6.
Ungekürzter Abdruck in: Die Brücke. Kärntner Kulturzeitschrift. Nr. 4, 1984, S. 67-68.

Die verborgene Wut
Rede, 1985, anläßlich der Veranstaltung »13th Int. Congress for Suicide Prevention and Crisis Intervention« im Audimax der Universität Wien am 3. Juli 1985, auszugsweise abgedruckt in: Peter Turrini: Texte – Daten – Bilder, 1991, S. 29.

Der gewöhnliche Faschismus
Rede, 1985, anläßlich des Gedenkens an 15 hingerichtete slowenische Antifaschisten in der Todeszelle des Grauen Hauses, Wien, am 27. April 1985.
Unter dem Titel »Faschismus« in: Peter Turrini: Es ist ein gutes Land, 1986, S. 163-165, und in: Der neue Mahnruf. Zeitschrift für Freiheit, Recht und Demokratie. Nr. 11, 1986, S. 1-2.

Schönsein? Wohlfühlen?
Rede, 1985, leicht gekürzt und leicht überarbeitet.

Eröffnungsrede anläßlich der »Literatur im März« am 22. Februar 1985 im Museum für Angewandte Kunst in Wien.
In: Volksstimme, 27. Februar 1985, S. 1; 8.
In: Wochenpresse Nr. 11, 12. März 1985, S. 48-49.

Die Österreicher und die Deutschen
Essay, 1986.
Gekürzter Erstabdruck unter dem Titel »Die touristische Bananenrepublik« in: Der Spiegel, Nr. 46, 10. November 1986, S. 216-217.
Auszugsweise in: Arbeiter Zeitung, 11.11.1986, S. 8.
Ungekürzt in: Der Streit, Nr. 32: Michael Scharang, Peter Turrini. Die Demolierung Österreichs oder Der Weg in den demokratischen Faschismus. Eine Dokumentation. Hg. von Christa Binder und Erwin Riess, März 1987, S. 24-29.

Staatsveredelung
Essay, 1986, leicht gekürzt und leicht überarbeitet.
Unter dem Titel »Staatsveredelung oder Die Kritik muß jetzt aufhören« geschrieben für das Jüdische Echo, gelesen beim »Linken Wort« im Rahmen des Volksstimme-Festes.
In: Das Jüdische Echo, Oktober 1986, S. 105 f.
In: Volksstimme (Beilage), 10. Oktober 1986.

Die Wahrheit ist zumutbar
Rede, 1988, gehalten am Ballhausplatz anläßlich des Einmarsches der Hitlertruppen in Österreich (50. Jahrestag), veranstaltet vom Republikanischen Club, am 12. März 1988.
Erstabdruck im Programmheft des Akademietheaters zur Uraufführung von »Die Minderleister«, Nr. 32, Juni 1988, S. 212 und in: Peter Turrini: Liebe Mörder!, 1996, S. 162.

Verlorene Gesichter
Rede über den Maler Kurt Welther, leicht überarbeitet, gehalten am 4. April 1989 anläßlich einer Ausstellungseröffnung in der BAWAG, Wien.
In: Katalog zur Ausstellung in der BAWAG-Foundation, Wien, 4. April bis 5. Mai 1989.
In: Diners Club Magazin, Heft 2, Mai 1989, S. 182-190.

Ein Überblick über die Schweine
Briefliche Antwort auf eine Anfrage, 1992, bisher unveröffentlicht.

Die Wirklichkeit ist in der Kunst
> Brief an »Die Bühne«, 1992, leicht überarbeitet.
> In: Peter Turrini: Liebe Mörder!, 1996, S. 114.

Je kürzer, desto besser
> Aus einem Brief an einen Leser, 1993, bisher unveröffentlicht.

Wie verdächtig ist der Mensch?
> Neufassung einer Rede aus dem Jahr 1994, zur Eröffnung des Internationalen Bruckner-Festes in Linz, am 11. September 1994.
> Leicht gekürzter Abdruck in: Profil Nr. 37, 12. September 1994, S. 88-91, auszugsweise abgedruckt in: Oberösterreichische Nachrichten, 12. September 1994.
> In: Die Zeit, 16. September 1994, S. 61-62, und als Sonderdruck des Brucknerhauses Linz.
> Die Neufassung von 2004 wurde zum ersten Mal abgedruckt in: Die Presse, Spectrum, 24. Dezember 2004, S. I-II.

In Wien hängen Plakate
> Stegreifrede, 1995, anläßlich der literarisch-musikalischen Soiree »Oh, Du mein Österreich« am 11. Oktober 1995 in der Alten Oper in Frankfurt (Österreich-Schwerpunkt der Frankfurter Buchmesse).
> In: Der Standard, 14./15. Oktober 1995, S. 43.

Liebe Mörder!
> Rede, 1995, anläßlich der 50-Jahr-Feiern der Österreichischen Republik, gehalten am Wiener Heldenplatz am 26. April 1995.
> In: Die Presse, 28. April 1995.
> In: Die Zeit, 5. Mai 1995.

Ein Freundschaftsdienst
> Brief an Karl-Markus Gauß, 1996.
> Erstabdruck in: Peter Turrini: Zu Hause bin ich nur hier: am Theater (Lesebuch III). Hg. von Silke Hassler und Klaus Siblewski. München: Luchterhand Literaturverlag, 1999, S. 188-189.

Die Welt und ein Wiener Eisenhändler
> Artikel, 1996, leicht gekürzt, basierend auf einer Rede zur Präsentation des Buches »Die Globalisierungsfalle« von Harald Schumann und Hans-Peter Martin, gehalten in der Wiener Secession, September 1996.
> In: Die Zeit, Nr. 39, 20. September 1996, S. 36.

Ein Fressen für die Leser

Artikel, 1996, unter dem Titel »Kurze Bemerkungen über das Verhältnis der Kronen Zeitung zu Künstlern« als Beitrag zum Hearing der Grünen über »Medienfreiheit in Österreich« am 25. September 1996 im österreichischen Parlament.

In: Der Standard, 26. September 1996, S. 33.

In: Impuls. Das grüne Monatsmagazin: Die Äußerung der Meinung ist frei. Dokumentation des ersten Hearings zur Medienfreiheit in Österreich. Hg. vom Grünen Klub im Parlament. Nr. 7, Dezember 1996, S. 50.

Maßlos übertrieben

Brief an einen Nachbarn, 1997, leicht überarbeitet.

Erstabdruck in: Peter Turrini: Ein irrer Traum (Lesebuch I), 1999, S. 226-227.

Die Frage nach der Gerechtigkeit

Aus einem Brief an eine bulgarische Übersetzerin.

Erstabdruck unter dem Titel »Hohe Zäune« in: Peter Turrini: Zu Hause bin ich nur hier: am Theater (Lesebuch III), 1999, S. 190-191.

Künstler an der Macht

Essay, 2000.

Erstabdruck in: Profil, Nr. 7, 14. Februar 2000, S. 122-123.

In: Freitag. Die Ost-West-Wochenzeitung. Hg. von Günter Gaus, Christoph Hein, Gerburg Treusch-Dieter, Wolfgang Ullmann. Nr. 8, 18. Februar 2000, S. 13.

In: Theater heute, Nr. 3, März 2000, S. 1.

Ich bin ein Österreich-Vernaderer

Rede zur Verleihung des Literaturpreises des Landes Steiermark, am 25. Mai 2000 in der Grazer Burg, auszugsweise in: Profil, Nr. 22, 29. Mai 2000.

Wir, die Barbaren

Rede, 2005, gehalten am 21. August 2005 bei den Salzburger Festspielen, unter dem Titel »Die Privatisierung des Unglücks« in: Profil, Nr. 35, 29. August 2005, S. 113-115.

Wir sind wir. Wer sind wir?

Artikel, 2006.

Unter dem Titel »Wer sind wir denn?« in: Profil, Nr. 38, 18. September 2006, S. 36-38.

Mein blödes Gesicht
Aus einem Brief an einen Theaterdirektor, 2008, bisher unveröffentlicht.

III.
Über Theater und andere falsche Gefühle

äußerst verehrter kulturkunde!
Text, 1971, auf dem Uraufführungsplakat der »Rozznjogd« am Wiener Volkstheater, 27. Januar 1971.

Was ist Volkskultur?
Rede, 1979, anläßlich der »Kulturkontakte« in St. Veit an der Glan.
In: Kärntner Tageszeitung, 9. Oktober 1979.

Untröstlich
Tagebucheintragung, 1980.
Erstabdruck in: Peter Turrini: Zu Hause bin ich nur hier: am Theater (Lesebuch III), 1999, S. 386.

Gemeindehoftheater
Aus einem Essay, 1987, »Ein Stück nach Maß«, zu Heinz R. Ungers Stück »Senkrechtstarter«.
In: Katalog der Wiener Festwochen, 1987, S. 129.
In: GemeindeHOF-Zeitung, 1987, S. 7.

Ich wünsche mir ein Theater der fortgesetzten Geschmacklosigkeit
Rede, 1989, zur Eröffnung des neuen Phönix-Theaters in Linz, 12. Dezember 1989 (nicht gehalten).
Auszugsweise in: Peter Turrini: Texte – Daten – Bilder, 1991, S. 19-20, ungekürzt in: Peter Turrini: Liebe Mörder, 1996, S. 89-91.

Lieber Havel!
Brief an Vaclav Havel, datiert: 21. Juli 1990.
In: Profil, Nr. 37, 10. September 1990, S. 131.

Staatsärsche
Brief an das Bundesministerium für Auswärtige Angelegenheiten, datiert: 28. Januar 1991.
In: Peter Turrini: Liebe Mörder!, 1996, S. 46 f.

Sehr geschätzter Prof. Hans Mayer!

Rede, 1992, leicht überarbeitet, anläßlich der Matinee zum 85. Geburtstag von Hans Mayer im Wiener Akademietheater am 22. März 1992.

In: Peter Turrini: Liebe Mörder!, 1996, S. 86-88.

Ein unwürdiges Schauspiel

Antwort auf eine Anfrage, 1992, bisher unveröffentlicht.

Viel, viel Arbeit

Aus einem Brief an eine junge Kollegin, 1993, bisher unveröffentlicht.

Die Ibsensche Methode

Text, 1994, für das »Peer Gynt«-Programmheft des Wiener Burgtheaters, Nr. 123, 1994, S. 43.

Die Schlacht um Wien

Die Tagebucheintragungen vom 16. und 17. November 1994 entstanden während der Proben am Wiener Burgtheater.

Erstabdruck in: Peter Turrini: Liebe Mörder!, 1996, S. 128-131.

Die zweimalige Erschießung des Gerald Szyszkowitz

Essay, Dezember 1994.

In: Die Bühne, Nr. 1, 1995, S. 24.

Der gute Film hat mich ruiniert

Essay, 1995.

Vorabdruck in: Der Standard (Album – 100 Jahre Kino), 29. September 1995, S. 7.

Als Beitrag einer Koproduktion europäischer Zeitungen zum Thema Kino im Sammelband: Bilder vom Kino. Literarische Kabinettstücke. Hg. von Wolfram Schütte. Frankfurt: Suhrkamp, 1996, S. 143-145.

Liebe Tana, liebe Geburtstagsversammlung!

Rede, 1995, zu Tana Schanzaras 70. Geburtstag am 19. Dezember 1995 im Schauspielhaus Bochum.

In: Tana Schanzara. Jeden Morgen dasselbe Theater. Lieder und Geschichten. Hg. von Christian Graeff. Ulm: Econ Taschenbuch Verlag, 1997, S. 147-149.

Über Ferdinand Raimund

Text, 1996, für das Programmheft von »Der Bauer als Millionär« in der Inszenierung von Karl-Ernst Herrmann bei den Wiener Festwochen, Mai 1996.

In: Peter Turrini: Zu Hause bin ich nur hier: am Theater (Lese-buch III), 1999, S. 195.

Über den Teufel
Artikel in Form eines Briefes, 1996.
In: Wiener Staatsoper, Opernjournal 6, Februar 1997, S. 18.

Die Rede vom echten Kärntner
Rede, 1996, etwas gekürzt, zur Eröffnung des Österreichischen Theatertreffens im Stadttheater Klagenfurt am 4. Mai 1996.
Leicht gekürzt in: Kleine Zeitung, 5. Mai 1996, S. 58-59.
In: Peter Turrini: Zu Hause bin ich nur hier: am Theater (Lese-buch III), 1999, S. 284-290.

Über das Häßliche und das Schöne
Aus einem Brief an einen Leser, 1996, bisher unveröffentlicht.

Lieber Walter Grond!
Brief an den Schriftsteller Walter Grond, 1997.
Auszugsweise in: Peter Turrini: Zu Hause bin ich nur hier: am Theater (Lesebuch III), 1999, S. 159.

Lieber Otto Schenk!
Rede, gekürzte Neufassung (2000), gehalten im Wiener Rat-haus am 11. Juni 1997.
In: Kurier, 13. Juni 1997, S. 30.

Über Dario Fo
Aus einem Brief an eine Studentin, 1998, bisher unveröffentlicht.

Über Elfriede Jelinek
Rede, 1998, gehalten am 26. Juli 1998 im Landestheater Salz-burg, anläßlich der »Hommage an Elfriede Jelinek« bei den Salzburger Festspielen.
In: Peter Turrini: Zu Hause bin ich nur hier: am Theater (Lese-buch III), 1999, S. 214-216.

Theaterglühen
Textauszug aus einer Collage unter dem Titel »Sechs Liebessze-nen aus sechs Uraufführungen (1988-1998)« für eine Lesung im Wiener Akademietheater am 4. Mai 1999, bisher unveröffent-licht.

Lieber Peter Pilz!
Brief an Peter Pilz, 1999.
Als Faksimileabdruck in: Der Standard, 30. September 1999, S. 19.

Brief an einen Intendanten
Aus einem Brief, 2000, bisher unveröffentlicht.

Stoppt das Kulturgeschwätz
Rede, 2000, etwas gekürzt, gehalten zur Präsentation des gleichnamigen Buches von Manfred Wagner am 20. März 2000 in der Kuppelhalle des Kunsthistorischen Museums Wien, bisher unveröffentlicht.

Die Kunst ist der Liebe nicht unähnlich
Rede, 2000, Auszug, zur Eröffnung des Retzer Weinlesefestes am 22. September 2000 im Stadtsaal Retz, bisher unveröffentlicht.

Über H. C. Artmann
Rede, 2001, gekürzt, gehalten anläßlich der Präsentation eines Buches von Michael Horowitz über H. C. Artmann, am 17. April 2001 im Wiener Volkstheater, bisher unveröffentlicht.

Über Helmut Qualtinger
Text, 2003. Die Erstfassung dieses Textes ist eine Rede mit dem Titel »Helmut Qualtinger ist tot«, die Peter Turrini bei der Premiere des »Herrn Karl« am 1. Oktober 1986 im Wiener Akademietheater gehalten hat. Eine überarbeitete Fassung dieser Rede ist abgedruckt in: Michael Kehlmann, Georg Biron: Der Qualtinger. Ein Porträt. Mit einer Vorrede von Peter Turrini und einem Epilog von André Heller. St. Andrä-Wördern: Hannibal Verlag, 1995, S. 7.
Hier ist eine erweitere Neufassung von 2003 abgedruckt. Vorabdruck in: Profil, Nr. 39, 22. September 2003, S. 144.
In: Katalog des Filmarchivs Austria zur Retrospektive über Helmut Qualtinger. Nr. 10-11, 2003, S. 17.
In: Helmut Qualtinger. Die Arbeiten für Film und Fernsehen. Hg. von Günter Krenn. Wien: Filmarchiv Austria, 2003, S. 244-245.

Welcher Lesetyp sind Sie?
Text, 2003.
In: Profil extra (Literatur zur Frankfurter Buchmesse), 6. Oktober 2003, S. 10.

Lieber Dietmar Pflegerl!
Rede, anläßlich der Verleihung des Nestroy-Spezialpreises an Dietmar Pflegerl, gehalten am 25. November 2006 im Theater in der Josefstadt, bisher unveröffentlicht.

Sehr geehrter Herr Dr. Pechlaner!
Brief an den Direktor des Tiergartens in Schönbrunn, 2006, bisher unveröffentlicht.

IV.
Die Theatralisierung Österreichs

Rede an die besoffene Nation
Text für eine Schallplatte mit Helmut Qualtinger, 1972.
Erstabdruck unter dem Titel »Hitler 72: Rede an die besoffene Nation« in: Literatur und Kritik, Nr. 61, Februar 1972, S. 4-6.

Manifest der österreichischen Kulturnebolution
Text für eine Schallplatte mit Helmut Qualtinger, 1972.
In: Dichtung aus Kärnten. Hg. von Lorenz Mack. Wien: Kremayr & Scheriau, 1972, S. 204-208.
Das »Manifest« erschien als »Die österreichische Kulturnebolution« gemeinsam mit der »Rede an die besoffene Nation« unter dem Titel »Es ist ein gutes Land« 1973 als Schallplatte bei Preiser Records (Texte: Peter Turrini, Ton-Collagen: Uzi Förster, Präsentation: Helmut Qualtinger). 2001 wurde diese Aufnahme auf CD wiederaufgelegt (Preiser Records / Thomas Sessler Verlag).

Kulturkritik
Rede, 1974, etwas gekürzt und leicht überarbeitet, anläßlich der »Woche der Begegnung« in Klagenfurt unter dem Titel »Schlachtet die Kritiker« abgedruckt in: Neues Forum, Heft 251, November 1974, S. 39 f., und in: Wespennest, Nr. 15, 1974, S. 92 f.

Eine Viertelstunde im Leben des Obermachers
Sketch, 1979, leicht überarbeitet, unter dem Titel »Verpickt & Zugenäht. Eine Viertelstunde im Leben des Obermachers« in: Lesebuch 79. Ein Jahr österreichische Wirklichkeit. Wien: Frischfleisch & Löwenmaul, 1979, S. 21-26.

Das Pferd des Präsidenten
Stegreifrede, 1986, gekürzt, anläßlich der Angelobung Kurt Waldheims, gehalten am Wiener Stephansplatz am 8. Juli 1986. Unter dem Titel »Waldheim II« in: Peter Turrini: Mein Österreich, 1988, S. 150-151.

Strafanzeige und Beschlagnahmeantrag gegen das Buch und Rollenbuch »Tod und Teufel«

Nachrichten »Europäischer Bürgerinitiativen zum Schutz des Lebens und der Menschenwürde«, gezeichnet von Martin Humer, 3. November 1990.

Bericht der Bundespolizeidirektion Wien

über den Besuch einer Vorstellung von »Tod und Teufel« im Wiener Burgtheater; Schreiben des Büros für Vereins-, Versammlungs- und Medienrechtsangelegenheiten an das österreichische Innenministerium, 10. November 1990.

Anfrage

des Abgeordneten Pilz an den Bundesminister für Inneres betreffs Staatspolizei im Burgtheater. II-1007 der Beilagen zu den Stenographischen Protokollen des Nationalrates, XVIII. Gesetzgebungsperiode, 4. März 1991.

Eine Wahrheitsrede

Rede, 1995, anläßlich der Verleihung des »Theaterpreises Berlin 1995« (Stiftung Preußische Seehandlung) an Claus Peymann und Hermann Beil, vorgetragen von Kirsten Dene, am 25. Mai 1995 im Deutschen Theater, Berlin.

In: Frankfurter Allgemeine Zeitung, 31. Mai 1995, S. 37.

In: Theater heute, Heft 7, Juli 1995, S. 62-63.

Lieber Michael Boder!

Brief an einen Dirigenten, 1998, leicht überarbeitet.

Auszugsweise abgedruckt in: Peter Turrini: Zu Hause bin ich nur hier: am Theater (Lesebuch III), 1999, S. 292.

Tod, Beisetzung und Verklärung des Claus Peymann

Ein Stufendrama, 1999.

Erstabdruck in: Frankfurter Allgemeine Zeitung, 24. März 1999, S. 64.

In: Profil, Nr. 13, 29. März 1999, S. 170-171.

Nestroygala

Ein Schauspiel, 2002.

In: Profil, Nr. 43, 21. Oktober 2002, S. 158.

In: Ossietzky. Zweiwochenschrift für Politik / Kultur / Wirtschaft. Unter Mitarbeit von Daniela Dahn, Dietrich Kittner und Peter Turrini. Hg. von Rolf Gössner, Arno Klönne, Otto Köhler,

Reinhard Kühnl und Eckart Spoo. Verlag Ossietzky, 5. Jg., Nr. 22, 2. November 2002, S. 779-780.

Der Weinbauer und der Dichter

Ein Endlosdrama, geschrieben 2003.

In: Frankfurter Allgemeine Sonntagszeitung, Nr. 15, 11. April 2004, S. 56.

Die Eröffnung eines neu renovierten Theaterhauses

Text, 2007, für eine Festmatinee am 20. Oktober 2007 zur Neueröffnung des Theaters in der Josefstadt nach dem Umbau unter der Intendanz von Herbert Föttinger, bisher unveröffentlicht.

Horváths Gebeine

Erzählung, 2008.

In: Ödön von Horváth. Prosa und Stücke. Mit einer Erzählung von Peter Turrini und einem Nachwort von Kurt Bartsch. Frankfurt: Suhrkamp Verlag, 2008, S. 1471-1475.

Bildnachweise

S. 231 »Das Pferd des Präsidenten«, © Rudolf Semotan

S. 233 »Petra Turrini«, Ausschnitt aus einer Karikatur von Manfred Deix

In: Basta, Nr. 10, 1989.

S. 244 »Tod, Beisetzung und Verklärung des Claus Peymann«, Zeichnung von F. W. Bernstein

In: Frankfurter Allgemeine Zeitung, 24. März 1999, S. 64.

Inhalt

I.
Ich bin ein Gefangener meiner Biographie

Meine Geburt 7
Biographie des Lesens 7
Frühes Dichten 16
Wie komme ich über die Runden? 18
Umfrage 18
Heimat 19
Die neue Ordnung 21
Ehrenmitglied der Freiwilligen Feuerwehr 24
Alphabet in Wien 24
Provinz 34
Ich bin ein Gefangener meiner Biographie 36
Über Adolf Frohner 39
Über das Persönliche in der Literatur 42
Engagement 44
Vernichtungslust 45
Ehrenbürger, die Erste 45
Ehrenbürger, die Zweite 46
Es ist zuviel 47
Der liebe Gott 48
Der Abgrund 49
Eine unglückliche Beziehung 50
Sind mir blinde Kinder gleichgültig? 52

II.
Wie verdächtig ist der Mensch?

Über den Terrorismus 57
Vielleicht bin ich ein Idiot 63
Karl Marx 68
Zensur 69
Die verborgene Wut 73

Der gewöhnliche Faschismus 75
Schönsein? Wohlfühlen? 78
Die Österreicher und die Deutschen 83
Staatsveredelung 93
Die Wahrheit ist zumutbar 97
Verlorene Gesichter 99
Ein Überblick über die Schweine 101
Die Wirklichkeit ist in der Kunst 104
Je kürzer, desto besser 104
Wie verdächtig ist der Mensch? 106
In Wien hängen Plakate 112
Liebe Mörder! 113
Ein Freundschaftsdienst 116
Die Welt und ein Wiener Eisenhändler 117
Ein Fressen für die Leser 121
Maßlos übertrieben 122
Die Frage nach der Gerechtigkeit 124
Künstler an der Macht 126
Ich bin ein Österreich-Vernaderer 129
Wir, die Barbaren 130
Wir sind wir. Wer sind wir? 137
Mein blödes Gesicht 144

III.
Über Theater und andere falsche Gefühle

äußerst verehrter kulturkunde! 149
Was ist Volkskultur? 150
Untröstlich 152
Gemeindehoftheater 152
Ich wünsche mir ein Theater der fortgesetzten Ge-
    schmacklosigkeit 153
Lieber Havel! 155
Staatsärsche 156
Sehr geschätzter Prof. Hans Mayer! 157
Ein unwürdiges Schauspiel 159

Viel, viel Arbeit 160

Die Ibsensche Methode 161

Die Schlacht um Wien 161

Die zweimalige Erschießung des Gerald Szyszkowitz 165

Der gute Film hat mich ruiniert 168

Liebe Tana, liebe Geburtstagsversammlung! 171

Über Ferdinand Raimund 174

Über den Teufel 174

Die Rede vom echten Kärntner 176

Über das Häßliche und das Schöne 183

Lieber Walter Grond! 184

Lieber Otto Schenk! 186

Über Dario Fo 187

Über Elfriede Jelinek 187

Theaterglühen 190

Lieber Peter Pilz! 192

Brief an einen Intendanten 193

Stoppt das Kulturgeschwätz 194

Die Kunst ist der Liebe nicht unähnlich 196

Über H. C. Artmann 198

Über Helmut Qualtinger 199

Welcher Lesetyp sind Sie? 201

Lieber Dietmar Pflegerl! 201

Sehr geehrter Herr Dr. Pechlaner! 202

IV.
Die Theatralisierung Österreichs

Rede an die besoffene Nation 207

Manifest der österreichischen Kulturnebolution 210

Kulturkritik 215

Eine Viertelstunde im Leben des Obermachers 225

Das Pferd des Präsidenten 232

Strafanzeige und Beschlagnahmeantrag gegen das Buch
und Rollenbuch »Tod und Teufel« 234

Bericht der Bundespolizeidirektion Wien 235
Anfrage 236
Eine Wahrheitsrede 237
Lieber Michael Boder! 242
Tod, Beisetzung und Verklärung des Claus Peymann.
 Ein Stufendrama 245
Nestroygala. Ein Schauspiel 250
Der Weinbauer und der Dichter. Ein Endlosdrama 253
Die Eröffnung eines neu renovierten Theaterhauses 255
Horváths Gebeine 260

Nachwort 267
Textnachweise 269
Bildnachweise 282